VISTAS

Introducción a la lengua española

SECOND EDITION

Blanco • Donley

VISTA

HIGHER LEARNING

Boston, Massachusetts

ISBN 1-59334-367-1

1 2 3 4 5 6 7 8 9 VH 09 08 07 06 05 04

Table of Contents

Panorama cultural Activities

Introduction

The VISTAS Workbook/Video Manual

Completely coordinated with the **VISTAS** student textbook, the Workbook/Video Manual for **VISTAS** provides you with additional practice of the vocabulary, grammar, and language functions presented in each of the textbook's eighteen lessons. The Workbook/Video Manual will also help you to continue building your reading and writing skills in Spanish. Icons and page references in the **recursos** boxes of the **VISTAS** student textbook correlate the Workbook and Video Manual to your textbook, letting you know when activities are available for use. Additionally, **recursos** boxes in the **VISTAS 2/e** Workbook/Video Manual correlate the activities to the Video CD-ROM and Interactive CD-ROM. Answers to the Workbook and Video Manual activities are located in a separate Answer Key.

The Workbook

Each lesson's workbook activities focus on developing your reading and writing skills as they recycle the language of the corresponding textbook lesson. Exercise formats include, but are not limited to, true/false, multiple choice, fill-in-the-blanks, sentence completions, fleshing out sentences from key elements, and answering questions. You will also find activities based on drawings, photographs, and maps.

Reflecting the overall organization of the textbook lessons, each workbook lesson consists of **Contextos, Estructura,** and **Panorama** sections. After every three lessons, a **Repaso** section appears, providing cumulative practice of the grammar and vocabulary you learned over previous lessons.

The Video Manual
Fotonovela

The **VISTAS Fotonovela** video offers from 5 to 7 minutes of footage for each of the textbook's lessons. Each module tells the continuing story of four college students from various Spanish-speaking countries who are studying at the **Universidad San Francisco de Quito** in Ecuador. They have all decided to spend their vacation taking a bus tour of the Ecuadorian countryside, with the ultimate goal of climbing up a volcano. The video, shot in a variety of locations throughout Ecuador, tells their story and the story of the tour bus driver who accompanies them.

The video modules contain three distinct elements. First, you will see a dramatic episode that brings the themes, vocabulary, grammar, and language functions of the corresponding textbook lesson alive. These vignettes are always expanded versions of the ones featured in the **Fotonovela** sections of your textbook. Within virtually every episode, one of the main characters reminisces about where he or she is from. During these flashbacks, you will see collages of cultural images specially shot in Spain, Mexico, Puerto Rico, and Ecuador that will give you additional insights into the everyday life of Spanish speakers in several areas of the Spanish-speaking world. Finally, each module ends with a **Resumen** section in which a main character recaps the dramatic episode, emphasizing the grammar and vocabulary of the corresponding textbook lesson within the context of the episode's key events.

The video activities will guide you through the video modules. **Antes de ver el video** offers previewing activities to prepare you for successful video viewing experiences. **Mientras ves el video** contains while-viewing activities that will track you through each module, focusing on key ideas and events in the dramatic episodes, flashbacks, and **Resumen** sections. Lastly, **Después de ver el video** provides post-viewing activities that check your comprehension and ask you to apply these materials to your own life or offer your own opinions.

Panorama Cultural

New for **VISTAS,** Second Edition, the **Panorama cultural** video is integrated with the **Panorama** section in each lesson of VISTAS. Each segment is 2–3 minutes long and consists of documentary footage from the countries of focus. The images were specially chosen for interest level and visual appeal, while the all-Spanish narrations were carefully written to reflect the vocabulary and grammar covered in the text.

As you watch the video segments, you will experience a diversity of images and topics: cities, monuments, traditions, festivals, archaeological sites, geographical wonders, and more. You will be transported to each Spanish-speaking country, including the United States and Canada, thereby having the opportunity to expand your cultural perspectives with information directly related to the content of your textbook.

The video activities that accompany the **Panorama cultural** video will prepare you for viewing and guide you through the video modules using the same pre-, while-, and post-viewing activity structure as the **Fotonovela** video activities.

We hope that you will find the **VISTAS** Workbook/Video Manual to be a useful language learning resource and that it will help you to increase your Spanish language skills in a productive, enjoyable fashion.

The **VISTAS** *authors and the Vista Higher Learning editorial staff*

contextos

Lección 1

1 **Saludos** For each question or expression, write the appropriate answer from the box in each blank.

Nos vemos.	El gusto es mío.	Soy de Ecuador.	De nada.
Me llamo Pepe.	Muy bien, gracias.	Nada.	Encantada.

1. ¿Cómo te llamas? _Me llamo Pepe_ ✓

2. ¿Qué hay de nuevo? _Nada_ ✓

3. ¿De dónde eres? _Soy de Ecuador_ ✓

4. Adiós. _Nos vemos_ ✓

5. ¿Cómo está usted? _Muy bien, gracias._ ✓

6. Mucho gusto. _El gusto es mío_ ✓

7. Te presento a la señora Díaz. _Encantada_ ✓

8. Muchas gracias. _De nada_ ✓

2 **Conversación** Complete this conversation by writing one word in each blank.

ANA Buenos días, Sr. González. ¿Cómo (1) _está_ ✓ (2) _usted_ ✓ ?

SR. GONZÁLEZ (3) _Muy_ ✓ bien, gracias. ¿Y tú, (4) _cómo_ ✓ estás?

ANA Regular. (5) _te_ presento a Antonio.

SR. GONZÁLEZ Mucho (6) _gusto_ ✓ , Antonio.

ANTONIO El gusto (7) _es_ ✓ (8) _mío_ ✓ .

SR. GONZÁLEZ ¿De dónde (9) _eres_ , Antonio?

ANTONIO (10) _Soy_ ✓ (11) _de_ ✓ México.

ANA (12) _Hasta_ luego, Sr. González.

SR. GONZÁLEZ Nos (13) _vamos_ ✓ , Ana.

ANTONIO (14) _Chau_ ✓ , Sr. González.

3 **Saludos, despedidas y presentaciones** Complete these phrases with the missing words. Then write each phrase in the correct column of the chart.

1. ¿ _Qué_ pasa?
2. _Hasta_ luego.
3. _Mucho_ gusto.
4. Te _presento_ a Irene.
5. ¿ _Como_ estás?
6. _Buenas_ días.
7. El _gusto_ es mío.
8. Nos _vamos_ .

Saludos	Despedidas	Presentaciones
6	2	4
1	8	3
5		7

4 **Los países** Fill in the blanks with the name of the Spanish-speaking country that is highlighted in each map.

1. _____

2. _____

3. _____

5 **Diferente** Write the word or phrase that does not belong in each group.

1. Hasta mañana.
   Nos vemos.
   Buenos días.
   Hasta pronto.

   _____

2. ¿Qué tal?
   Regular.
   ¿Qué pasa?
   ¿Cómo estás?

   _____

3. Puerto Rico
   Washington
   México
   Estados Unidos

   _____

4. Muchas gracias.
   Muy bien, gracias.
   No muy bien.
   Regular.

   _____

5. ¿De dónde eres?
   ¿Cómo está usted?
   ¿De dónde es usted?
   ¿Cómo se llama usted?

   _____

6. Chau.
   Buenos días.
   Hola.
   ¿Qué tal?

   _____

estructura

1.1 Nouns and articles

1 **¿Masculino o femenino?** Write the correct definite article before each noun. Then write each article and noun in the correct column.

___el___ hombre   ___el___ pasajero   ___el___ chico

___la___ profesora   ___la___ mujer   ___la___ pasajera

___la___ chica   ___la___ conductora   ___el___ profesor

Masculino	Femenino
hombre	profesora
pasajero	chica
mujer	conductora
chico	pasajera
profesor	mujer

2 **¿El, la, los o las?** Write the correct definite article before each noun.

1. ___el___ autobús
2. ___la___ maleta
3. ___los___ lápices
4. ___el___ diccionario
5. ___las___ palabras

6. ___la___ mano
7. ___el___ país
8. ___el___ problema
9. ___las___ cosas
10. ___los___ diarios

3 **Singular y plural** Give the plural form of each singular article and noun and the singular form of each plural article and noun.

1. unas fotografías ___una fotografía___
2. un día ___unos días___
3. un cuaderno ___unos cuadernos___
4. unos pasajeros ___un pasajero___
5. una computadora ___unas computadoras___
6. unas escuelas ___una escuela___
7. unos videos ___un video___
8. un programa ___unos programas___
9. unos autobuses ___un autobús___
10. una palabra ___unas palabras___

4 **Las cosas** For each picture, provide the noun with its corresponding definite and indefinite articles.

1. ___los turistas___
___unos turistas___

2. ___la foto___
___una foto___

3. ___el pasajero___
___un pasajero___

4. ___las maletas___
___unas maletas___

1.2 Numbers 0–30

1 **Los números** Solve the math problems to complete the crossword puzzle.

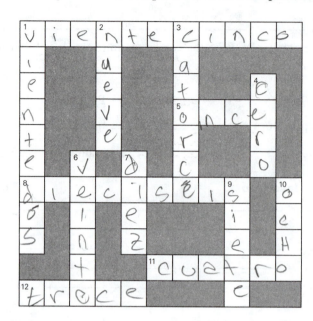

+ -más
− -menos
= -es /son

Horizontales

1. veinte más cinco
5. veintiséis menos quince
8. treinta menos catorce
11. veinticinco menos veintiuno
12. once más dos

Verticales

1. once más once
2. seis más tres
3. diez más cuatro
4. trece menos trece
6. doce más ocho

7. veintinueve menos diecinueve
9. veintitrés menos dieciséis
10. siete más uno

2 **¿Cuántos hay?** Write questions that ask how many items there are. Then write the answers. Write out the numbers.

> **modelo**
> 2 cuadernos
> ¿Cuántos cuadernos hay? Hay dos cuadernos.

1. 3 diccionarios ¿Cuénto diccionarios hay? Hay 3 diccionarios.
2. 12 estudiantes ¿Cuánto estudiantes hay?
3. 10 lápices _____
4. 7 maletas _____
5. 25 palabras _____
6. 21 países _____
7. 13 grabadoras _____
8. 18 pasajeros _____
9. 15 computadoras _____
10. 27 fotografías _____

1.3 Present tense of **ser**

1 Los pronombres In the second column, write the subject pronouns that you would use when addressing the people listed in the first column. In the third column, write the pronouns you would use when talking about them.

Personas	Addressing them	Talking about them
Don Francisco	usted	él
Maite e Inés	ustedes	ellas
Inés y Álex	ustedes	ellos
la profesora	usted	ella
un estudiante	tú	él
el director de una escuela	usted	él
tres chicas	ustedes	ellas
un pasajero de autobús	usted	él
Javier y Álex	ustedes	ellos
una turista	usted	ella

2 Nosotros somos... Rewrite each sentence with the new subject. Change the verb **ser** as necessary.

> **modelo**
> Ustedes son profesores.
> Nosotros *somos profesores.*

1. Nosotros somos estudiantes. Ustedes _son estudiantes_.
2. Usted es de Puerto Rico. Ella _es de Puerto Rico_.
3. Nosotros somos conductores. Ellos _son conductores_.
4. Yo soy turista. Tú _eres turista_.
5. Ustedes son del Ecuador. Nosotras _somos del Ecuador_.
6. Ella es profesora. Yo _soy profesora_.
7. Tú eres de España. Él _es de España_.
8. Ellos son pasajeros. Ellas _son pasajeros_.

3 ¡Todos a bordo! Complete Jorge's introduction of his travelling companions with the correct forms of **ser**.

Hola, me llamo Jorge y (1)_soy_ de Quito, Ecuador. Pilar y Nati (2)_son_ de España. Pedro, Juan y Paco (3)_son_ de México. Todos (4)_somos_ estudiantes. La señorita Blasco (5)_es_ de San Antonio. Ella (6)_es_ la profesora. Luis (7)_es_ el conductor. Él (8)_es_ de Puerto Rico. Ellos (9)_son_ de los Estados Unidos. El autobús (10)_es_ de la agencia Marazul. Todos (11)_somos_ pasajeros de la agencia de viajes Marazul. Perdón, ¿de dónde (12)_eres_ tú, quién (13)_es_ ella y de quién (14)_son_ las maletas?

4 **¿De quién es?** Use **ser** + **de** (or **del**) to indicate that the object belongs to the person or people listed.

> **modelo**
> grabadora / el hombre
> **Es la grabadora del hombre.**

1. diccionario / el estudiante _Es el diccionario del estjante_
2. cuadernos / las chicas _Son los cuaderos de las chicas_
3. mano / Maite _Es la mano de Maité_
4. maletas / la turista _Son las maletas de la turista_
5. computadora / los profesores _Son la computadoras de los profesoras_
6. autobús / el conductor _Es el autobús del conductor_
7. lápices / la joven _Son los lápices de la joven_
8. fotografía / los chicos _Es la fotografía de los chicas_
9. computadora / la directora _Es la computadora de la directora_
10. país / Inés _Es el país de Inés_

5 **¿De dónde son?** Use **ser** + **de** to indicate where the people are from.

> **modelo**
> Ustedes / Costa Rica
> **Ustedes son de Costa Rica.**

1. Lina y María / Colombia _Lina y María son de Colombia_
2. El profesor / México _El profesor es de México_
3. Tú y los jóvenes / Argentina _Tú y los jóvenes son de Argentina_
4. Las estudiantes / Estados Unidos _____
5. Ellos / Ecuador _____
6. La mujer / Puerto Rico _____
7. Los turistas / España _____
8. Él y yo / Chile _____
9. Nosotras / Cuba _____
10. Usted / Venezuela _____

6 **¿De quién?** Write questions for these answers.

> **modelo**
> **¿De dónde son ellos?**
> Ellos son de España.

1. _____
   Los lápices son de Álex.
2. _____
   Inés es del Ecuador.
3. _____
   Es una foto.
4. _____
   Ellas son Maite e Inés.

1.4 Telling time

1 **La hora** Give the time shown on each clock using complete sentences.

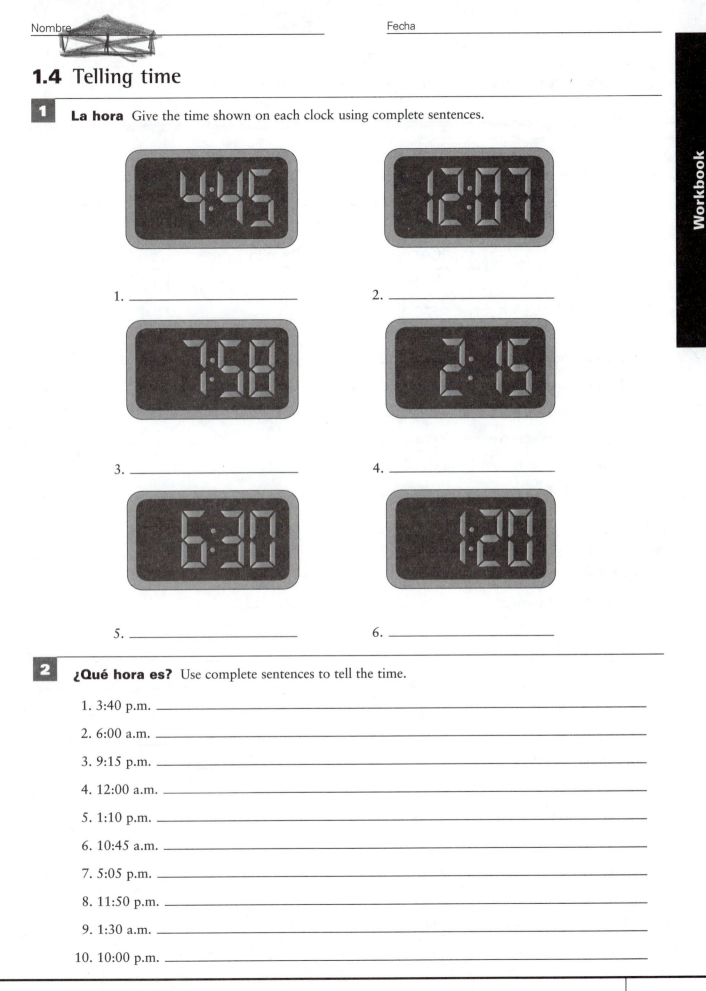

1. _____   2. _____

3. _____   4. _____

5. _____   6. _____

2 **¿Qué hora es?** Use complete sentences to tell the time.

1. 3:40 p.m. _____

2. 6:00 a.m. _____

3. 9:15 p.m. _____

4. 12:00 a.m. _____

5. 1:10 p.m. _____

6. 10:45 a.m. _____

7. 5:05 p.m. _____

8. 11:50 p.m. _____

9. 1:30 a.m. _____

10. 10:00 p.m. _____

Workbook

3 **El día de Marta** Use the schedule to answer the questions in complete sentences.

8:45 a.m.	Biología
11:00 a.m.	Cálculo
12:00 p.m.	Almuerzo
2:00 p.m.	Literatura
4:15 p.m.	Yoga
10:30 p.m.	Programa especial

1. ¿A qué hora es la clase de biología? _____

2. ¿A qué hora es la clase de cálculo? _____

3. ¿A qué hora es el almuerzo (lunch)? _____

4. ¿A qué hora es la clase de literatura? _____

5. ¿A qué hora es la clase de yoga? _____

6. ¿A qué hora es el programa especial? _____

Síntesis

¿Y tú? Answer the questions about yourself and your class using complete sentences.

1. ¿Cómo te llamas? _____

2. ¿De dónde eres? _____

3. ¿Qué hay de nuevo? _____

   _____

4. ¿Qué hora es? _____

   _____

5. ¿A qué hora es la clase de español? _____

   _____

6. ¿Cuántos estudiantes hay en la clase de español? _____

   _____

7. ¿Hay estudiantes de México en la clase? _____

   _____

8. ¿A qué hora es tu (your) programa de televisión favorito? _____

   _____

panorama

Estados Unidos y Canadá

1 **¿Cierto o falso?** Indicate if each statement is **cierto** or **falso.** Then correct the false statements.

1. La mayor parte de la población hispana de los Estados Unidos es de origen mexicano.

_____

2. Hay más (*more*) hispanos en Illinois que (*than*) en Texas.

_____

3. El estado con la mayor población hispana de los Estados Unidos es California.

_____

4. Dominicanada es un grupo musical en Canadá.

_____

5. Alberto Manguel y Sergio Marchi son dos figuras importantes de origen mexicano.

_____

6. Hoy, uno de cada cuatro niños en los Estados Unidos es de origen hispano.

_____

7. Los tacos, las enchiladas y las quesadillas son platos cubanos.

_____

8. Las ciudades con mayor población hispana en Canadá son Montreal, Toronto y Vancouver.

_____

9. Un barrio cubanoamericano importante de Miami se llama la Pequeña Cuba.

_____

10. Los puertorriqueños de Nueva York celebran su origen con un desfile.

_____

2 **En Canadá** Complete the sentences with the correct information from **Panorama** about the Hispanic community in Canada.

1. La _____ hispana es importante en la cultura de Canadá.

2. Los *Latin American Achievement Awards Canada* se establecieron para _____

   los logros de los hispanos.

3. Alberto Manguel es un _____ argentino.

4. _____ Marchi es embajador de Canadá en las Naciones Unidas.

5. Osvaldo Núñez es un _____ de origen chileno.

6. _____, _____, _____ y

   _____ son grupos musicales hispanos importantes en Canadá.

3 **Un mapa** Write the name of each state numbered on the map and provide its Hispanic population.

1. _____ (_____ millones de hispanos)

2. _____ (_____ millones de hispanos)

3. _____ (_____ millones de hispanos)

4. _____ (_____ millones de hispanos)

5. _____ (_____ millones de hispanos)

4 **¿De dónde es?** Write the origin of each item listed (**estadounidense, mexicano, cubano,** or **puertorriqueño**).

Origen

1. desfile en Nueva York _____

2. enchiladas, tacos y quesadillas _____

3. Pequeña Habana _____

4. comida tex-mex y cali-mex _____

5. mayor población hispana de EE.UU. _____

contextos

1 **Categorías** Read each group of items. Then write the word from the list that describes a category for the group.

cafetería	clase	laboratorio
ciencias	geografía	materias

1. sándwiches, tacos, sodas, bananas _____

2. mapas, capitales, países, nacionalidades _____

3. literatura, matemáticas, geografía, lenguas extranjeras _____

4. microscopios, experimentos, ciencias, elementos _____

5. física, química, biología, astronomía _____

6. pizarras, tiza, borrador, papelera, escritorios _____

2 **Buscar (Search)** Find school-related words in the grid, looking horizontally and vertically. Circle them in the puzzle, and write the words in the blanks.

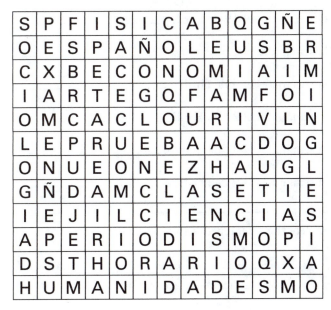

S	P	F	I	S	I	C	A	B	Q	G	Ñ	E
O	E	S	P	A	Ñ	O	L	E	U	S	B	R
C	X	B	E	C	O	N	O	M	I	A	I	M
I	A	R	T	E	G	Q	F	A	M	F	O	I
O	M	C	A	C	L	O	U	R	I	V	L	N
L	E	P	R	U	E	B	A	A	C	D	O	G
O	N	U	E	O	N	E	Z	H	A	U	G	L
G	Ñ	D	A	M	C	L	A	S	E	T	I	E
I	E	J	I	L	C	I	E	N	C	I	A	S
A	P	E	R	I	O	D	I	S	M	O	P	I
D	S	T	H	O	R	A	R	I	O	Q	X	A
H	U	M	A	N	I	D	A	D	E	S	M	O

_____   _____

_____   _____

_____   _____

_____   _____

_____   _____

3 **El calendario** Use the calendar to answer these questions with complete sentences.

marzo

L	M	M	J	V	S	D
		1	2	3	4	5
6	7	8	9	10	11	12
13	14	15	16	17	18	19
20	21	22	23	24	25	26
27	28	29	30	31		

abril

L	M	M	J	V	S	D
					1	2
3	4	5	6	7	8	9
10	11	12	13	14	15	16
17	18	19	20	21	22	23
24	25	26	27	28	29	30

modelo

¿Qué día de la semana es el 8 de abril (*April*)?
El *8 de abril es sábado./Es sábado.*

1. ¿Qué día de la semana es el 21 de marzo (*March*)? _____

2. ¿Qué día de la semana es el 7 de abril? _____

3. ¿Qué día de la semana es el 2 de marzo? _____

4. ¿Qué día de la semana es 28 de marzo? _____

5. ¿Qué día de la semana es el 19 de abril? _____

6. ¿Qué día de la semana es el 12 de marzo? _____

7. ¿Qué día de la semana es el 3 de abril? _____

8. ¿Qué día de la semana es el 22 de abril? _____

9. ¿Qué día de la semana es el 31 de marzo? _____

10. ¿Qué día de la semana es el 9 de abril? _____

4 **Completar** Complete these sentences using words from the word bank.

arte	ciencias	examen	horario	tarea
biblioteca	computación	geografía	laboratorio	universidad

1. La biología, la química y la física son _____.

2. El _____ dice (*says*) a qué hora son las clases.

3. A las once hay un _____ de biología.

4. Martín es artista y toma (*takes*) una clase de _____.

5. Hay veinte computadoras en la clase de _____.

6. Los experimentos se hacen (*are made*) en el _____.

7. Hay muchos libros en la _____.

8. Los mapas son importantes en el curso de _____.

estructura

2.1 Present tense of –ar verbs

1 **Tabla (Chart) de verbos** Write the missing forms of each verb.

Present tense					
Infinitivo	yo	tú	Ud., él, ella	nosotros/as	Uds., ellos
1. cantar	_____	_____	_____	_____	_____
2. _____	pregunto	_____	_____	_____	_____
3. _____	_____	contestas	_____	_____	_____
4. _____	_____	_____	practica	_____	_____
5. _____	_____	_____	_____	deseamos	_____
6. _____	_____	_____	_____	_____	llevan

2 **Completar** Complete these sentences using the correct form of the verb in parentheses.

1. Los turistas _____ (viajar) en un autobús.
2. Elena y yo _____ (hablar) español en clase.
3. Los estudiantes _____ (llegar) a la residencia estudiantil.
4. Yo _____ (dibujar) un reloj en la pizarra.
5. La señora García _____ (comprar) libros en la librería de la universidad.
6. Francisco y tú _____ (regresar) de la biblioteca.
7. El semestre _____ (terminar) en mayo (May).
8. Tú _____ (buscar) a tus (your) compañeros de clase en la cafetería.

3 **¿Quién es?** Complete these sentences with the correct verb form so that the sentence makes sense.

busco	conversas	esperan	regresamos	trabaja
compran	enseña	necesitas	toman	viajan

1. Nosotras _____ a las seis de la tarde.
2. Muchos estudiantes _____ el curso de periodismo.
3. Rosa y Laura no _____ a Manuel.
4. Tú _____ con los chicos en la residencia estudiantil.
5. El compañero de cuarto de Jaime _____ en el laboratorio.
6. Yo _____ un libro en la biblioteca.
7. Rebeca y tú _____ unas maletas para viajar.
8. La profesora Reyes _____ el curso de español.

4 **Usar los verbos** Form sentences using the words provided. Use the correct present tense or infinitive form of each verb.

1. Una estudiante / desear / hablar / con su profesora de biología.

    Una estudiante desea hablar con ...

2. Mateo / desayunar / en la cafetería de la universidad.

    Mateo desayuna en la ...

3. Los profesores / contestar / las preguntas (*questions*) de los estudiantes.

    _____

4. (Nosotros) / esperar / viajar / a Madrid.

    esperos viajar a Madrid

5. Ella / hablar / de (*about*) la economía con su compañera de cuarto.

    Ella hablar

6. (Yo) / necesitar / practicar / los verbos en español.

    Yo necesito

5 **Negativo** Rewrite these sentences to make them negative.

1. Juanita y Raúl trabajan en la biblioteca. _____

2. El conductor llega al mediodía. _____

3. Deseo comprar tres cuadernos. _____

4. El estudiante espera a la profesora. _____

5. Estudiamos a las seis de la mañana. _____

6. Tú necesitas trabajar en computadora. _____

6 **¿Y tú?** Use complete sentences to answer these yes or no questions.

> **modelo**
>
> ¿Bailas el tango?
> No, no bailo el tango.

1. ¿Estudias ciencias en la universidad?

    Si, estudio ciencias en la universidad

2. ¿Conversas mucho con los compañeros de clase?

    No, no Converso mucho con los compañeros de clase?

3. ¿Esperas estudiar administración de empresas?

    Si, espero estudiar administración ...

4. ¿Necesitas descansar después de (*after*) los exámenes?

    Si, necesito descansar despues ...

5. ¿Compras los libros en la librería?

    Compro los libros en la libería

6. ¿Escuchas música jazz?

    Escucho música jazz

2.2 Forming questions in Spanish

1 **Las preguntas** Make questions out of these statements by inverting the word order.

1. Ustedes son de Puerto Rico.

   Son ustedes de Puerto Rico.

2. El estudiante dibuja un mapa.

   _____

3. Los turistas llegan en autobús.

   _____

4. La clase termina a las dos de la tarde.

   _____

5. Samuel trabaja en la biblioteca.

   _____

6. Los chicos miran un programa.

   _____

7. El profesor Miranda enseña la clase de humanidades.

   _____

8. Isabel compra cinco libros de historia.

   _____

9. Mariana y Javier preparan la tarea.

   _____

10. Ellas conversan en la cafetería de la universidad.

    _____

2 **Seleccionar** Choose an interrogative word from the list to write a question that corresponds with each response.

Adónde	Cuándo	De dónde	Por qué	Quién
Cuáles	Cuántos	Dónde	Qué	Quiénes

1. _____

   Ellos caminan a la biblioteca.

2. _____

   El profesor de español es de México.

3. _____

   Hay quince estudiantes en la clase.

4. _____

   El compañero de cuarto de Jaime es Manuel.

5. _____

   La clase de física es en el laboratorio.

6. _____

   Julia lleva una computadora portátil.

7. _____

   El programa de televisión termina a las diez.

8. _____

   Estudio biología porque hay un examen mañana.

3 **Muchas preguntas** Form four different questions from each statement.

1. Inés canta en el coro (*choir*) de la universidad.

_____

_____

_____

_____

2. Javier busca el libro de arte.

_____

_____

_____

_____

3. La profesora Gutiérrez enseña contabilidad.

_____

_____

_____

_____

4. Ustedes necesitan hablar con el profesor de economía.

_____

_____

_____

_____

4 **¿Qué palabra?** Write the interrogative word that makes sense in each question.

1. ¿_____ es la clase de administración de empresas?
   Es en la biblioteca.

2. ¿_____ preparas la tarea de matemáticas?
   Preparo la tarea de matemáticas a las nueve de la noche.

3. ¿_____ es el profesor de inglés?
   Es de los Estados Unidos.

4. ¿_____ libros hay en la clase de biología?
   Hay diez libros.

5. ¿_____ caminas con (*with*) Olga?
   Camino a la clase de biología con Olga.

6. ¿_____ enseña el profesor Hernández en la universidad?
   Enseña literatura.

7. ¿_____ llevas cinco libros en la mochila?
   Porque regreso de la biblioteca.

8. ¿_____ es la profesora de física?
   Es la señora Caballero.

2.3 Present tense of **estar**

1 **Están en...** Answer the questions based on the pictures. Write complete sentences.

1. ¿Dónde están Cristina y Bruno?

2. ¿Dónde están la profesora y el estudiante?

3. ¿Dónde está la puerta?

4. ¿Dónde está la mochila?

5. ¿Dónde está el pasajero?

6. ¿Dónde está José Miguel?

2 **¿Dónde están?** Use these cues and the correct form of **estar** to write complete sentences. Add any missing words.

1. libros / cerca / escritorio

_____

2. Ustedes / al lado / puerta

_____

3. diccionario / entre / computadoras

_____

4. lápices / sobre / cuaderno

_____

5. estadio / lejos / residencias

_____

6. mochilas / debajo / mesa

_____

7. tú / en / clase de psicología

_____

8. reloj / a la derecha / ventana

_____

9. Rita / a la izquierda / Julio

_____

3 **¿Ser o estar?** Complete these sentences with the correct present-tense form of the verb **ser** or **estar**.

1. Sonia _____ muy bien hoy.

2. Las sillas _____ delante del escritorio.

3. Ellos _____ estudiantes de sociología.

4. Alma _____ de la capital de España.

5. _____ las diez y media de la mañana.

6. Nosotras _____ en la biblioteca.

4 **El libro** Complete this cell phone conversation with the correct forms of **estar**.

GUSTAVO Hola, Pablo. ¿(1)_____ en la residencia estudiantil?

PABLO Sí, (2)_____ en la residencia.

GUSTAVO Necesito el libro de física.

PABLO ¿Dónde (3)_____ el libro?

GUSTAVO El libro (4)_____ en mi cuarto (*room*), al lado de la computadora.

PABLO ¿Dónde (5)_____ la computadora?

GUSTAVO La computadora (6)_____ encima del escritorio.

PABLO ¡Aquí (*Here*) (7)_____ la computadora y . . . el libro de física!

5 **Conversación** Complete this dialogue with the correct forms of **ser** and **estar**.

PILAR Hola, Irene. ¿Cómo (1)___estas___?

IRENE Muy bien, ¿y tú? ¿Qué tal?

PILAR Bien, gracias. Te presento a Pablo.

IRENE Encantada, Pablo.

PILAR Pablo (2)_____ de México.

IRENE ¿De dónde en México (3)_____?

PABLO (4)_____ de Monterrey. ¿Y tú, de dónde (5)_____?

IRENE (6)_____ de San Juan, Puerto Rico.

PILAR ¿Dónde (7)_____ Claudia, tu (*your*) compañera de cuarto?

IRENE (8)_____ en la residencia estudiantil.

PABLO Nosotros vamos a (*are going to*) la librería ahora.

PILAR Necesitamos comprar el manual del laboratorio de física.

IRENE ¿A qué hora (9)_____ la clase de física?

PABLO (10)_____ a las doce del mediodía. ¿Qué hora (11)_____ ahora?

PILAR (12)_____ las once y media.

IRENE ¡Menos mal que (*Fortunately*) la librería (13)_____ cerca del laboratorio!

PILAR Sí, no (14)_____ muy lejos de la clase. Nos vemos.

IRENE Hasta luego.

PABLO Chau.

Workbook

2.4 Numbers 31–100

1 **Números de teléfono** Provide the words for these telephone numbers.

> **modelo**
> 968-3659
> nueve, sesenta y ocho, treinta y seis, cincuenta y nueve

1. 776-7799
siete setenta y seis, setenta y siete, noventa y nueve

2. 543-3162
cinco, cuarenta y tres, treinta y uno, sesenta y dos

3. 483-4745

4. 352-5073

5. 888-7540

6. 566-3857

7. 492-6033

8. 780-5770

2 **¿Cuántos hay?** Use the inventory list to answer these questions about the amount of items in stock at the school bookstore. Use complete sentences and write out the Spanish words for numbers.

Inventario			
lápices	91	mochilas	31
plumas	85	diccionarios	43
grabadoras	72	computadoras	30
cuadernos	50	mapas	66

1. ¿Cuántos mapas hay? *Hay sesenta y seis mapas*
2. ¿Cuántas mochilas hay? *Hay treinta y una mochilas*
3. ¿Cuántos diccionarios hay? *Hay cuarenta y tres diccionarios*
4. ¿Cuántos cuadernos hay? *Hay cincuenta cuadernos*
5. ¿Cuántas plumas hay? *Hay ochenta y cinco plumas*
6. ¿Cuántos lápices hay? *Hay noventa y un lápices*
7. ¿Cuántas computadoras hay? *Hay treinta computadoras*
8. ¿Cuántas grabadoras hay? _____

3 **Por ciento** Use the pie chart to complete these sentences. Write out the Spanish numbers in words.

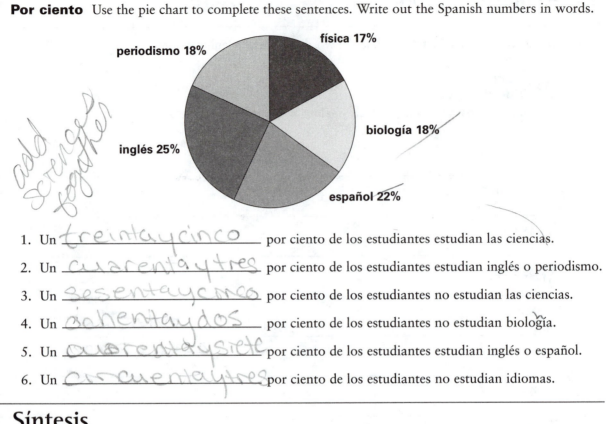

1. Un _treintaycinco_ por ciento de los estudiantes estudian las ciencias.

2. Un _cuarentaytres_ por ciento de los estudiantes estudian inglés o periodismo.

3. Un _sesentaycinco_ por ciento de los estudiantes no estudian las ciencias.

4. Un _ochentaydos_ por ciento de los estudiantes no estudian biología.

5. Un _cuarentaysiete_ por ciento de los estudiantes estudian inglés o español.

6. Un _cincuentaytres_ por ciento de los estudiantes no estudian idiomas.

Síntesis

La universidad Imagine that a parent calls a college student during the second week of courses. Write questions that the parent might ask about the son or daughter's schedule, courses, and campus life. Use the cues provided. Then write possible answers.

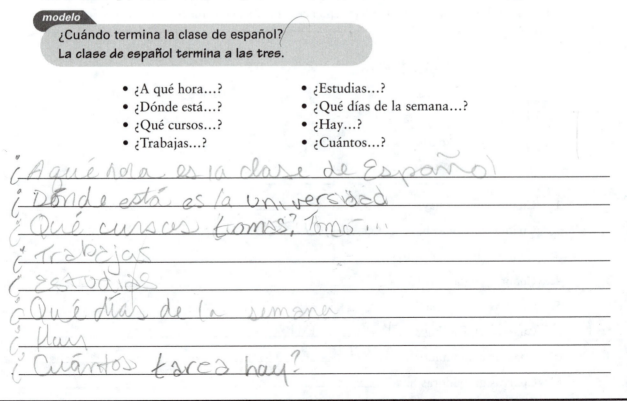

- ¿A qué hora...?
- ¿Dónde está...?
- ¿Qué cursos...?
- ¿Trabajas...?
- ¿Estudias...?
- ¿Qué días de la semana...?
- ¿Hay...?
- ¿Cuántos...?

¿A qué hora es la clase de Español

¿Dónde está es la universidad

¿Qué cursos tomas? Tomo...

¿Trabajas

¿estudias

¿Qué días de la semana

¿Hay

¿Cuántos tarea hay?

panorama

España

1 **¿De qué ciudad es?** Write the city or town in Spain associated with each item.

1. el Museo del Prado _El Museo del Prado está en Madrid._
2. la universidad más antigua de España _El ... está en Salamanca_
3. el baile flamenco _El ... es de Sevilla_
4. la Sagrada Familia _La Sagrada familia es de Barcelona_
5. la Tomatina _La Tomatina está en Buñol_
6. cuarta (*fourth*) ciudad en población _El ... está en Sevilla._

2 **¿Cierto o falso?** Indicate whether each statement is **cierto** or **falso.** Then correct the false statements.

1. Las islas Canarias y las islas Baleares son de España.
   Cierto
2. Zaragoza es una de las ciudades principales de España.
   Cierto
3. La moneda de España es el peso.
   Falso
4. En España hay más de un idioma. _CIERTO_ _more than_
   La moneda de España es el euro _(euro)_
5. La Tomatina es uno de los platos más deliciosos de España.
   Falso La Tomatina es un festival donde
   se tiran tomates / la paella es uno los platos más
6. La Universidad de Salamanca fue (*was*) fundada en el siglo XIII. _delicioso de españa_
   Cierto

3 **El mapa de España** Fill in the blanks with the name of the city or geographical feature.

1. _Mar Cantábrico_
2. _Pirineos_
3. _Barcelona_
4. _Madrid_
5. _Valencia_
6. _Sevilla_
7. _Estrecho de Gibraltar_
8. _Mar Mediterráneo_

Ma que origin
i masculin

4 **Profesiones** Complete these sentences with the person's occupation.

1. Pedro Duque es _astronaut_ .

2. Rosa Montero es _escritora y periodista_ .

3. Pedro Almodóvar es _director de cine_ .

4. Miguel de Cervantes es _escritor_ .

5. Arantxa Sánchez Vicario es _tenista_ .

6. Diego Velázquez es _pintor_ .

5 **Palabras cruzadas** (*crossed*) Write one letter on each blank. Then answer the final question, using the new word that is formed.

1. Islas españolas del Mar Mediterráneo

2. Español, catalán, gallego, valenciano y eusquera

3. La unión de países cuya (*whose*) moneda es el euro

4. Museo español famoso

5. Pintor español famoso

6. Obra más conocida de Diego Velázquez

```
 1 B A L E A R E S
2 I D I O M A S
  3 E U R O P E A
  4 P R A D O
        J
 5 G O Y A
  6 L A S   M E N I N A S
```

El aeropuerto (*airport*) de Madrid se llama _BARAJAS_ .

6 **Las fotos** Label the object shown in each photo.

1. _la Unión Europea_

2. _la paella_

3. _el baile flaminco_

4. _la Sagrad familia_

Nombre _____   Fecha _____

contextos

Lección 3

1 | **La familia** Look at the family tree and describe the relationships between these people.

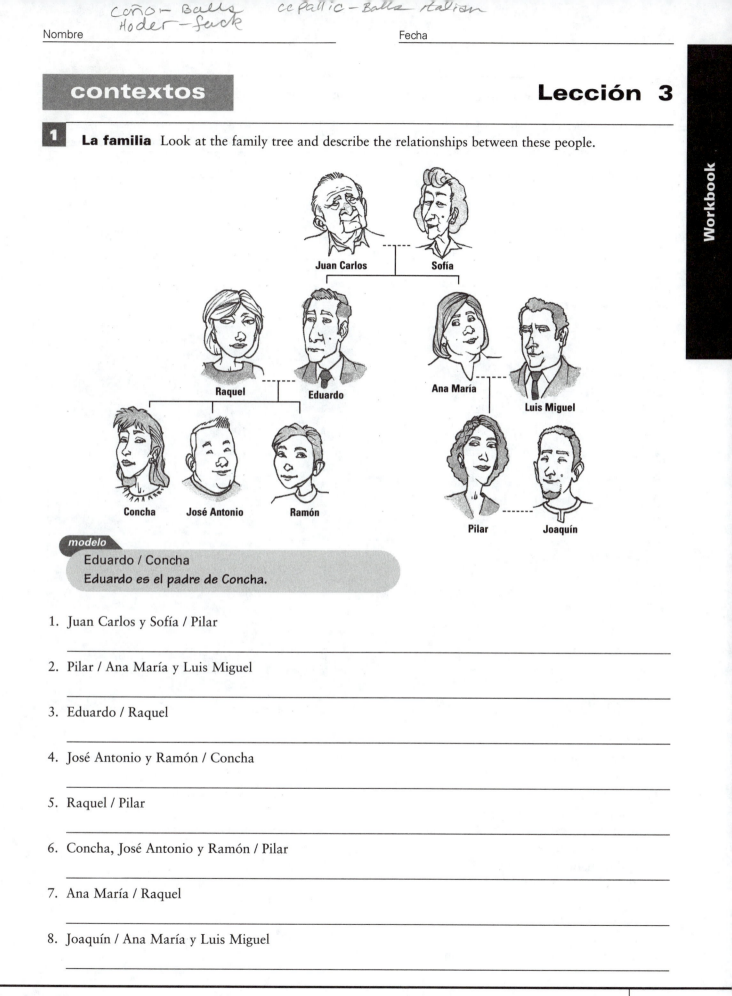

Juan Carlos   **Sofía**

Raquel   **Eduardo**   **Ana María**   **Luis Miguel**

Concha   **José Antonio**   **Ramón**   **Pilar**   **Joaquín**

modelo

Eduardo / Concha
Eduardo es el padre de Concha.

1. Juan Carlos y Sofía / Pilar

   _____

2. Pilar / Ana María y Luis Miguel

   _____

3. Eduardo / Raquel

   _____

4. José Antonio y Ramón / Concha

   _____

5. Raquel / Pilar

   _____

6. Concha, José Antonio y Ramón / Pilar

   _____

7. Ana María / Raquel

   _____

8. Joaquín / Ana María y Luis Miguel

   _____

2 **Diferente** Write the word that does not belong in each group.

1. ingeniera, médica, programadora, periodista, hijastra _____

2. cuñado, nieto, yerno, suegra, nuera _____

3. sobrina, prima, artista, tía, hermana _____

4. padre, hermano, hijo, novio, abuelo _____

5. muchachos, tíos, niños, chicos, hijos _____

6. amiga, hermanastra, media hermana, madrastra _____

3 **Crucigrama** Complete this crossword puzzle.

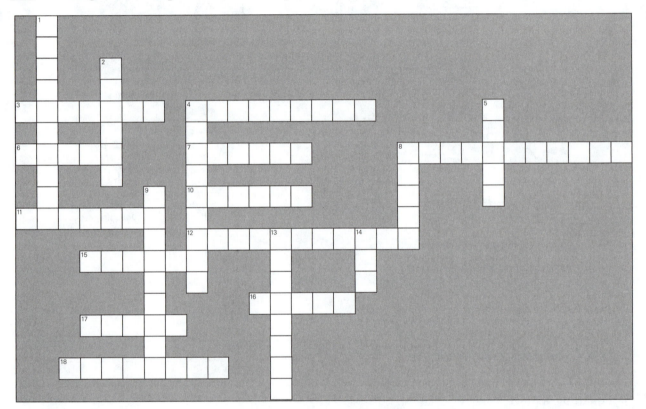

Horizontales

3. el hijo de mi hermano
4. la esposa de mi padre, pero no soy su hijo
6. el hijo de mi hija
7. el esposo de mi hermana
8. hombre que estudió (*studied*) computación
10. la madre de mi padre
11. padre, madre e (*and*) hijos
12. el hijo de mi madrastra, pero no de mi padre
15. doctor
16. tus nietos son los _____de tus hijos
17. personas en general
18. la hija de mi esposa, pero no es mi hija

Verticales

1. mujer que escribe (*writes*) para el *New York Times*
2. compañeros inseparables
4. chicos
5. el esposo de mi madre es el _____ de mis abuelos
8. el hijo de mi tía
9. abuelos, primos, tíos, etc.
13. Pablo Picasso y Diego de Velázquez
14. el hermano de mi madre

estructura

3.1 Descriptive adjectives

1 **¿Cómo son?** Use the adjective in parentheses that agrees with each subject to write descriptive sentences about them.

> **modelo**
> (gordo, delgada)
> Lidia: Lidia es delgada.
> el novio de Olga: El novio de Olga es gordo.

(simpático, guapos, alta)

1. la profesora de historia: _____

2. David y Simón: _____

3. el artista: _____

(trabajadora, viejo, delgadas)

4. esas (*those*) muchachas: _____

5. el abuelo de Alberto: _____

6. la programadora: _____

2 **Descripciones** Complete each sentence with the correct forms of the adjectives in parentheses.

1. Lupe, Rosa y Tomás son _____ (bueno) amigos.

2. Ignacio es _____ (alto) y _____ (guapo).

3. Lourdes y Virginia son _____ (bajo) y _____ (delgado).

4. Pedro y Vanessa son _____ (moreno), pero Diana es _____ (pelirrojo).

5. Nosotras somos _____ (inteligente) y _____ (trabajador).

6. Esos (*Those*) chicos son _____ (simpático), pero son _____ (tonto).

3 **No** Answer these questions using the adjective with the opposite meaning.

> **modelo**
> ¿Es alta Maite?
> No, es baja.

1. ¿Es antipático don Francisco? _____

2. ¿Son morenas las hermanas de Maite? _____

3. ¿Es fea la mamá de Javier? _____

4. ¿Son viejos los primos de Inés? _____

5. ¿Son malos los padres de Javier? _____

6. ¿Es guapo el tío de Álex? _____

4 **Origen y nacionalidad** Read the names and origins of the people in this tour group. Then write sentences saying what city they are from and what their nationalities are.

> modelo
> Álvaro Estrada / Miami, Estados Unidos
> Álvaro Estrada **es de** Miami. **Es estadounidense.**

1. Ling y Sammo Hung / Pekín, China _____

2. Pierre y Marie Lebrun / Montreal, Canadá _____

3. Luigi Mazzini / Roma, Italia _____

4. Elizabeth Mitchell / Londres, Inglaterra (*England*) _____

5. Roberto Morales / Madrid, España _____

6. Andrés y Patricia Padilla / Quito, Ecuador _____

7. Paula y Cecilia Robles / San Juan, Puerto Rico _____

8. Conrad Schmidt / Berlín, Alemania (*Germany*) _____

9. Antoinette y Marie Valois / París, Francia _____

10. Marta Zedillo / Guadalajara, México _____

5 **Completar** Complete each sentence with the correct form of each adjective in parentheses.

(bueno)

1. La clase de matemáticas es muy _____.

2. Rogelio es un _____ compañero de cuarto.

3. Agustina compra una _____ mochila para (*for*) los libros.

4. Andrés y Guillermo son muy _____ estudiantes.

(malo)

5. Federico es antipático y una _____ persona.

6. Ahora es un _____ momento para descansar.

7. La comida (*food*) de la cafetería es _____.

8. Son unas semanas _____ para viajar.

(grande)

9. Hay un _____ evento en el estadio hoy.

10. Los problemas en esa (*that*) familia son muy _____.

11. La biblioteca de la universidad es _____.

12. La prima de Irma es una _____ amiga.

3.2 Possessive adjectives

1 **¿De quién es?** Answer each question affirmatively using the correct possessive adjective.

> **modelo**
> ¿Es tu maleta?
> *Sí, es mi maleta.*

1. ¿Es la mochila de Adela? _____
2. ¿Es mi clase de español? _____
3. ¿Son los papeles de la profesora? _____
4. ¿Es el diccionario de tu compañera de cuarto? _____
5. ¿Es tu novia? _____
6. ¿Son los lápices de ustedes? _____

2 **Familia** Write the appropriate forms of the possessive adjectives indicated in parentheses.

1. _____ (*My*) cuñada, Isabella, es italiana.
2. _____ (*Their*) parientes están en el Ecuador.
3. ¿Quién es _____ (*your* fam.) tío?
4. _____ (*Our*) padres regresan a las diez.
5. Es _____ (*his*) tarea de matemáticas.
6. Linda y María son _____ (*my*) hijas.
7. ¿Dónde trabaja _____ (*your* form.) esposa?
8. _____ (*Our*) familia es grande.

3 **Clarificar** Add a prepositional phrase that clarifies to whom the item(s) belongs.

> **modelo**
> ¿Es su libro? (ellos)
> *¿Es el libro de ellos?*

1. ¿Cuál es su problema? (ella)

   _____

2. Trabajamos con su madre. (ellos)

   _____

3. ¿Dónde están sus papeles? (ustedes)

   _____

4. ¿Son sus plumas? (ella)

   _____

5. ¿Quiénes son sus compañeros de cuarto? (él)

   _____

6. ¿Cómo se llaman sus sobrinos? (usted)

   _____

Workbook

4   **Posesiones** Write sentences using possessive adjectives to indicate who owns these items.

> *modelo*
> Yo compro un escritorio.
> **Es mi** *escritorio*.

1. Ustedes compran cuatro sillas. _____

2. Tú compras una mochila. _____

3. Nosotros compramos una mesa. _____

4. Yo compro una maleta. _____

5. Él compra unos lápices. _____

6. Ellos compran una grabadora. _____

5   **Mi familia** Inés is talking about her family. Complete her description with the correct possessive adjectives.

Somos cinco hermanos. Graciela, Teresa y Carmen son (1)_____ hermanas. Francesca es (2)_____ cuñada. Es la esposa de (3)_____ hermano mayor, Pablo. Francesca es italiana. (4)_____ papás viven en Roma. Vicente es el hijo de (5)_____ hermana mayor, Graciela. Él es (6)_____ sobrino favorito. (7)_____ papá se llama Marcos y es español. Ellos viven con (8)_____ familia en Sevilla. Teresa estudia en Quito y vive con la tía Remedios y (9)_____ dos hijos, Carlos y Raquel, (10)_____ primos. Carmen y yo vivimos con (11)_____ papás en Portoviejo. Los papás de (12)_____ mamá viven también con nosotros. Nosotras compartimos (13)_____ problemas con (14)_____ abuelos. Ellos son muy buenos. Y tú, ¿cómo es (15)_____ familia?

6   **Preguntas** Answer these questions using possessive adjectives and the words in parentheses.

> *modelo*
> ¿Dónde está tu amiga? (Quito)
> **Mi amiga** *está* **en Quito.**

1. ¿Cómo es tu padre? (alto y moreno)

_____

2. José, ¿dónde están mis papeles? (en el escritorio)

_____

3. ¿Cómo es la escuela de Felipe? (pequeña y vieja)

_____

4. ¿Son mexicanos los amigos de ustedes? (puertorriqueños)

_____

5. Mami, ¿dónde está mi tarea? (en la mesa)

_____

6. ¿Cómo son los hermanos de Pilar? (simpáticos)

_____

3.3 Present tense of **–er** and **–ir** verbs

1 **Conversaciones** Complete these conversations with the correct forms of the verbs in parentheses.

(leer)

1. —¿Qué _____, Ana?

2. —_____ un libro de historia.

(vivir)

3. —¿Dónde _____ ustedes?

4. —Nosotros _____ en Nueva York. ¿Y tú?

(comer)

5. —¿Qué _____ ustedes?

6. —Yo _____ un sándwich y Eduardo _____ pizza.

(deber)

7. —Profesora, ¿_____ abrir nuestros libros ahora?

8. —Sí, ustedes _____ abrir los libros en la página (*page*) 87.

(escribir)

9. —¿_____ un libro, Melinda?

10. —Sí, _____ un libro de ciencia ficción.

2 **Frases** Write complete sentences using the correct forms of the verbs in parentheses.

1. (Nosotros) (Escribir) muchas composiciones en la clase de literatura.

_____

2. Esteban y Luisa (aprender) a bailar el tango.

_____

3. ¿Quién no (comprender) la lección de hoy?

_____

4. (Tú) (Deber) comprar un mapa de Quito.

_____

5. Ellos no (recibir) muchas cartas (*letters*) de sus padres.

_____

6. (Yo) (Buscar) unas fotos de mis primos.

_____

3 **¿Qué verbo es?** Choose the most logical verb to complete each sentence, using the correct form.

1. Tú _____ (abrir, correr, decidir) en el parque (*park*), ¿no?

2. Yo _____ (asistir, compartir, leer) a conciertos de Juanes.

3. ¿_____ (aprender, creer, deber) a leer tu sobrino?

4. Yo no _____ (beber, vivir, comprender) la tarea de física.

5. Los estudiantes _____ (escribir, beber, comer) hamburguesas en la cafetería.

6. Mi esposo y yo _____ (decidir, leer, deber) el *Miami Herald*.

Workbook

4 **Tú y ellos** Rewrite each sentence using the subject in parentheses. Change the verb form and possessive adjectives as needed.

> **modelo**
> No asistimos a clase los domingos. (yo)
> No asisto a clase los domingos.

1. Rubén cree que la lección 3 es fácil. (ellos)

   _____

2. Mis hermanos aprenden alemán en la universidad. (mi tía)

   _____

3. Aprendemos a hablar, leer y escribir en la clase de español. (yo)

   _____

4. Sandra escribe en su diario todos los días (*everyday*). (tú)

   _____

5. Comparto mis problemas con mis padres. (Víctor)

   _____

6. Vives en una residencia interesante y bonita. (nosotras)

   _____

5 **Descripciones** Look at the drawings and use these verbs to describe what the people are doing.

> abrir   aprender   comer   leer

1. Nosotros _____

2. Yo _____

3. Mirta _____

4. Los estudiantes _____

3.4 Present tense of **tener** and **venir**

1   **Completar** Complete these sentences with the correct forms of **tener** and **venir**.

1. ¿A qué hora _____ ustedes al estadio?

2. ¿_____ tú a la universidad en autobús?

3. Nosotros _____ una prueba de psicología mañana.

4. ¿Por qué no _____ Juan a la clase de literatura?

5. Yo _____ dos hermanos y mi prima _____ tres.

6. ¿_____ ustedes fotos de sus parientes?

7. Mis padres _____ unos amigos japoneses.

8. Inés _____ con su esposo y yo _____ con Ernesto.

9. Marta y yo no _____ al laboratorio los sábados.

10. ¿Cuántos nietos _____ tú?

11. Yo _____ una clase de contabilidad a las once de la mañana.

12. Mis amigos _____ a comer a la cafetería hoy.

2   **¿Qué tienen?** Rewrite each sentence, using the logical expression with **tener**.

1. Los estudiantes (tienen hambre, tienen miedo de) tomar el examen de química.

   _____

2. Las turistas (tienen sueño, tienen prisa) por llegar al autobús.

   _____

3. Mi madre (tiene cincuenta años, tiene razón) siempre (*always*).

   _____

4. Vienes a la cafetería cuando (*when*) (tienes hambre, tienes frío).

   _____

5. (Tengo razón, Tengo frío) en la biblioteca porque abren las ventanas.

   _____

6. Rosaura y María (tienen calor, tienen ganas) de mirar la televisión.

   _____

7. Nosotras (tenemos cuidado, no tenemos razón) con el sol (*sun*).

   _____

8. David toma mucha agua cuando (*when*) (tiene miedo, tiene sed).

   _____

3 **Expresiones con tener** Complete each sentence with the correct expression and the appropriate form of **tener**.

| tener cuidado | tener miedo | tener mucha suerte | tener que |
| tener ganas | tener mucha hambre | tener prisa | tener razón |

1. Mis sobrinos _____ del perro (*dog*) de mis abuelos.

2. Necesitas _____ con la computadora portátil (*laptop*).

3. Yo _____ practicar el vocabulario de español.

4. Lola y yo _____ de escuchar música latina.

5. Anita cree que (*that*) dos más dos son cinco. Ella no _____.

6. Ganas (*You win*) cien dólares en la lotería. Tú _____.

Síntesis

Tus parientes Choose an interesting relative of yours and write a description of that person. Answer these questions in your description.

- ¿Quién es?
- ¿Cómo es?
- ¿De dónde viene?
- ¿Cuántos hermanos/primos/hijos tiene?
- ¿Cómo es su familia?
- ¿Dónde vive?
- ¿Cuántos años tiene?
- ¿De qué tiene miedo?

_____

_____

_____

_____

_____

_____

_____

_____

_____

_____

_____

_____

panorama

Ecuador

1 **¿Cierto o falso?** Indicate whether the statements are **cierto** or **falso**. Correct the false statements.

1. El Ecuador tiene aproximadamente el área de Rhode Island.

   _____

2. Panamá y Chile limitan con (*border*) el Ecuador.

   _____

3. Las islas Galápagos están en el océano Pacífico.

   _____

4. Quito está en la cordillera de los Andes.

   _____

5. Todos (*All*) los ecuatorianos hablan lenguas indígenas.

   _____

6. Rosalía Arteaga fue (*was*) presidenta del Ecuador.

   _____

7. Hay volcanes activos en el Ecuador.

   _____

8. Osvaldo Guayasamín fue un novelista ecuatoriano famoso.

   _____
   _____

2 **El mapa de Ecuador** Fill in the blanks on this map of Ecuador with the correct geographical names.

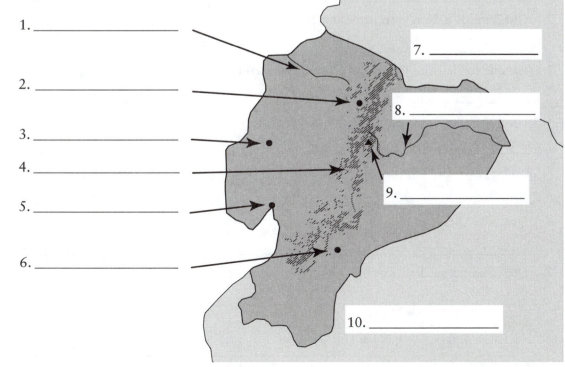

1. _____

2. _____

3. _____

4. _____

5. _____

6. _____

7. _____

8. _____

9. _____

10. _____

Workbook

3 **Fotos del Ecuador** Label the place shown in each photograph.

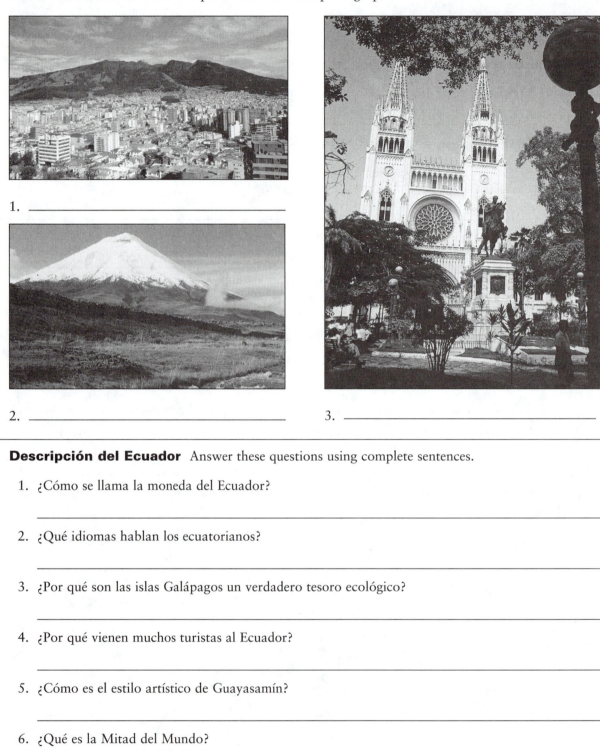

1. _____

2. _____

3. _____

4 **Descripción del Ecuador** Answer these questions using complete sentences.

1. ¿Cómo se llama la moneda del Ecuador?

_____

2. ¿Qué idiomas hablan los ecuatorianos?

_____

3. ¿Por qué son las islas Galápagos un verdadero tesoro ecológico?

_____

4. ¿Por qué vienen muchos turistas al Ecuador?

_____

5. ¿Cómo es el estilo artístico de Guayasamín?

_____

6. ¿Qué es la Mitad del Mundo?

_____

7. ¿Qué deportes puedes hacer (*can you do*) en los Andes?

_____

8. ¿Dónde viven las tortugas gigantes?

_____

repaso   **Lecciones 1–3**

1 **¿Ser o estar?** Complete each sentence with the correct form of **ser** or **estar**.

1. Los abuelos de Maricarmen _____ de España.

2. La cafetería de la universidad _____ cerca del estadio.

3. Gerónimo y Daniel _____ estudiantes de sociología.

4. —Hola, Gabriel. _____ María. ¿Cómo _____?

5. El cuaderno de español _____ debajo del libro de química.

6. Victoria no viene a clase hoy porque _____ enferma.

2 **¿Quiénes son?** Read the clues and complete the chart. Write out the numbers.

1. La persona de los Estados Unidos tiene 32 años.
2. David es del Canadá.
3. La programadora no es la persona del Ecuador.
4. El conductor tiene 45 años.
5. Gloria es artista.
6. La médica tiene 51 años.
7. La persona de España tiene ocho años menos que el conductor.
8. Ana es programadora.

Nombre	Profesión	Edad (*Age*)	Nacionalidad
Raúl	estudiante	diecinueve	mexicano
Carmen			
			estadounidense
David			
	programadora		

3 **Oraciones** Form complete sentences using the words provided. Write out the words for numbers.

1. cómo / estar / usted / Sra. Rodríguez

_____

2. estudiante / llegar / grande / biblioteca / 5:30 p.m.

_____

3. hay / 15 / cuadernos / sobre / escritorio

_____

4. nieto / Inés / aprender / español / escuela

_____

5. conductora / autobús / no / ser / antipático

_____

6. abuelo / Lisa / tener / 72 / años

_____

4 **Preguntas** Write sentences with the words provided. Then make each statement into a question.

1. clase de contabilidad / ser / 11:45 a.m.

_____

_____

2. su tía / favorito / tener / 35 años

_____

_____

3. tu profesor / biología / ser / México

_____

_____

4. biblioteca / estar / cerca / residencia estudiantil

_____

_____

5 **Los países** Complete these sentences with information from the **Panorama** sections.

1. En Miami, hay un barrio cubano que se llama la _____.

2. Las personas de origen _____ son el grupo hispano más grande en los EE.UU.

3. Las islas Baleares y las islas Canarias son parte de _____.

4. La lengua indígena que más se habla en el Ecuador es el _____.

6 **Tu familia** Imagine that these people are your relatives. Choose one and write several sentences about that person. First, say where the person is located in the photo. Include this information: name, relationship to you, profession, age, and place of origin. Describe the person and his or her activities using the adjectives and verbs you have learned.

_____

_____

_____

_____

contextos

1 **Los deportes** Name the sport associated with each object.

1. _____

2. _____

3. _____

4. _____

5. _____

6. _____

2 **Una es diferente** Write the word that does not belong in each group.

1. pasatiempo, diversión, ratos libres, trabajar _____

2. patinar, descansar, esquiar, nadar, bucear _____

3. baloncesto, películas, fútbol, tenis, vóleibol _____

4. museo, equipo, jugador, partido, aficionados _____

5. correo electrónico, revista, periódico, tenis _____

6. cine, aficionado/a, gimnasio, piscina, restaurante _____

3 **¿Qué son?** Write each of these words in the appropriate column in the chart.

aficionado/a	excursionista	jugador(a)
baloncesto	fútbol	montaña
béisbol	gimnasio	restaurante

Deportes	*Lugares*	*Personas*

4 **El fin de semana** Complete the paragraph about Álex's weekend with the appropriate word from the word bank.

Álex

el cine	el monumento	una pelota
la ciudad	un museo	el periódico
deportes	la natación	la piscina
el gimnasio	el partido	un restaurante

Siempre leo (1)_____ los domingos por la mañana. Después, me gusta practicar

(2)_____. A veces, nado en (3)_____ que hay en el parque.

Cuando no nado, hago ejercicio (*exercise*) en (4)_____. Cuando hay mucho

tráfico en (5)_____, voy al gimnasio en bicicleta.

Cuando no como en casa, como en (6)_____ con mis amigos, y luego nosotros

podemos ver (7)_____ de béisbol. Algunos días, veo películas. Me gusta más ver

películas en (8)_____ que en mi casa.

Workbook

estructura

4.1 Present tense of **ir**

1 **Vamos a la universidad** Complete the paragraph with the correct forms of **ir**.

Alina, Cristina y yo somos buenas amigas. (Nosotras) (1)_____ a la universidad a las

ocho de la mañana todos los días (*every day*). Ellas y yo (2)_____ al centro de

computación y leemos el correo electrónico. A las nueve Alina y Cristina (3)_____

a su clase de psicología y yo (4)_____ a mi clase de historia. A las diez y media

yo (5)_____ a la biblioteca a estudiar. A las doce (yo) (6)_____

a la cafetería y como con ellas. Luego (*Afterwards*), Alina y yo (7)_____ a

practicar deportes. Yo (8)_____ a practicar fútbol y Alina (9)_____ a

la piscina. Cristina (10)_____ a trabajar en la librería. Los fines de semana Alina,

Cristina y yo (11)_____ a ver películas y pasamos tiempo con nuestras familias.

2 **Los planes** Don Francisco wants to make sure he knows about everything that is going on. Answer his questions in complete sentences using the words in parentheses.

1. ¿Adónde van Inés y Javier? (pasear por la ciudad)

   _____

2. ¿Cuándo van a correr los chicos? (noche)

   _____

3. ¿A qué hora van al autobús? (a las dos y media)

   _____

4. ¿Cuándo van a ir a las cabañas? (cuatro)

   _____

5. ¿Qué va a hacer Maite en el parque? (escribir postales)

   _____

6. ¿Qué va a hacer Álex en el parque? (tomar el sol)

   _____

3   **Conversación**   Complete this conversation with the correct forms of **ir.**

ELENA   ¡Hola, Daniel! ¿Qué tal?

DANIEL   Muy bien, gracias. ¿Y tú?

ELENA   Muy bien. ¿Adónde (1)_____ ahora?

DANIEL   (2)_____ al cine a ver una película. ¿Quieres (3)_____ conmigo?

ELENA   No, gracias. Tengo mucha prisa ahora. (4)_____ al museo de arte.

DANIEL   ¿Y adónde (5)_____ hoy por la noche?

ELENA   Mi compañera de cuarto y yo (6)_____ a comer en un restaurante
italiano. ¿Quieres (7)_____ con nosotras?

DANIEL   ¡Sí! ¿Cómo (8)_____ ustedes al restaurante?

ELENA   (9)_____ en autobús. Hay un autobús que (10)_____
directamente al barrio (*neighborhood*) italiano.

DANIEL   ¿A qué hora (11)_____ ustedes?

ELENA   Creo que (12)_____ a llegar al restaurante a las nueve.

DANIEL   ¿Desean (13)_____ a bailar luego (*afterwards*)?

ELENA   ¡Sí!

DANIEL   (14)_____ a invitar a nuestro amigo Pablo también. ¡Nos vemos a las nueve!

ELENA   ¡Chau, Daniel!

4   **¡Vamos!**   Víctor is planning a weekend out with his friends. Combine elements from each column to describe what everyone is going to do.

Ustedes	ver películas	el domingo
Nosotros	ir al estadio de fútbol	el fin de semana
Víctor	tomar el sol	tiempo libre
Claudio y su primo	visitar monumentos	a las tres
Tú	pasear por el parque	por la noche
Yo	comer en el restaurante	por la mañana

_____

_____

_____

_____

_____

_____

_____

_____

_____

4.2 Stem-changing verbs: e→ie, o→ue

1 **¿Qué hacen?** Write complete sentences using the cues provided.

1. Vicente y Francisco / jugar / al vóleibol los domingos

   _____

2. Adela y yo / empezar / a tomar clases de tenis

   _____

3. Ustedes / volver / de Cancún el viernes

   _____

4. Los jugadores de béisbol / recordar / el partido importante

   _____

5. La profesora / mostrar / las palabras del vocabulario

   _____

6. El excursionista / preferir / escalar la montaña de noche

   _____

7. (Yo) / entender / el plan de estudios

   _____

8. (Tú) / cerrar / los libros y te vas a dormir

   _____

2 **Quiero ir** Alejandro wants to go on a hike with his friends, but Gabriela says he doesn't have time. Write the correct forms of the verbs in parentheses.

ALEJANDRO ¿(1)_____ (poder) ir a la excursión con ustedes? Tengo que volver a mi casa a las tres.

GABRIELA No, no (2)_____ (poder) venir. Nosotros (3)_____ (pensar) ir a las doce.

ALEJANDRO Yo (4)_____ (querer) ir. ¿(5)_____ (poder) ustedes volver a las dos?

GABRIELA No, tú tienes que comprender: Nosotros no (6)_____ (volver) a las dos. Nosotros (7)_____ (preferir) estar más tiempo en el pueblo.

ALEJANDRO Bueno, ¿a qué hora (8)_____ (pensar) regresar?

GABRIELA Yo no (9)_____ (pensar) volver hasta las nueve o las diez de la noche.

3 **No, no quiero** Answer these questions negatively, using complete sentences.

> *modelo*
> ¿Puedes ir a la biblioteca a las once?
> No, no puedo ir a la biblioteca a las once.

1. ¿Quieren ustedes patinar en línea con nosotros?

   _____

2. ¿Recuerdan ellas los libros que necesitan?

   _____

3. ¿Prefieres jugar al fútbol a nadar en la piscina?

   _____

4. ¿Duermen tus sobrinos en casa de tu abuela?

   _____

5. ¿Juegan ustedes al baloncesto en la universidad?

   _____

6. ¿Piensas que la clase de química orgánica es difícil?

   _____

7. ¿Encuentras el programa de computadoras en la librería?

   _____

8. ¿Vuelven ustedes a casa los fines de semana?

   _____

9. ¿Puedo tomar el autobús a las once de la noche?

   _____

10. ¿Entendemos la tarea de psicología?

   _____

4 **Correo electrónico** Complete this e-mail message with the correct form of the logical verb. Use each verb once.

| Para Daniel Moncada | De Paco | Asunto Saludo |

dormir
empezar
entender
jugar
pensar
poder
preferir
querer
volver

Hola Daniel. Estoy con Mario en la biblioteca. Los exámenes (1)_____ mañana. Por las noches Mario y yo no (2)_____ mucho porque tenemos que estudiar. Tú (3)_____ cómo estamos, ¿no? Yo (4)_____ que los exámenes serán (*will be*) muy difíciles. Tengo muchas ganas de volver al pueblo. Cuando (5)_____ al pueblo puedo descansar. Yo (6)_____ el pueblo a la ciudad. (7)_____ volver pronto.
Si (*If*) Mario y yo compramos pasajes (*tickets*) de autobús, (8)_____ pasar el fin de semana contigo. En casa (*At home*) mis hermanos y yo (9)_____ al fútbol en nuestro tiempo libre.

Nos vemos,
Paco

Workbook

4.3 Stem-changing verbs: e→i

1 **En el cine** Amalia and her brothers are going to the movies. Complete the story using the correct form of the verb provided.

1. Al entrar al cine, mis hermanos _____ (pedir) una soda.

2. Mis hermanos _____ (decir) que prefieren las películas de acción.

3. Nosotros _____ (pedir) ver la película de las seis y media.

4. Mis hermanos y yo _____ (conseguir) entradas (*tickets*) para estudiantes.

5. Yo _____ (repetir) el diálogo para mis hermanos.

6. Mis hermanos son pequeños y no _____ (seguir) bien la película.

2 **Conversaciones** Complete these conversations with the correct form of the verbs in parentheses.

(pedir)

1. —¿Qué _____ en la biblioteca, José?

2. — _____ un libro que necesito para el examen.

(conseguir)

3. —¿Dónde _____ ustedes las entradas (*tickets*) para los partidos de fútbol?

4. —Nosotros _____ las entradas en una oficina de la escuela.

(repetir)

5. —¿Quién _____ la excursión?

6. —Yo _____, me gusta mucho ese pueblo.

(seguir)

7. —¿Qué equipo _____ Manuel y Pedro?

8. —Pedro_____ a los Red Sox y Manuel _____ a los Yankees de Nueva York.

3 **¿Qué haces?** Imagine that you are writing in your diary. Choose at least five of these phrases and describe what you do on any given day. You should add any details you feel are necessary.

conseguir hablar español	pedir una pizza
conseguir tiempo libre	repetir una pregunta
pedir un libro	seguir las instrucciones

_____

_____

_____

_____

_____

4   **La película**   Read the paragraph. Then answer the questions using complete sentences.

Gastón y Lucía leen el periódico y deciden ir al cine. Un crítico dice que *El café en el centro* es buena. Ellos siguen la recomendación. Quieren conseguir entradas (*tickets*) para estudiantes, que son más baratas. Para conseguir entradas para estudiantes, deben ir a la oficina de la escuela antes de las seis de la tarde. La oficina cierra a las seis. Ellos corren para llegar a tiempo. Cuando ellos llegan, la oficina está cerrada y la secretaria está afuera (*outside*). Ellos le piden un favor a la secretaria. Explican que no tienen mucho dinero y necesitan entradas para estudiantes. La secretaria sonríe y dice: "Está bien, pero es la última vez (*last time*)".

1. ¿Qué deciden hacer Gastón y Lucía?

_____

2. ¿Siguen la recomendación de quién?

_____

3. ¿Por qué Gastón y Lucía quieren conseguir entradas para estudiantes?

_____

4. ¿Cómo y cuándo pueden conseguir entradas para estudiantes?

_____

5. ¿Qué ocurre cuando llegan a la oficina de la escuela?

_____

_____

6. ¿Qué le piden a la secretaria? ¿Crees que les vende las entradas?

_____

_____

5   **Preguntas**   Answer these questions, using complete sentences.

1. ¿Cómo consigues buenas calificaciones (*grades*)?

_____

2. ¿Dónde pides pizza?

_____

3. ¿Sigues a algún equipo deportivo?

_____

4. ¿Consigues entender la televisión en español?

_____

5. ¿Dices siempre la verdad?

_____

4.4 Verbs with irregular **yo** forms

1 **Hago muchas cosas** Complete each sentence by choosing the best verb and writing its correct form.

1. (Yo) _____ un disco de música latina. (oír, suponer, salir)

2. (Yo) _____ la hamburguesa y la soda sobre la mesa. (poner, oír, suponer)

3. (Yo) _____ la tarea porque hay un examen mañana. (salir, hacer, suponer)

4. (Yo) _____ a mi sobrina a mi clase de baile. (traer, salir, hacer)

5. (Yo) _____ una película sobre un gran equipo de béisbol. (salir, suponer, ver)

6. (Yo) _____ a bailar los jueves por la noche. (ver, salir, traer)

7. (Yo) _____ que la película es buena, pero no estoy seguro (*sure*). (hacer, poner, suponer)

8. (Yo) _____ mi computadora portátil (*laptop*) a clase en la mochila. (traer, salir, hacer)

2 **Completar** Complete these sentences with the correct verb. Use each verb in the correct form once.

hacer	suponer
oír	traer
salir	ver

1. _____ para la clase a las dos.

2. Los fines de semana _____ mi computadora a casa.

3. _____ que me gusta trabajar los sábados por la mañana.

4. Por las mañanas, _____ música en la radio.

5. Cuando tengo hambre, _____ un sándwich.

6. Para descansar, _____ películas en la televisión.

3 **Preguntas** Answer these questions, using complete sentences.

1. ¿Adónde sales a bailar con tus amigos?

_____

2. ¿Ves partidos de béisbol todos los fines de semana?

_____

3. ¿Oyes música clásica?

_____

4. ¿Traes una computadora portátil (*laptop*) a clase?

_____

5. ¿Cómo supones que va a ser el examen de español?

_____

6. ¿Adónde sales a comer los sábados?

_____

4 | **La descripción** Read this description of Marisol. Then imagine that you are Marisol, and write a description of yourself based on the information you read. The first sentence has been done for you.

Marisol es estudiante de biología en la universidad. Hace sus tareas todas (*every*) las tardes y sale por las noches a bailar o a comer en un restaurante cerca de la universidad. Los fines de semana, Marisol va a su casa a descansar, pero (*but*) trae sus libros. En los ratos libres, oye música o ve una película en el cine. Si hay un partido de fútbol, Marisol pone la televisión y ve los partidos con su papá. Hace algo (*something*) de comer y pone la mesa (*sets the table*).

Soy estudiante de la universidad. _____

_____

_____

_____

_____

_____

_____

_____

_____

_____

Síntesis

Interview a classmate about his or her pastimes, weekend activities, and favorite sports. Use these questions as guidelines, and prepare several more before the interview. Then, write up the interview in a question-and-answer format, faithfully reporting your classmate's responses.

- ¿Cuáles son tus pasatiempos? ¿Dónde los practicas?

- ¿Cuál es tu deporte favorito? ¿Practicas ese (*that*) deporte? ¿Eres un(a) gran aficionado/a? ¿Tu equipo favorito pierde muchas veces? ¿Quién es tu jugador(a) favorito/a?

- ¿Adónde vas los fines de semana? ¿Qué piensas hacer este (*this*) viernes?

- ¿Duermes mucho los fines de semana? ¿Vuelves a casa muy tarde (*late*)?

_____

_____

_____

_____

_____

_____

panorama

México

1 **Palabras** Use the clues to put the letters in order, spelling words in **Panorama.**

1. MGEÓINARIC _____
   resultado de la proximidad geográfica de México y los EE.UU.

2. OOMÓCNIEC _____
   uno de los aspectos más influenciados en México por los EE.UU.

3. ALUJDAAAGRA _____
   ciudad número dos de México en población

4. ONETBI RZUEÁJ _____
   héroe nacional de México

5. CÁUNYAT_____
   península mexicana

6. ARSISTUT _____
   el D.F. atrae a miles de ellos

7. RADIF OKLAH _____
   la esposa de Diego Rivera

8. LOTRAILT _____
   la base de la comida mexicana

2 **¿Cierto o falso?** Indicate if each statement is **cierto** or **falso.** Then correct the false statements.

1. El área de México es casi dos veces el área de Texas.
   _____

2. Octavio Paz era un periodista y narrador célebre mexicano.
   _____

3. La geografía de México influye en aspectos económicos y sociales.
   _____

4. No hay mucho crecimiento en la población del D.F.
   _____

5. Frida Kahlo y Diego Rivera eran escritores.
   _____

6. El imperio azteca terminó cuando llegaron los conquistadores en 1519.
   _____

7. Los turistas van a Guadalajara a ver las ruinas de Tenochtitlán.
   _____

8. Los tacos, las enchiladas y las quesadillas se hacen con tortillas.
   _____

3 **Completar** Complete these sentences with the correct words.

1. México está localizado geográficamente al _____ de los Estados Unidos.

2. Hoy en día hay _____ de personas de descendencia mexicana en los Estados Unidos.

3. Los idiomas que se hablan en México son el español, el _____ y los _____.

4. Frida Kahlo, esposa del artista _____, es conocida por sus autorretratos (*self-portraits*).

5. El imperio _____ dominó México desde el siglo XIV hasta el siglo XVI.

6. Se hace la tortilla con maíz y con _____.

4 **¿Qué hacen?** Write sentences using these cues and adding what you learned in **Panorama.**

1. La tercera (*third*) ciudad de México en población / ser / ¿?

_____

2. La moneda mexicana / ser / ¿?

_____

3. El Distrito Federal / atraer / ¿?

_____

4. Muchos turistas / venir a ver las ruinas de / ¿?

_____

5. El D.F. / tener una población mayor que la de / ¿?

_____

6. Conseguir tortillas muy buenas / poder / ¿?

_____

5 **Preguntas** Answer these questions in complete sentences.

1. ¿Cuáles son las cinco ciudades más importantes de México?

_____

2. ¿Quiénes son seis mexicanos célebres?

_____

3. ¿Qué países hacen frontera (*border*) con México?

_____

4. ¿Cuál es un río importante de México?

_____

5. ¿Cuáles son dos sierras importantes de México?

_____

6. ¿Qué ciudad mexicana importante está en la frontera con los EE.UU.?

_____

7. ¿En qué siglo (*century*) fue fundada la ciudad de México?

_____

contextos

1 **Viajes** Complete these sentences with the logical words.

1. Una persona que tiene una habitación en un hotel es _____.

2. El lugar donde los pasajeros esperan al tren es _____.

3. Para viajar en avión, tienes que ir _____.

4. Antes de entrar (*enter*) en el avión, tienes que mostrar _____.

5. La persona que lleva el equipaje a la habitación del hotel es _____.

6. Para planear (*plan*) tus vacaciones, puedes ir a _____.

7. Cuando entras a un país diferente, tienes que pasar por _____.

8. Para subir a tu habitación, tomas _____.

9. Para abrir la puerta de la habitación, necesitas _____.

10. Cuando una persona entra en un país, tiene que mostrar _____.

2 **De vacaciones** Complete this conversation with the logical words.

aeropuerto	equipaje	llave	playa
agente de viajes	habitación	llegada	sacar fotos
cabaña	hacer turismo	pasajes	salida
confirmar	hotel	pasaportes	taxi

ANTONIO ¿Llevas todo (*everything*) lo que vamos a necesitar para el viaje, Ana?

ANA Sí. Llevo los (1)_____ para subir (*get on*) al avión. También llevo

los (2)_____ para entrar (*enter*) en Ecuador.

ANTONIO Y yo tengo el (3)_____ con todas (*all*) nuestras cosas.

ANA ¿Tienes la cámara para (4)_____?

ANTONIO Sí, está en mi mochila.

ANA ¿Vamos al (5)_____ en metro?

ANTONIO No, vamos a llamar a un (6)_____. Nos lleva directamente al aeropuerto.

ANA Voy a llamar al aeropuerto para (7)_____ la reservación.

ANTONIO La (8)_____ dice que está confirmada ya (*already*).

ANA Muy bien. Tengo muchas ganas de (9)_____ en Quito.

ANTONIO Yo también. Quiero ir a la (10)_____ y nadar en el mar.

ANA ¿Cuál es la hora de (11)_____ al aeropuerto de Quito?

ANTONIO Llegamos a las tres de la tarde y vamos directamente al (12)_____.

Workbook

3 **Los meses** Write the appropriate month next to each description or event.

1. el Día de San Valentín _____
2. el tercer mes del año _____
3. Hannukah _____

4. el Día de las Madres _____
5. el séptimo mes del año _____
6. el Día de Año Nuevo (*New*) _____

4 **Las estaciones** Answer these questions using complete sentences.

1. ¿Qué estación sigue al invierno? _____
2. ¿En qué estación va mucha gente a la playa? _____
3. ¿En qué estación empiezan las clases? _____

5 **El tiempo** Answer these questions with complete sentences based on the weather map.

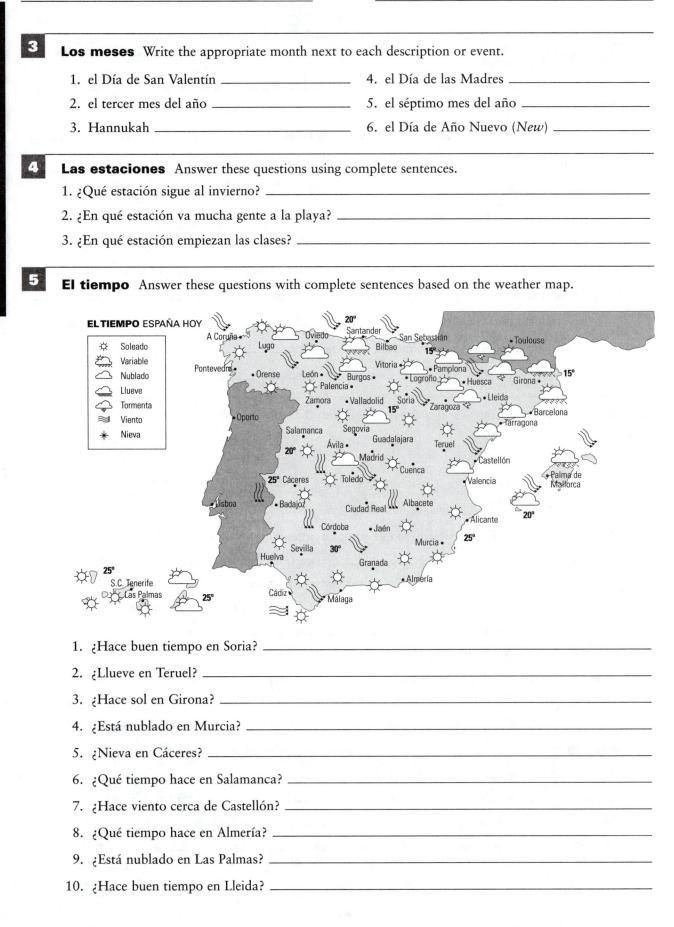

1. ¿Hace buen tiempo en Soria? _____
2. ¿Llueve en Teruel? _____
3. ¿Hace sol en Girona? _____
4. ¿Está nublado en Murcia? _____
5. ¿Nieva en Cáceres? _____
6. ¿Qué tiempo hace en Salamanca? _____
7. ¿Hace viento cerca de Castellón? _____
8. ¿Qué tiempo hace en Almería? _____
9. ¿Está nublado en Las Palmas? _____
10. ¿Hace buen tiempo en Lleida? _____

estructura

5.1 Estar with conditions and emotions

1 **¿Por qué?** Choose the best phrase to complete each sentence.

1. José Miguel está cansado porque . . .
   a. trabaja mucho.
   b. su familia lo quiere.
   c. quiere ir al cine.

2. Los viajeros están preocupados porque . . .
   a. es la hora de comer.
   b. va a venir un huracán (*hurricane*).
   c. estudian matemáticas.

3. Maribel y Claudia están tristes porque . . .
   a. nieva mucho y no pueden salir.
   b. van a salir a bailar.
   c. sus amigos son simpáticos.

4. Los estudiantes están equivocados porque . . .
   a. estudian mucho.
   b. pasean en bicicleta.
   c. su respuesta es incorrecta.

5. Laura está enamorada porque . . .
   a. tiene que ir a la biblioteca.
   b. su novio es simpático, inteligente y guapo.
   c. sus amigas ven una película.

6. Mis abuelos están felices porque . . .
   a. vamos a pasar el verano con ellos.
   b. mucha gente toma el sol.
   c. el autobús no llega.

2 **Completar** Complete these sentences with the correct form of **estar** + condition or emotion.

1. No tenemos nada que hacer; _____ muy _____ .

2. Humberto _____ muy _____ en su gran cama nueva (*new*).

3. Los estudiantes de filosofía no _____ _____ ; ellos tienen razón.

4. Cuando Estela llega a casa a las tres de la mañana, _____ muy _____ .

5. La habitación _____ _____ porque no tengo tiempo (*time*) de organizar los libros y papeles.

6. Son las once de la noche; no puedo ir a la biblioteca ahora porque _____ _____ .

7. El auto de mi tío _____ muy _____ por la nieve y el lodo (*mud*) de esta semana.

8. Mi papá canta en la casa cuando _____ _____ .

9. Alberto _____ _____ porque sus amigos están muy lejos.

10. Las ventanas _____ _____ porque hace calor.

Workbook

3 **Marta y Juan** Complete this letter using **estar** + the correct forms of the following emotions and conditions. Use each term once.

abierto	cómodo	enamorado	ocupado
aburrido	confundido	enojado	seguro
avergonzado	contento	feliz	triste
cansado	desordenado	nervioso	

Querida Marta:

¿Cómo estás? Yo (1)_____ porque mañana vuelvo a Puerto Rico y te voy a ver. Sé (I know) que tú (2)_____ porque tenemos que estar separados durante el semestre, pero (3)_____ de que (that) te van a aceptar en la universidad y que vas a venir en septiembre. La habitación en la residencia estudiantil no es grande, pero mi compañero de cuarto y yo (4)_____ aquí. Las ventanas son grandes y (5)_____ porque el tiempo es muy bueno en California. El cuarto no (6)_____ porque mi compañero de cuarto es muy ordenado. En la semana mis amigos y yo (7)_____ porque trabajamos y estudiamos muchas horas al día. Cuando llego a la residencia estudiantil por la noche, (8)_____ y me voy a dormir. Los fines de semana no (9)_____ porque hay muchas cosas que hacer en San Diego. Ahora (10)_____ porque mañana tengo que llegar al aeropuerto a las cinco de la mañana y está lejos de la universidad. Pero tengo ganas de estar contigo porque (11)_____ de ti (you) y (12)_____ porque te voy a ver mañana.

Te quiero mucho,

Juan

4 **¿Cómo están?** Read each sentence, then write a new one for each, using **estar** + an emotion or condition to tell how these people are doing or feeling.

> **modelo**
> Pepe tiene que trabajar muchas horas.
> *Pepe está ocupado.*

1. Vicente y Mónica tienen sueño. _____
2. No tenemos razón. _____
3. El pasajero tiene miedo. _____
4. Paloma se quiere casar con (*marry*) su novio. _____
5. Los abuelos de Irene van de vacaciones a Puerto Rico. _____
6. No sé (*I don't know*) si el examen va a ser fácil o difícil. _____
   _____

5.2 The present progressive

1 Completar Complete these sentences with the correct form of **estar** + the present participle of the verbs in parentheses.

1. Ana _____ (buscar) un apartamento en el centro de la ciudad.

2. Vamos a ver a mis primos que _____ (comer) en el café de la esquina.

3. (Yo) _____ (empezar) a entender muy bien el español.

4. Miguel y Elena _____ (vivir) en un apartamento en la playa.

5. El amigo de Antonio _____ (trabajar) en la oficina hoy.

6. (Tú) _____ (jugar) al Monopolio con tu sobrina y su amiga.

7. Las familias _____ (tener) muchos problemas con los hijos adolescentes.

8. El inspector de aduanas _____ (abrir) las maletas de Ramón.

9. (Nosotros) _____ (pensar) en ir de vacaciones a Costa Rica.

10. Mi compañera de cuarto _____ (estudiar) en la biblioteca esta tarde.

2 Están haciendo muchas cosas Look at the illustration and label what each person is doing. Use the present progressive.

1. El Sr. Rodríguez _____

_____ .

2. Pepe y Martita _____

_____ .

3. Paquito _____

_____ .

4. Kim _____

_____ .

5. Tus abuelos _____

_____ .

6. (Yo) _____

_____ .

7. La madre de David _____

_____ .

8. (Tú) _____

_____ .

5.3 Ser and estar

1 **Usos de *ser* y *estar*** Complete these sentences with **ser** and **estar**. Then write the letter that corresponds to the correct use of the verb in the blank at the end of each sentence.

Uses of *ser*	Uses of *estar*
a. Nationality and place of origin	i. Location or spatial relationships
b. Profession or occupation	j. Health
c. Characteristics of people and things	k. Physical states or conditions
d. Generalizations	l. Emotional states
e. Possession	m. Certain weather expressions
f. What something is made of	n. Ongoing actions (progressive tenses)
g. Time and date	
h. Where an event takes place	

1. El concierto de jazz _____ a las ocho de la noche. _____

2. Inés y Pancho _____ preocupados porque el examen va a ser difícil. _____

3. La playa _____ sucia porque hay muchos turistas. _____

4. No puedo salir a tomar el sol porque _____ nublado. _____

5. En el verano, Tito _____ empleado del hotel Brisas de Loíza. _____

6. Rita no puede venir al trabajo hoy porque _____ enferma. _____

7. La motocicleta nueva _____ de David. _____

8. (Yo) _____ estudiando en la biblioteca porque tengo un examen mañana. _____

9. La piscina del hotel _____ grande y bonita. _____

10. _____ importante estudiar, pero también tienes que descansar. _____

2 **¿Ser o estar?** In each of the following pairs, complete one sentence with the correct form of **ser** and the other with the correct form of **estar**.

1. Irene todavía no _____ lista para salir.

   Ricardo _____ el chico más listo de la clase.

2. Tomás no es un buen amigo porque _____ muy aburrido.

   Quiero ir al cine porque _____ muy aburrida.

3. Mi mamá está en cama (*in bed*) porque _____ mala del estómago (*stomach*).

   El restaurante chino que está cerca del laboratorio _____ muy malo.

4. La mochila de Javier _____ verde (*green*).

   No me gustan los bananos cuando _____ verdes.

5. Elena _____ más rubia por tomar el sol.

   La hija de mi profesor _____ rubia.

6. Gabriela _____ muy delgada porque está enferma (*sick*).

   Mi hermano _____ muy delgado.

3 **En el hotel** Describe the **Hotel San Juan** using these cues and either **ser** or **estar** as appropriate.

1. la habitación / limpio y ordenado

_____

2. el restaurante del hotel / excelente

_____

3. la puerta del ascensor / abierta

_____

4. los otros huéspedes / franceses

_____

5. (Yo) / cansada de viajar

_____

6. Paula y yo / buscando el botones

_____

7. la empleada / muy simpática

_____

8. el botones / ocupado

_____

9. Ustedes / en la ciudad de San Juan

_____

10. (Tú) / José Javier Fernández

_____

4 **La familia Piñero** Complete this paragraph with the correct forms of **ser** and **estar.**

Los Piñero (1)_____ de Nueva York pero (2)_____ de vacaciones

en Puerto Rico. (3)_____ en un hotel grande en el pueblo de Dorado. Los padres

(4)_____ Elena y Manuel, y ahora (5)_____ comiendo en el

restaurante del hotel. Los hijos (6)_____ Cristina y Luis, y (7)_____

nadando en la piscina. Ahora mismo (8)_____ lloviendo pero el sol va a salir

muy pronto (*soon*). Hoy (9)_____ lunes y la familia (10)_____

muy contenta porque puede descansar. El Sr. Piñero (11)_____ profesor y

la Sra. Piñero (12)_____ doctora. Los Piñero dicen: "¡Cuando no

(13)_____ de vacaciones, (14)_____ todo el tiempo muy

ocupados!"

5.4 Direct object nouns and pronouns

1   **Monólogo de un viajero**   Complete this monologue with the correct direct object pronouns.

Hoy es lunes. El sábado voy de viaje. Tengo cinco días, ¿no? Sí, (1)_____ tengo. Tengo que conseguir un pasaje de ida y vuelta. ¡Imprescindible! Mi hermano trabaja en una agencia de viajes; él me (2)_____ consigue fácil. Tengo que buscar un buen mapa de la ciudad. En Internet (3)_____ puedo encontrar. Y en la biblioteca puedo encontrar libros sobre el país; libros sobre su historia, su arquitectura, su geografía, su gente . . . (4)_____ voy a leer en el avión. También quiero comprar una mochila nueva. Pero (5)_____ quiero muy grande. ¿Y dónde está mi vieja cámara de fotos? (6)_____ tengo que buscar esta noche. Voy a tomar muchas fotos; mi familia (7)_____ quiere ver. Y . . . , ¿cuándo voy a hacer las maletas? (8)_____ tengo que hacer el miércoles. Y eso es todo, ¿verdad? No, no es todo. Necesito encontrar un compañero, o una compañera, de viaje. Pero, hay un pequeño problema: ¿dónde (9)_____ encuentro o (10)_____ encuentro?

Síntesis

On another sheet of paper, describe the room and the people in the illustration. Use complete sentences. Explain what the people are doing and feeling, and why. Then choose one of the groups of people and write a conversation that they could be having. They should discuss a vacation that they are planning, the arrangements they are making for it, and the things that they will need to take.

panorama

Puerto Rico

1 **¿Cierto o falso?** Indicate if each statement is **cierto** or **falso.** Then correct the false statements.

1. El área de Puerto Rico es menor que (*smaller than*) la de Connecticut.

   _____

2. Todos (*All*) los puertorriqueños hablan inglés y español.

   _____

3. La fortaleza del Morro custodiaba la bahía de Mayagüez.

   _____

4. La música salsa tiene raíces españolas.

   _____

5. Los científicos escuchan emisiones de radio desde (*from*) el Observatorio de Arecibo.

   _____

6. Los puertorriqueños no votan en las elecciones presidenciales de los Estados Unidos.

   _____

2 **Datos de Puerto Rico** Complete these sentences with words and expressions from **Panorama.**

1. Aproximadamente la mitad de la población de Puerto Rico vive en _____.

2. El uso del inglés es obligatorio en los documentos _____.

3. _____ fue (*was*) un beisbolista puertorriqueño famoso.

4. Hoy día _____ es el centro mundial de la salsa.

5. El Observatorio de Arecibo tiene el _____ más grande del mundo.

6. Puerto Rico se hizo parte de los EE.UU. en 1898, y se hizo un _____ en 1952.

3 **Cosas puertorriqueñas** Fill in each category with information from **Panorama.**

Ciudades puertorriqueñas	Ríos puertorriqueños	Islas puertorriqueñas	Puertorriqueños célebres

Workbook

Workbook

4 **¿Lo hacen?** Answer these questions correctly using a direct object pronoun in each answer.

> *modelo*
> ¿Lees el artículo de Puerto Rico?
> Sí, lo leo./ No, no lo leo.

1. ¿Usan pesetas como moneda los puertorriqueños?

   _____

2. ¿Habla el idioma inglés la cuarta parte de la población puertorriqueña?

   _____

3. ¿Sacan fotografías del Morro muchas personas?

   _____

4. ¿Tocan música salsa Felipe Rodríguez, El Gran Combo y Héctor Lavoe?

   _____

5. ¿Estudian las montañas los científicos del Observatorio de Arecibo?

   _____

6. ¿Pagan impuestos federales los puertorriqueños?

   _____

5 **Fotos de Puerto Rico** Write the name of what is shown in each picture.

1. _____

2. _____

3. _____

4. _____

contextos

1 **El almacén** Look at the department store directory. Then complete the sentences with terms from the word list.

Almacén Gema

PRIMER PISO	Departamento de caballeros
SEGUNDO PISO	Zapatos y ropa de invierno
TERCER PISO	Departamento de damas y óptica
CUARTO PISO	Ropa interior, ropa de verano y trajes de baño

abrigos	corbatas	sandalias
blusas	faldas	trajes de baño
bolsas	gafas de sol	trajes de hombre
botas	guantes	vestidos
calcetines	medias	zapatos de tenis
cinturones	pantalones de hombre	

1. En el primer piso puedes encontrar _____
   _____

2. En el segundo piso puedes encontrar _____
   _____

3. En el tercer piso puedes encontrar _____
   _____

4. En el cuarto piso puedes encontrar _____
   _____

5. Quiero unos pantalones cortos. Voy al _____ piso.

6. Buscas unos lentes de contacto. Vas al _____ piso.

7. Arturo ve una chaqueta en el _____ piso.

8. Ana ve los bluejeans en el _____ piso.

2 **Necesito muchas cosas** Complete these sentences with the correct terms.

1. Voy a nadar en la piscina. Necesito _____.

2. Está lloviendo mucho. Necesito _____.

3. No puedo ver bien porque hace sol. Necesito _____.

4. Voy a correr por el parque. Necesito _____.

5. Queremos entrar en muchas tiendas diferentes. Vamos al _____.

6. No tengo dinero en la cartera. Voy a pagar con la _____.

3 **Los colores** Answer these questions in complete sentences.

1. ¿De qué color es el chocolate?

   _____

2. ¿De qué color son las bananas?

   _____

3. ¿De qué color son las naranjas (*oranges*)?

   _____

4. ¿De qué colores es la bandera (*flag*) de los Estados Unidos?

   _____

5. ¿De qué color son las nubes (*clouds*) cuando está nublado?

   _____

6. ¿De qué color son los bluejeans?

   _____

7. ¿De qué color son muchos aviones?

   _____

8. ¿De qué color son las palabras de los libros?

   _____

4 **¿Qué lleva?** Look at the illustration and fill in the blanks with the names of the numbered items.

estructura

6.1 Numbers 101 and higher

1 **La lotería** Read the following lottery winnings list. Then answer the questions, writing the Spanish words for numbers. Remember to use **de** after the number whenever necessary.

	LOTERÍA NACIONAL	SORTEO DEL DÍA 24 DE JUNIO Diez series de 100.000 billetes cada una	SORTEO 49 / 00	Lista acumulada de las cantidades que han correspondido a los números premiados, clasificados por su cifra final Estos premios podrán cobrarse hasta el día 25 de septiembre, INCLUSIVE

2		**3**		**4**		**5**		**6**		**7**	
Números	Pesos	Números	Pesos	Números	Pesos	Números	Pesos	Números	Pesos	Números	Pesos
43402	100.000	43403	110.000	43404	110.000	43405	100.000	43406	100.000	43407	100.000
43412	100.000	43413	110.000	43414	110.000	43415	100.000	43416	100.000	43417	100.000
43422	100.000	43423	110.000	43424	130.000	43425	100.000	43426	100.000	43427	100.000
43432	100.000	43433	110.000	43434	110.000	43435	100.000	43436	100.000	43437	100.000
43442	100.000	43443	110.000	43444	110.000	43445	100.000	43446	100.000	43447	100.000
43452	100.000	43453	110.000	43454	110.000	43455	100.000	43456	100.000	43457	100.000
43462	100.000	43463	110.000	43464	110.000	43465	100.000	43466	100.000	43467	100.000
43472	100.000	43473	110.000	43474	160.000	43475	100.000	43476	100.000	43477	100.000
43482	100.000	43483	110.000	43484	110.000	43485	100.000	43486	1.280.000	434787	20.000.000
43492	100.000	43493	110.000	43494	110.000	43495	100.000	43496	100.000	43497	100.000
98302	100.000	98303	110.000	98304	110.000	98305	100.000	98306	100.000	98307	100.000
98312	100.000	98313	110.000	98314	110.000	98315	100.000	98316	100.000	98317	100.000
98322	100.000	98323	110.000	98324	130.000	98325	100.000	98326	100.000	98327	100.000
98332	100.000	98333	110.000	98334	110.000	98335	100.000	98336	100.000	98337	100.000
98342	100.000	98343	110.000	98344	110.000	98345	100.000	98346	100.000	98347	100.000
98352	100.000	98353	110.000	98354	110.000	98355	100.000	98356	100.000	98357	100.000
98362	100.000	98363	110.000	98364	110.000	98365	100.000	98366	100.000	98367	100.000
98372	100.000	98373	2.110.000	98374	100.110.000	98375	2.100.000	98376	2.100.000	98377	2.100.000
98382	100.000	98383	110.000	98384	110.000	98385	100.000	98386	100.000	98387	100.000
98392	100.000	98393	110.000	98394	110.000	98395	100.000	98396	100.000	98397	100.000
		Terminaciones		**Terminaciones**		**Terminaciones**		**Terminaciones**		**Terminaciones**	
		4333	260.000	374	160.000	175	50.000	776	260.000	9957	250.000
		233	60.000	24	30.000	255	50.000			147	50.000
		733	60.000	74	60.000						
		3	10.000	4	10.000						

ESTE SORTEO ADJUDICA 3.584.100 DÉCIMOS PREMIADOS POR UN IMPORTE TOTAL DE 7.000.000.000 DE PESOS

PREMIO ESPECIAL 490.000.000 Pesos Núm. 98374 PRIMER PREMIO	FRACCIÓN 6.ª	SERIE 7.ª	PREMIO ACUMULADO 500.000.000

sorteo *lottery drawing*   acumulada *cumulative*   cifra *figure*   billetes *tickets*   adjudica *awards*   décimos *lottery tickets*
premiados *awarded*   premio *prize*   importe *quantity*

1. El sorteo tiene diez series de _____ billetes cada una.

2. El número 43403 gana _____ pesos.

3. El número 98373 gana _____ pesos.

4. El número 98374 gana _____ pesos.

5. El número 43487 gana _____ pesos.

6. La terminación _____ gana ciento sesenta mil pesos.

7. El sorteo adjudica _____ décimos premiados.

8. El importe total es de _____ pesos.

9. El premio especial es de _____ pesos.

10. El premio acumulado es de _____ pesos.

2 **¿Cuántos hay?** Use **Hay** + the cues to write complete sentences.

> **modelo**
>
> 450 / personas en la compañía
> Hay *cuatrocientas cincuenta personas en la compañía.*

1. 275.000.000 / habitantes en mi ciudad

_____

2. 827 / pasajeros en el aeropuerto

_____

3. 25.350 / estudiantes en la universidad

_____

4. 3.930.000 / puertorriqueños en Puerto Rico

_____

5. 56.460 / libros en la biblioteca de mi pueblo

_____

6. 530.000 / turistas en la ciudad en el verano

_____

3 **¿Cuánto cuesta?** Two friends are shopping in a very expensive store. Finish the questions adding the name and article of each item and then complete each answer writing out the corresponding amount.

1. $537

3. $169

5. $202

2. $123

4. $312

6. $480

1. ¿Cuánto cuestan _____?

   Cuestan _____.

2. ¿Cuánto cuestan _____?

   Cuestan _____.

3. ¿Cuánto cuestan _____?

   Cuestan _____.

4. ¿Cuánto cuesta _____?

   Cuesta _____.

5. ¿Cuánto cuestan _____?

   Cuestan _____.

6. ¿Cuánto cuesta _____?

   Cuesta _____.

Workbook

6.2 Indirect object pronouns

1 **¿A quién?** Complete these sentences with the correct indirect object pronouns.

1. _____ pido a la profesora los libros de español.

2. Amelia _____ pregunta a nosotras adónde queremos ir.

3. El empleado _____ busca trabajo a sus primas en el almacén.

4. Julio _____ quiere dar un televisor nuevo a sus padres.

5. Los clientes _____ piden rebajas a nosotros todos los años.

6. Tu hermano no _____ presta la ropa a ti (*you*).

7. La empleada de la tienda _____ cerró la puerta a mi tía.

8. La mamá no _____ hace la tarea a sus hijos.

9. _____ deben pagar mucho dinero a ti porque llevas ropa muy cara.

10. Las dependientas _____ traen el vestido rosado a mí.

2 **Planes** Complete this paragraph with the correct indirect object pronouns and find out Sara's plans for this summer.

Mis amigos Loles, Antonio y Karen (1)_____ preguntan a mí si quiero ir a Italia con ellos este verano. Yo (2)_____ digo: "íSí, síí, síííííí!" Ellos (3)_____ quieren pedir a la profesora de historia del arte un libro o dos. Yo (4)_____ quiero dar a ellos un álbum de fotos muy interesante. El novio de mi hermana es italiano. Él tiene una colección con dos mil cuatrocientas sesenta y tres fotos de muchas ciudades y museos de su país. (5)_____ voy a preguntar a mi hermana dónde lo tiene y a mis padres (6)_____ voy a decir: "¡Mamá, papá, en agosto voy a Italia con unos amigos! La señorita Casanova (7)_____ va a dar un par de libros y el novio de Ángeles (8)_____ va a prestar su maravilloso álbum de fotos."

Loles tiene suerte. Su tía (9)_____ va a pagar el pasaje. Antonio y Karen van a trabajar en el centro comercial los meses de junio y julio. ¿Y yo qué hago? ¿Quién (10)_____ va a pagar el pasaje a mí? ¿A quién (11)_____ pido dinero yo? ¿A papá? . . . Pero él (12)_____ dice: "Sarita, hija, lo siento, pero yo no (13)_____ puedo pagar tu pasaje. Tu prima (14)_____ puede dar trabajo de dependienta en su tienda de ropa." ¡¡¿Trabajo?!!

3 Delante o detrás Rewrite these sentences, using an alternate placement for the indirect object pronouns.

> **modelo**
> Me quiero comprar un coche nuevo.
> *Quiero comprarme un coche nuevo.*

1. Les vas a dar muchos regalos a tus padres.

_____

2. Quiero comprarles unos guantes a mis sobrinos.

_____

3. Clara va a venderle sus libros de literatura francesa a su amiga.

_____

4. Los clientes nos pueden pagar con tarjeta de crédito.

_____

4 De compras Complete the paragraph with the correct indirect object pronouns.

Isabel y yo vamos de compras al centro comercial. Yo (1)_____ tengo que comprar unas cosas a mis parientes porque voy a viajar a mi ciudad este fin de semana. A mi hermana Laura (2)_____ quiero comprar unas gafas de sol, pero ella (3)_____ tiene que comprar un traje de baño. A mis dos sobrinos (4)_____ voy a comprar una pelota de béisbol. A mi padre (5)_____ traigo un libro, y a mi madre (6)_____ tengo que conseguir una blusa. (7)_____ quiero llevar camisas con el nombre de mi universidad a todos.

5 Respuestas Answer these questions negatively. Use indirect object pronouns in the answer.

> **modelo**
> ¿Le compras una camisa a tu novio?
> *No, no le compro una camisa.*

1. ¿Le escribe Rolando un correo electrónico a Miguel?

_____

2. ¿Nos trae el botones las maletas a la habitación?

_____

3. ¿Les dan lentes de sol los vendedores a los turistas?

_____

4. ¿Te compra botas en el invierno tu mamá?

_____

5. ¿Les muestra a ustedes el traje el dependiente?

_____

6. ¿Me vas a buscar la revista en la librería?

_____

6.3 Preterite tense of regular verbs

1   **El pretérito**   Complete these sentences with the preterite tense of the indicated verb.

1. Marcela _____ (encontrar) las sandalias debajo de la cama.

2. Gustavo _____ (recibir) un regalo muy bonito.

3. Sara y Viviana _____ (terminar) el libro a la misma vez.

4. La agente de viajes _____ (preparar) un itinerario muy interesante.

5. (Yo) _____ (visitar) la ciudad en invierno.

6. Los dependientes _____ (escuchar) el partido por la radio.

7. Patricia y tú _____ (viajar) a México el verano pasado.

8. (Nosotras) _____ (escribir) una carta al empleado del almacén.

9. (Tú) _____ (regresar) del centro comercial a las cinco de la tarde.

10. Ustedes _____ (vivir) en casa de sus padres.

2   **Ahora y en el pasado**   Rewrite these sentences in the preterite tense.

1. Ramón escribe una carta al director del programa.

   _____

2. Mi tía trabaja de dependienta en un gran almacén.

   _____

3. Comprendo el trabajo de la clase de biología.

   _____

4. La familia de Daniel vive en Argentina.

   _____

5. Virginia y sus amigos comen en el café de la librería.

   _____

6. Los ingenieros terminan la construcción de la tienda en junio.

   _____

7. Cada día llevas ropa muy elegante.

   _____

8. Los turistas caminan, compran y descansan.

   _____

9. Corremos cada día en el parque.

   _____

Workbook

3 **Confundido** Your friend Mario has a terrible memory. Answer his questions negatively, indicating that what he asks already happened.

> **modelo**
>
> ¿Va a comprar ropa Silvia en el centro comercial?
> No, Silvia ya *compró ropa en el centro comercial.*

1. ¿Va a viajar a Perú tu primo Andrés?

   _____

2. ¿Vas a buscar una tienda de computadoras en el centro comercial?

   _____

3. ¿Vamos a encontrar muchas rebajas en el centro?

   _____

4. ¿Va a llevar las sandalias María esta noche?

   _____

5. ¿Van a regatear con el vendedor Mónica y Carlos?

   _____

6. ¿Va a pasear a la playa tu abuela?

   _____

4 **La semana pasada** Now Mario wants to know what you did last week. Write his question, then answer it affirmatively or negatively.

> **modelo**
>
> sacar fotos de los amigos
> —¿Sacaste fotos de los amigos?
> —Sí, *saqué fotos de los amigos.*/No, no *saqué fotos de los amigos.*

1. pagar el abrigo con la tarjeta de crédito

   _____

   _____

2. jugar al tenis

   _____

   _____

3. buscar un libro en la biblioteca

   _____

   _____

4. llegar tarde a clase

   _____

   _____

5. empezar a escribir una carta

   _____

   _____

6.4 Demonstrative adjectives and pronouns

1 **De compras** Complete these sentences with the correct form of the adjective in parentheses.

1. Me quiero comprar _____ (*these*) zapatos porque me gustan mucho.

2. Comimos en _____ (*that*) centro comercial la semana pasada.

3. _____ (*that over there*) tienda vende los lentes de sol a un precio muy alto.

4. Las rebajas en _____ (*this*) almacén son legendarias.

5. _____ (*those*) botas hacen juego con tus pantalones negros.

6. Voy a llevar _____ (*these*) pantalones con la blusa roja.

2 **Claro que no** Your friend Mario hates shopping, and can't keep anything straight. Answer his questions negatively, using the cues in parentheses and the corresponding demonstrative adjectives.

> **modelo**
> ¿Compró esas medias Sonia? (cartera)
> No, compró esa cartera.

1. ¿Va a comprar ese suéter Gloria? (pantalones)

_____

2. ¿Llevaste estas sandalias? (zapatos de tenis)

_____

3. ¿Quieres ver esta ropa interior? (medias)

_____

4. ¿Usa aquel traje David? (chaqueta negra)

_____

5. ¿Decidió Silvia comprar esas gafas de sol? (sombrero)

_____

6. ¿Te mostró el vestido aquella vendedora? (dependiente)

_____

3 **Ésos no** Complete these sentences using demonstrative pronouns. Choose a pronoun for each sentence, paying attention to agreement.

1. Aquellas sandalias son muy cómodas, pero _____ son más elegantes.

2. Esos vestidos largos son muy caros; voy a comprar _____ .

3. No puedo usar esta tarjeta de crédito; tengo que usar _____ .

4. Esos zapatos tienen buen precio, pero _____ no.

5. Prefiero este sombrero porque _____ es muy grande.

6. Estas medias son buenas; las prefiero a _____ .

Workbook

4 **Éstas y aquéllas** Look at the illustration and complete this conversation with the appropriate demonstrative adjectives and pronouns.

CLAUDIA ¿Quieres comprar (1)_____ corbata, Gerardo?

GERARDO No, no quiero comprar (2)_____. Prefiero (3)_____ del escaparate (*display case*).

CLAUDIA (4)_____ es bonita, pero no hace juego con tu chaqueta.

GERARDO Mira (5)_____ chaqueta. Es muy elegante y está a buen precio. Sí, puedo usar (6)_____ y darle a mi hermano ésta.

CLAUDIA ¿Y (7)_____ cinturón?

GERARDO (8)_____ es muy elegante. ¿Es caro?

CLAUDIA Es más barato que (9)_____ tres del escaparate.

Síntesis

Imagine that you went with your brother to an open-air market last weekend. This weekend you take a friend there. Write a conversation between you and your friend, using as many different verbs as you can from those you have learned.

• Indicate to your friend the items you saw last weekend, what you liked and didn't like, the items that you bought, how much you paid for them, and for whom you bought the items.

• Suggest items that your friend might buy and for whom he or she might buy them.

_____

_____

_____

_____

_____

_____

panorama

Cuba

1 **Crucigrama (Crossword)** Complete this crossword puzzle with the correct terms.

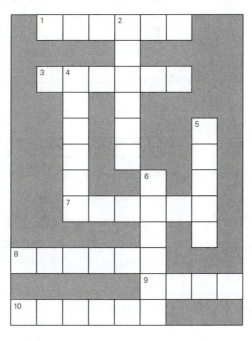

Horizontales

1. Nombre de la bailarina que fundó el Ballet Nacional de Cuba
3. Calle de la Habana Vieja frecuentada por Hemingway
7. Tribu indígena pacífica que vivía en la isla que hoy es Cuba
8. Apellido de una escritora cubana célebre
9. El azúcar se saca (is extracted) de esta planta.
10. Uno de los productos agrícolas más importantes en Cuba

Verticales

2. Apellido del líder del gobierno de Cuba
4. Alicia Alonso practicaba (practiced) este baile.
5. Celia Cruz canta esta música.
6. Esta organización declaró a la Habana Vieja Patrimonio Cultural de la Humanidad.

2 **Preguntas de Cuba** Answer these questions about Cuba in complete sentences.

1. ¿Dónde vivieron los taínos además (besides) de Cuba?

_____

2. ¿De qué colores es la bandera cubana?

_____

3. ¿Qué puestos (positions) ocupa Fidel Castro en Cuba?

_____

4. ¿Cuándo y dónde comenzó la carrera de Celia Cruz?

_____

3 **Datos de Cuba** Complete these sentences with information from **Panorama**.

1. El _____ en la Plaza de Armas de la Habana Vieja es ahora un museo.

2. La segunda ciudad de Cuba es _____.

3. Guantánamo es la _____ ciudad en población en Cuba.

4. Alicia Alonso fundó el _____ en 1948.

5. La _____ es un producto de exportación muy importante para Cuba.

6. El tabaco se usa para fabricar los famosos _____.

7. Los españoles llegaron a Cuba _____.

8. La reina de la música salsa es _____.

4 **Cubanos célebres** Write the name of the famous Cuban who might have said each of these quotations.

1. "Gané un Grammy en 1990".

_____

2. "Me convertí en una estrella internacional con el Ballet de Nueva York".

_____

3. "Soy el jefe de las fuerzas armadas de Cuba".

_____

4. "Viví en el siglo (*century*) diecinueve y escribí poemas".

_____

5. "Tengo más de cuarenta años, soy cubana y escribo libros".

_____

6. "Curé a muchas personas enfermas y estudié las ciencias".

_____

5 **Números cubanos** Write out the numbers in Spanish that complete these sentences about Cuba.

1. Hay _____ habitantes en la isla de Cuba.

2. Hay _____ habitantes en la Habana.

3. En el año _____ la Habana Vieja fue declarada Patrimonio Cultural de la Humanidad.

4. Hay _____ habitantes en Santiago de Cuba.

5. Hay _____ habitantes en Camagüey.

6. En el año _____ nació Fidel Castro.

repaso   Lecciones 4–6

1 **No lo hago** Answer these questions affirmatively or negatively as indicated, replacing the direct object with a direct object pronoun.

> **modelo**
> ¿Traes la computadora a clase? (no)
> No, no la traigo.

1. ¿Haces la tarea de economía en tu habitación? (sí) _____

2. ¿Pones esos libros sobre el escritorio? (no) _____

3. ¿Traes los pasajes y el pasaporte al aeropuerto? (sí) _____

4. ¿Oyes ese programa de radio a veces (*sometimes*)? (no) _____

5. ¿Ves a aquellas chicas que están tomando el sol? (sí) _____

6. ¿Pones la televisión mientras (*while*) estudias? (no) _____

2 **El tiempo** Complete these sentences with the most logical verbs from the list. Use each verb once.

cerrar	pedir	poder	querer
comenzar	pensar	preferir	volver

1. Está empezando a hacer frío. Mi mamá _____ comprar un abrigo.

2. Hace mucho sol. (Tú) _____ a buscar tus gafas oscuras.

3. Hace fresco. Melissa _____ salir a pasear en bicicleta.

4. Está nevando. (Yo) _____ estar en casa hoy.

5. Está lloviendo. Luis y Pilar _____ las ventanas del auto.

6. Hace mucho calor. Ustedes _____ ir a nadar en la piscina.

7. Está nublado. Los chicos _____ temprano de la playa.

8. Llueve. Los turistas _____ un impermeable en el hotel.

3 **No son éstos** Answer these questions negatively using demonstrative pronouns.

> **modelo**
> ¿Les vas a prestar esos programas a ellos? (*those over there*)
> No, les voy a prestar aquéllos.

1. ¿Me vas a vender esa pelota de fútbol? (*this one*)

_____

2. ¿Van ustedes a abrirle ese auto al cliente? (*that one over there*)

_____

3. ¿Va a llevarles estas maletas Marisol? (*those ones*)

_____

4. ¿Les van a enseñar esos verbos a los estudiantes? (*these ones*)

_____

4 **¿Son o están?** Form complete sentences using the words provided and **ser** or **estar**.

1. Paloma y Carlos / inteligentes y trabajadores

_____

2. Mariela / cantando una canción bonita

_____

3. (Tú) / conductor de taxi en la ciudad

_____

4. (Nosotros) / en una cabaña en la playa

_____

5. Gilberto / preocupado porque tiene mucho trabajo

_____

6. Roberto y yo / puertorriqueños de San Juan

_____

5 **La compra** Look at the photo and imagine everything that led up to the woman's purchase. What did she need? Why did she need it? What kind of weather is it for? Where did she decide to go buy it? Where did she go looking for it? Who helped her, and what did she ask them? Did she bargain with anyone? Was she undecided about anything? How did she pay for the purchase? Who did she pay? Answer these questions in a paragraph, using the preterite of the verbs that you know.

_____

_____

_____

_____

_____

_____

_____

_____

_____

_____

contextos

Lección 7

1 **Las rutinas** Complete each sentence with a word from **Contextos**.

1. Susana se lava el pelo con _____.

2. La ducha y el lavabo están en el _____.

3. Manuel se lava las manos con _____.

4. Después de lavarse las manos, usa la _____.

5. Luis tiene un _____ para levantarse temprano.

6. Elena usa el _____ para maquillarse.

2 **¿En el baño o en la habitación?** Write **en el baño** or **en la habitación** to indicate where each activity takes place.

1. bañarse _____

2. levantarse _____

3. ducharse _____

4. lavarse la cara _____

5. acostarse _____

6. afeitarse _____

7. cepillarse los dientes _____

8. dormirse _____

3 **Ángel y Lupe** Look at the drawings, and choose the appropriate phrase to describe what Ángel or Lupe is doing. Use complete sentences.

afeitarse por la mañana   cepillarse los dientes después de comer
bañarse por la tarde   ducharse antes de salir

1. _____   2. _____

_____   _____

3. _____   4. _____

_____   _____

4 **La palabra diferente** Fill in each blank with the word that doesn't belong in each group.

1. luego, después, más tarde, entonces, antes _____

2. maquillarse, cepillarse el pelo, despertarse, peinarse, afeitarse _____

3. bailar, despertarse, acostarse, levantarse, dormirse _____

4. champú, despertador, jabón, maquillaje, crema de afeitar _____

5. entonces, bañarse, lavarse las manos, cepillarse los dientes, ducharse _____

6. pelo, vestirse, dientes, manos, cara _____

5 **La rutina de Silvia** Rewrite this paragraph, selecting the correct sequencing words from the parentheses.

(Por la mañana, Durante el día) Silvia se prepara para salir. (Primero, Antes de) se levanta y se ducha. (Después, Antes) de ducharse, se viste. (Entonces, Durante) se maquilla. (Primero, Antes) de salir, come algo y bebe un café. (Durante, Por último) se peina y se pone una chaqueta. (Durante el día, Antes de) Silvia no tiene tiempo (*time*) de volver a su casa. (Más tarde, Antes de) come algo en la cafetería de la universidad y estudia en la biblioteca. (Por la tarde, Por último), Silvia trabaja en el centro comercial. (Por la noche, Primero) llega a su casa y está cansada. (Más tarde, Después de) prepara algo de comer y mira la televisión un rato. (Antes de, Después de) acostarse a dormir siempre estudia un rato.

_____

_____

_____

_____

_____

_____

_____

_____

_____

_____

_____

estructura

7.1 Reflexive verbs

1   **Completar**   Complete each sentence with the correct present tense forms of the verb in parentheses.

1. Marcos y Gustavo _____ (enojarse) con Javier.

2. Mariela _____ (despedirse) de su amiga en la estación del tren.

3. (Yo) _____ (acostarse) temprano porque tengo clase por la mañana.

4. Los jugadores _____ (secarse) con toallas nuevas.

5. (Tú) _____ (preocuparse) por tu novio porque siempre pierde las cosas.

6. Usted _____ (lavarse) la cara con un jabón especial.

7. Mi mamá _____ (ponerse) muy contenta cuando llego temprano a casa.

2   **Lo hiciste**   Answer the questions positively, using complete sentences.

1. ¿Te cepillaste los dientes después de comer?

_____

2. ¿Se maquilla Julia antes de salir a bailar?

_____

3. ¿Se duchan ustedes antes de nadar en la piscina?

_____

4. ¿Se ponen sombreros los turistas cuando van a la playa?

_____

5. ¿Nos ponemos las pantuflas cuando llegamos a casa?

_____

3   **Terminar**   Complete each sentence with the correct reflexive verbs. You may use some verbs more than once.

acordarse	cepillarse	enojarse	maquillarse
acostarse	dormirse	levantarse	quedarse

1. Mamá, no _____ porque no tenemos que _____ temprano.

2. La profesora _____ con nosotros cuando no _____ de los verbos.

3. Mi hermano _____ los dientes cuando _____ .

4. Mis amigas y yo _____ estudiando en la biblioteca por la noche y por la mañana

_____ muy cansada.

5. Muchas noches _____ delante del televisor, pero quiero _____ .

4 **Escoger** Choose the correct verb from the parentheses, then fill in the blank with its correct form.

(lavar/lavarse)

1. Josefina _____ las manos en el lavabo.

   Josefina _____ la ropa en casa de su madre.

(peinar/peinarse)

2. (Yo) _____ a mi hermana todas las mañanas.

   (Yo) _____ en el baño, delante del espejo.

(poner/ponerse)

3. (Nosotros) _____ nerviosos antes de un examen.

   (Nosotros) _____ la toalla al lado de la ducha.

(levantar/levantarse)

4. Los estudiantes _____ muy temprano.

   Los estudiantes _____ la mano y hacen preguntas.

5 **El incidente** Complete the paragraph with reflexive verbs from the word bank. Use each verb only once.

acordarse	irse	maquillarse	quedarse
afeitarse	lavarse	ponerse	secarse
despertarse	levantarse	preocuparse	sentarse
enojarse	llamarse	probarse	vestirse

Luis (1) _____ todos los días a las seis de la mañana. Luego entra en la

ducha y (2) _____ el pelo con champú. Cuando sale de la ducha, usa la crema de

afeitar para (3) _____ delante del espejo. Come algo con su familia y él y sus

hermanos (4) _____ hablando un rato.

Cuando sale tarde, Luis (5) _____ porque no quiere llegar tarde a la clase de

español. Los estudiantes (6) _____ nerviosos porque a veces (*sometimes*) tienen

pruebas sorpresa en la clase.

Ayer por la mañana, Luis (7) _____ con su hermana Marina porque ella

(8) _____ tarde y pasó mucho tiempo en el cuarto de baño con la puerta cerrada.

—¿Cuándo sales, Marina? — le preguntó Luis.

—¡Tengo que (9) _____ porque voy a salir con mi novio y quiero estar bonita!

—dijo Marina.

—¡Tengo que (10) _____ ya, Marina! ¿Cuándo terminas?

—Ahora salgo, Luis. Tengo que (11) _____. Me voy a poner mi vestido favorito.

—Tienes que (12) _____ de que viven muchas personas en esta casa, Marina.

7.2 Indefinite and negative words

1 Alguno o ninguno Complete the sentences with indefinite and negative words from the word bank.

alguien	algunas	ninguna
alguna	ningún	tampoco

1. No tengo ganas de ir a _____ lugar hoy.

2. ¿Tienes _____ ideas para la economía?

3. ¿Viene _____ a la fiesta de mañana?

4. No voy a _____ estadio nunca.

5. ¿Te gusta _____ de estas corbatas?

6. Jorge, tú no eres el único. Yo _____ puedo ir de vacaciones.

2 Estoy de mal humor Your classmate Jaime is in a terrible mood. Complete his complaints with negative words.

1. No me gustan estas gafas. _____ quiero comprar _____ de ellas.

2. Estoy muy cansado. _____ quiero ir a _____ restaurante.

3. No tengo hambre. _____ quiero comer _____.

4. A mí no me gusta la playa. _____ quiero ir a la playa _____.

5. Soy muy tímido. _____ hablo con _____ _____.

6. No me gusta el color rojo, _____ el color rosado _____.

3 ¡Amalia! Your friend Amalia is chronically mistaken. Change her statements as necessary to correct her; each statement should be negative.

> **modelo**
> Buscaste algunos vestidos en la tienda.
> No busqué ningún vestido en la tienda.

1. Las dependientas venden algunas blusas.

_____

2. Alguien va de compras al centro comercial.

_____

3. Siempre me cepillo los dientes antes de salir.

_____

4. Te voy a traer algún programa de la computadora.

_____

5. Mi hermano prepara algo de comer.

_____

6. Quiero tomar algo en el café de la librería.

_____

4 **No, no es cierto** Now your friend Amalia realizes that she's usually wrong and is asking you for the correct information. Answer her questions negatively.

> **modelo**
>
> ¿Comes siempre en casa?
> No, nunca como en casa./No, no como en casa nunca.

1. ¿Tienes alguna falda?

_____

2. ¿Sales siempre los fines de semana?

_____

3. ¿Quieres comer algo ahora?

_____

4. ¿Le prestaste algunos discos de jazz a César?

_____

5. ¿Podemos ir a la playa o nadar en la piscina?

_____

6. ¿Encontraste algún cinturón barato en la tienda?

_____

7. ¿Buscaron ustedes a alguien en la playa?

_____

8. ¿Te gusta alguno de estos trajes?

_____

5 **Lo opuesto** Rodrigo's good reading habits have changed since this description was written. Rewrite the paragraph, changing the positive words to negative ones.

Rodrigo siempre está leyendo algún libro. También lee el periódico. Siempre lee algo. Alguien le pregunta si leyó alguna novela de Mario Vargas Llosa. Leyó algunos libros de Vargas Llosa el año pasado. También leyó algunas novelas de Gabriel García Márquez. Siempre quiere leer o libros de misterio o novelas fantásticas.

_____

_____

_____

_____

_____

_____

_____

_____

7.3 Preterite of **ser** and **ir**

1 **¿Ser o ir?** Complete the sentences with the preterite of **ser** or **ir**. Then write the infinitive form of the verb you used.

1. Ayer María y Javier _____ a la playa con sus amigos. _____

2. La película del sábado por la tarde _____ muy bonita. _____

3. El fin de semana pasado (nosotros) _____ al centro comercial. _____

4. La abuela y la tía de Maricarmen _____ doctoras. _____

5. (Nosotros) _____ muy simpáticos con la familia de Claribel. _____

6. Manuel _____ a la universidad en septiembre. _____

7. Los vendedores _____ al almacén muy temprano. _____

8. Lima _____ la primera parada (*stop*) de nuestro viaje. _____

9. (Yo) _____ a buscarte a la cafetería, pero no te encontré. _____

10. Mi compañera de cuarto _____ a la tienda a comprar champú. _____

2 **Viaje al Perú** Complete the paragraph with the preterite of **ser** and **ir**. Then fill in the chart with the infinitive form of the verbs you used.

El mes pasado mi amiga Clara y yo (1) _____ de vacaciones al Perú. El vuelo

(*flight*) (2) _____ un miércoles por la mañana, y (3) _____

cómodo. Primero Clara y yo (4) _____ a Lima, y (5) _____

a comer a un restaurante de comida peruana. La comida (6) _____ muy buena.

Luego (7) _____ al hotel y nos (8) _____ a dormir. El

jueves (9) _____ un día nublado. Nos (10) _____ a Cuzco, y

el viaje en autobús (11) _____ largo. Yo (12) _____ la

primera en despertarme y ver la ciudad de Cuzco. Aquella mañana, el paisaje

(13) _____ impresionante. Luego Clara y yo (14) _____ de

excursión a Machu Picchu. El cuarto día nos levantamos muy temprano y

(15) _____ a la ciudad inca. El amanecer sobre Machu Picchu

(16) _____ hermoso. La excursión (17) _____ una

experiencia inolvidable (*unforgettable*). ¿(18) _____ tú al Perú el año pasado?

1. _____   7. _____   13. _____
2. _____   8. _____   14. _____
3. _____   9. _____   15. _____
4. _____   10. _____   16. _____
5. _____   11. _____   17. _____
6. _____   12. _____   18. _____

7.4 **Gustar** and verbs like **gustar**

1   **La fotonovela** Rewrite each sentence, choosing the correct form of the verb in parentheses.

1. Maite, te (quedan, queda) bien las faldas y los vestidos.

_____

2. A Inés y a Álex no les (molesta, molestan) la lluvia.

_____

3. A los chicos no les (gusta, gustan) estar enojados.

_____

4. A don Francisco y a Álex les (aburre, aburren) probarse ropa en las tiendas.

_____

5. A Maite le (fascina, fascinan) las tiendas y los almacenes.

_____

6. A Javier le (falta, faltan) dos años para terminar la carrera (*degree*).

_____

7. A los chicos les (encanta, encantan) pescar y nadar en el mar.

_____

8. A Inés le (interesan, interesa) la geografía.

_____

2   **Nos gusta el fútbol** Complete the paragraph with the correct forms of the verbs in parentheses.

A mi familia le (1) _____ (fascinar) el fútbol. A mis hermanas les

(2) _____ (encantar) los jugadores porque son muy guapos. También les

(3) _____ (gustar) la emoción (*excitement*) de los partidos. A mi papá le

(4) _____ (interesar) mucho los partidos y cuando puede los sigue por Internet.

A mi mamá le (5) _____ (molestar) nuestra afición porque no hacemos las tareas

de la casa cuando hay un partido. A ella generalmente le (6) _____ (aburrir) los

partidos. Pero cuando le (7) _____ (faltar) un gol al equipo argentino para ganar,

le (8) _____ (encantar) los minutos finales del partido.

Nombre _____ Fecha _____

3 El viaje You and your friend are packing and planning your upcoming vacation to the Caribbean. Rewrite her sentences, substituting the subject with the one in parentheses.

1. Te quedan bien los vestidos largos. (la blusa cara)

_____

2. Les molesta la música estadounidense. (las canciones populares)

_____

3. ¿No te interesa aprender a bailar salsa? (nadar)

_____

4. Me gusta esa toalla de playa. (aquellas gafas de sol)

_____

5. Les encantan las tiendas. (el centro comercial)

_____

6. Nos falta practicar el español. (unas semanas de clase)

_____

7. No les gusta la maleta. (las películas del avión)

_____

8. No les importa esperar un rato. (buscar unos libros nuestros)

_____

4 ¿Qué piensan? Complete the sentences with the correct pronouns and forms of the verbs in parentheses.

1. A mí _____ (encantar) las películas de misterio.

2. A Gregorio _____ (molestar) mucho la nieve y el frío.

3. A mi sobrina _____ (gustar) leer y escribir.

4. A ustedes _____ (faltar) un libro de esa colección.

5. ¿_____ (quedar) bien los sombreros a ti?

6. A nosotros _____ (fascinar) la historia peruana.

7. A ella no _____ (importar) las apariencias (*appearances*).

8. Los deportes por televisión a mí _____ (aburrir) mucho.

Síntesis

Interview a friend or relative about an interesting vacation he or she took. Then gather the answers into a report. Answer the following questions:

- What did he or she like or love about the vacation? What interested him or her?
- Where did he or she stay, what were the accommodations like, and what was his or her daily routine like during the trip?
- Where did he or she go, what were the tours like, what were the tour guides like, and what were his or her traveling companions like?
- What bothered or angered him or her? What bored him or her during the vacation?

Be sure to address both the negative and positive aspects of the vacation.

_____
_____
_____
_____
_____
_____
_____
_____
_____
_____
_____
_____
_____
_____
_____
_____
_____
_____
_____
_____
_____
_____

Nombre _____   Fecha _____

panorama

Perú

1 **Datos del Perú** Complete the sentences with the correct words.

1. _____ es la capital del Perú y _____ es la segunda ciudad.

2. _____ es un puerto muy importante del río Amazonas.

3. El barrio bohemio de la ciudad de Lima se llama _____.

4. Hiram Bingham descubrió las ruinas de _____ en los Andes.

5. Las llamas, alpacas, guanacos y vicuñas son parientes del _____.

6. Los _____ desarrollaron sistemas avanzados de comunicaciones y de contabilidad.

2 **El Perú** Fill in the blanks with the names and places described. Then use the word in the vertical box to answer the final question.

1. barrio bohemio de Lima
2. animales que se usan para carga y transporte
3. en el Perú se habla este idioma
4. capital del Perú
5. montañas del Perú
6. dirección de Machu Picchu desde Cuzco

7. puerto del río Amazonas
8. animales que dan lana
9. esta civilización peruana dibujó líneas
10. quinta ciudad del Perú

¿Por dónde se llega caminando a Machu Picchu?

Se llega por el _____.

3 **Ciudades peruanas** Fill in the blanks with the names of the appropriate cities in Peru.

1. la tercera ciudad del Perú _____

2. se envían productos por el Amazonas _____

3. Museo del Oro del Perú _____

4. está a 80 km de Machu Picchu _____

5. ciudad antigua del imperio inca _____

4 **¿Cierto o falso?** Indicate whether the statement is **cierto** or **falso**. Correct the false statements.

1. Machu Picchu es un destino popular para los ecoturistas que visitan la selva.

_____

2. Mario Vargas Llosa es un novelista peruano famoso.

_____

3. La Iglesia de San Francisco es notable por la influencia de la arquitectura española.

_____

4. Las ruinas de Machu Picchu están en la cordillera de los Andes.

_____

5. Las llamas se usan para la carga y el transporte en el Perú.

_____

6. La civilización inca hizo dibujos que sólo son descifrables desde el aire.

_____

5 **El mapa del Perú** Label the map of Peru.

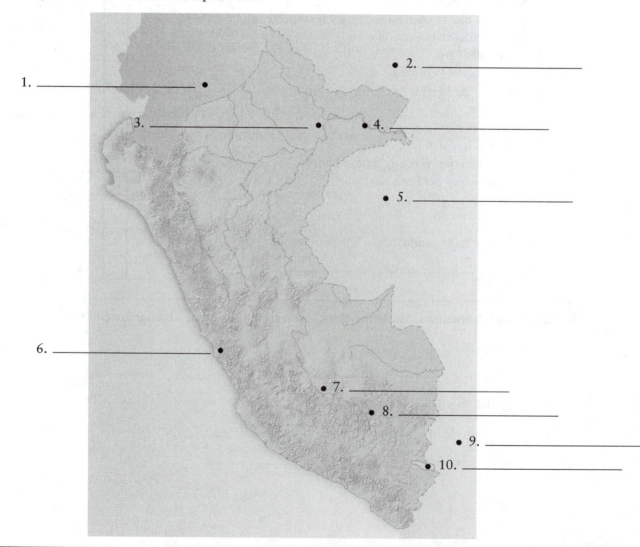

contextos

1 **¿Qué comida es?** Read the descriptions and write the names of the food in the blanks.

1. Son rojos y se sirven (*they are served*) en las ensaladas. _____

2. Se come (*It is eaten*) antes del plato principal; es líquida y caliente (*hot*). _____

3. Son unas verduras anaranjadas, largas y delgadas. _____

4. Hay de naranja y de manzana; se bebe en el desayuno. _____

5. Son dos rebanadas (*slices*) de pan con queso y jamón. _____

6. Es comida rápida; se sirven con hamburguesas y se les pone sal. _____

7. Son pequeños y rosados; viven en el mar. _____

8. Son frutas amarillas; con agua y azúcar se hace una bebida de verano. _____

2 **Categorías** Categorize the foods listed in the word bank.

aceite	cebollas	jamón	mantequilla	peras	salmón
arvejas	champiñones	langosta	manzanas	pimienta	tomates
atún	chuletas de	leche	margarina	pollo	uvas
azúcar	cerdo	lechuga	melocotones	queso	vinagre
bananas	espárragos	limones	naranjas	sal	yogur
bistec	hamburguesas	maíz	papas	salchichas	zanahorias
camarones					

Verduras	Productos lácteos (*dairy*)	Condimentos	Carnes y aves (*poultry*)	Pescado y mariscos	Frutas

3 **¿Qué es?** Label the food item shown in each drawing.

1. _____   2. _____

3. _____   4. _____

4 **¿Cuándo lo comes?** Read the lists of meals, then categorize when the meals would be eaten.

1. un sándwich de jamón y queso, unas chuletas de cerdo con arroz y frijoles, un yogur y un café con leche

Desayuno _____

Almuerzo _____

Cena _____

2. una langosta con papas y espárragos, huevos fritos y jugo de naranja, una hamburguesa y un refresco

Desayuno _____

Almuerzo _____

Cena _____

3. pan tostado con mantequilla, un sándwich de atún y té helado, un bistec con cebolla y arroz

Desayuno _____

Almuerzo _____

Cena _____

4. una sopa y una ensalada, cereales con leche, pollo asado con ajo y champiñones y vino blanco

Desayuno _____

Almuerzo _____

Cena _____

estructura

8.1 Preterite of stem-changing verbs

1 **En el pasado** Rewrite each sentence, conjugating the verbs into the preterite tense.

1. Ana y Enrique piden unos resfrescos fríos.

_____

2. Mi mamá nos sirve arroz con frijoles y carne.

_____

3. Tina y Linda duermen en un hotel de Lima.

_____

4. Las flores (*flowers*) de mi tía mueren durante el otoño.

_____

5. Ustedes se sienten bien porque ayudan a las personas.

_____
_____

2 **¿Qué hicieron?** For each sentence, choose the correct verb from those in parentheses. Then complete the sentence by writing the preterite form of the verb.

1. Rosana y Héctor _____ las palabras del profesor. (repetir, dormir, morir)

2. El abuelo de Luis _____ el año pasado. (despedirse, morir, servir)

3. (Yo) _____ camarones y salmón de cena en mi casa. (morir, conseguir, servir)

4. Lisa y tú _____ pan tostado con queso y huevo. (sentirse, seguir, pedir)

5. Elena _____ en casa de su prima el sábado. (dormir, pedir, repetir)

6. Gilberto y su familia _____ ir al restaurante francés. (servir, preferir, vestirse)

3 **No pasó así** Your brother is very confused today. Correct his mistakes by rewriting each sentence, using the subject in parentheses.

1. Anoche nos despedimos de nuestros abuelos en el aeropuerto. (mis primos)

_____

2. Melinda y Juan siguieron a Camelia por la ciudad en el auto. (yo)

_____

3. Alejandro prefirió quedarse en casa. (ustedes)

_____

4. Pedí un plato de langosta con salsa de mantequilla. (ellas)

_____

5. Los camareros les sirvieron una ensalada con atún y espárragos. (tu esposo)

_____
_____

4 **En el restaurante** Create sentences from the elements provided. Use the preterite form of the verbs.

1. (Nosotros) / preferir / este restaurante al restaurante italiano

_____

2. Mis amigos / seguir / a Gustavo para encontrar el restaurante

_____

3. La camarera / servirte / huevos fritos y café con leche

_____

4. Ustedes / pedir / ensalada de mariscos y vino blanco

_____

5. Carlos / preferir / las papas fritas

_____

6. (Yo) / conseguir / el menú del restaurante

_____

5 **La planta de la abuela** Complete the letter with the preterite form of the verbs from the word bank. Use each verb only once.

conseguir	dormir	pedir	repetir	servir
despedirse	morir	preferir	seguir	vestirse

Querida mamá:

El fin de semana pasado fui a visitar a mi abuela Lilia en el campo. (Yo) Le
(1)_____ unos libros de la librería de la universidad porque ella me
los (2)_____. Cuando llegué, mi abuela me (3)_____
un plato sabroso de arroz con frijoles. La encontré triste porque la semana pasada su
planta de tomates (4)_____, y ahora tiene que comprar los tomates en el
mercado. Me invitó a quedarme, y yo (5)_____ en su casa. Por la
mañana, abuela Lilia se despertó temprano, (6)_____ y salió a
comprar huevos para el desayuno. Me levanté inmediatamente y la
(7)_____ porque quería ir con ella al mercado. En el mercado, ella me
(8)_____ que estaba triste por la planta de tomates. Le pregunté:
¿Debemos comprar otra planta de tomates?, pero ella (9)_____
esperar hasta el verano. Después del desayuno (10)_____ de ella y
volví a la universidad. Quiero mucho a la abuela. ¿Cuándo la vas a visitar?

Chau,

Mónica

8.2 Double object pronouns

1 **Buena gente** Rewrite each sentence, replacing the direct objects with direct object pronouns.

1. La camarera te sirvió el plato de pasta con mariscos.

_____

2. Isabel nos trajo la sal y la pimienta a la mesa.

_____

3. Javier me pidió el aceite y el vinagre anoche.

_____

4. El dueño nos busca una mesa para seis personas.

_____

5. Tu madre me consigue unos melocotones deliciosos.

_____

6. ¿Te recomendaron este restaurante Lola y Paco?

_____

2 **En el restaurante** Last night, you and some friends ate in a popular new restaurant. Rewrite what happened there, using double object pronouns in each sentence.

1. La dueña nos abrió la sección de no fumar.

_____

2. Le pidieron los menús al camarero.

_____

3. Nos buscaron un lugar cómodo y nos sentamos.

_____

4. Les sirven papas fritas con el pescado a los clientes.

_____

5. Le llevaron unos entremeses a la mesa a Marcos.

_____

6. Me trajeron una ensalada de lechuga y tomate.

_____

7. El dueño le compró la carne al Sr. Gutiérrez.

_____

8. Ellos te mostraron los vinos antes de servirlos.

_____

3 **¿Quiénes son?** Answer the questions, using double object pronouns.

1. ¿A quiénes les escribiste las cartas? (a ellos) _____

2. ¿Quién le recomendó ese plato? (su tío) _____

3. ¿Quién nos va a abrir la puerta a esta hora? (Sonia) _____

4. ¿Quién les sirvió el pescado asado? (Miguel) _____

5. ¿Quién te llevó los entremeses? (mis amigas) _____

6. ¿A quién le ofrece frutas Roberto? (a su familia) _____

4 **La cena** Read the two dialogues. Then answer the questions, using double object pronouns.

CELIA *(A Tito)* Rosalía me recomendó este restaurante.
DUEÑO Buenas noches, señores. Les traigo unos entremeses, cortesía del restaurante.
CAMARERO Buenas noches. ¿Quieren ver el menú?
TITO Sí, por favor. ¿Está buena la langosta?
CAMARERO Sí, es la especialidad del restaurante.
TITO Entonces queremos pedir dos langostas.
CELIA Y yo quiero una copa *(glass)* de vino tinto, por favor.

CAMARERO Tenemos flan y fruta de postre *(for dessert)*.
CELIA Perdón, ¿me lo puede repetir?
CAMARERO Tenemos flan y fruta.
CELIA Yo no quiero nada de postre, gracias.
DUEÑO ¿Les gustó la cena?
TITO Sí, nos encantó. Muchas gracias. Fue una cena deliciosa.

1. ¿Quién le recomendó el restaurante a Celia? _____

2. ¿Quién les sirvió los entremeses a Celia y a Tito? _____

3. ¿Quién les trajo los menús a Celia y a Tito? _____

4. ¿A quién le preguntó Tito cómo está la langosta? _____

5. ¿Quién le pidió las langostas al camarero? _____

6. ¿Quién le pidió un vino tinto al camarero? _____

7. ¿Quién le repitió a Celia la lista de postres? _____

8. ¿A quién le dio las gracias Tito cuando se fueron? _____

8.3 Saber and conocer

1 **¿Saber o conocer?** Complete the sentences, using **saber** and **conocer**.

1. (Yo) No _____ a los padres de Álex.

2. Inés _____ las ciudades de Canadá.

3. ¿(Don Francisco, tú) _____ dónde estamos?

4. León _____ preparar un pollo a la parmesana delicioso.

5. Don Francisco _____ a la dueña del restaurante más caro de Cotacachi.

6. Maite y tú _____ que a Javier le encanta el ceviche.

2 **¿Qué hacen?** Complete the sentences, using the verbs from the word bank. Use each verb only once.

| conducir | ofrecer | saber |
| conocer | parecer | traducir |

1. Álex _____ una motocicleta por el centro de la ciudad de México.

2. El camarero _____ servir el vino de una manera elegante.

3. El hermano de Inés _____ ser inteligente y simpático.

4. En el restaurante El Cráter nos _____ ya, porque siempre vamos a comer allí (*there*).

5. Los vendedores del mercado al aire libre de Otavalo nos _____ rebajas.

6. (Yo) _____ libros de historia y de sociología al español.

3 **Oraciones completas** Create sentences, using the elements and **saber** or **conocer**.

1. Eugenia / mi amiga Frances

_____

2. Pamela / hablar español muy bien

_____

3. El sobrino de Rosa / leer y escribir

_____

4. José y Laura / la ciudad de Barcelona

_____

5. No / cuántas manzanas debo comprar

_____

6. (Tú) / el dueño del mercado

_____

7. Elena y María Victoria / patinar en línea

_____

8.4 Comparisons and superlatives

1 **¿Cómo se comparan?** Complete the sentences with the Spanish of the comparison in parentheses.

1. Puerto Rico es _____ (*smaller than*) Guatemala.

2. Álex es un corredor _____ (*faster than*) su amigo Ricardo.

3. Los champiñones son _____ (*as tasty as*) los espárragos.

4. Los jugadores de baloncesto son _____ (*taller than*) los otros estudiantes.

5. Jimena es _____ (*more hard-working than*) su novio Pablo.

6. Marisol es _____ (*less intelligent than*) su hermana mayor.

7. La nueva novela de ese escritor es _____ (*as bad as*) su primera novela.

8. Agustín y Mario están _____ (*less fat than*) antes.

2 **Lo obvio** Your friend Francisco is always sharing his opinions with you, even though his comparisons are always painfully obvious. Write sentences that express his opinions, using the adjectives in parentheses.

> **modelo**
>
> (inteligente) Albert Einstein / Homer Simpson
> **Albert Einstein es más inteligente que Homer Simpson.**

1. (famoso) Gloria Estefan / mi hermana

_____

2. (difícil) estudiar química orgánica / leer una novela

_____

3. (malo) el tiempo en Boston / el tiempo en Florida

_____

4. (barato) los restaurantes elegantes / los restaurantes de comida rápida

_____

5. (viejo) mi abuelo / mi sobrino

_____

3 **¿Por qué?** Complete the sentences with the correct comparisons.

> **modelo**
>
> Darío juega mejor al fútbol que tú.
> Es porque Darío **practica más que tú.**

1. Mi hermano es más gordo que mi padre. Es porque mi hermano come _____.

2. Natalia conoce más países que tú. Es porque Natalia viaja _____.

3. Estoy más cansado que David. Es porque duermo _____.

4. Rolando tiene más hambre que yo. Va a comer _____.

5. Mi vestido favorito es más barato que el tuyo. Voy a pagar _____.

6. Julia gana más dinero que Lorna. Es porque Julia trabaja _____.

4 **Facilísimo** Rewrite each sentence, using absolute superlatives.

1. Javier y Maite están muy cansados. _____

2. Álex es muy joven. _____

3. Inés es muy inteligente. _____

4. El viaje es muy largo. _____

5. La madre de Inés está muy contenta. _____

6. Estoy muy aburrido. _____

5 **El más...** Answer the questions affirmatively with the words in parentheses.

> modelo
>
> El auto está sucísimo, ¿no? (ciudad)
> Sí, es el más sucio de la ciudad.

1. Esos vestidos son carísimos, ¿no? (tienda)

_____

2. El almacén Velasco es buenísimo, ¿no? (centro comercial)

_____

3. La cama de tu madre es comodísima, ¿no? (casa)

_____

4. Ángel y Julio están nerviosísimos por el examen, ¿no? (clase)

_____

5. Sara es jovencísima, ¿no? (mis amigas)

_____

6 **¿Más o menos?** Read the pairs of sentences. Then write a new sentence that compares them.

> modelo
>
> Ese hotel tiene cien habitaciones. El otro hotel tiene cuarenta habitaciones.
> Ese hotel tiene más habitaciones que el otro.

1. Guatemala tiene doce millones de habitantes. Puerto Rico tiene cuatro millones de habitantes.

_____

2. Ramón compró tres corbatas. Roberto compró tres corbatas.

_____

3. Yo comí un plato de pasta. Mi hermano comió dos platos de pasta.

_____

4. Anabel durmió ocho horas. Amelia durmió ocho horas.

_____

5. Mi primo toma seis clases. Mi amiga Tere toma ocho clases.

_____

Síntesis

Interview a friend or a relative and ask him or her to describe two restaurants where he or she recently ate.

- How was the quality of the food at each restaurant?
- How was the quality of the service at each restaurant?
- How did the prices of the two restaurants compare?
- What did his or her dining companions think about the restaurants?
- How was the ambience different at each restaurant?
- How convenient are the restaurants? Are they centrally located? Are they accessible by public transportation? Do they have parking?

When you are finished with the interview, write up a comparison of the two restaurants based on the information you collected. Use as many different types of comparisons and superlative phrases as possible in your report.

_____

_____

_____

_____

_____

_____

_____

_____

_____

_____

_____

_____

_____

_____

_____

_____

_____

_____

_____

panorama

Guatemala

1 **Guatemala** Complete the sentences with the correct words.

1. La _____ de Guatemala recibe su nombre de un pájaro que simboliza la libertad.

2. Un _____ por ciento de la población guatemalteca tiene una lengua maya como materna.

3. El _____ y los colores de cada *huipil* indican el pueblo de origen de la persona que lo lleva.

4. El _____ es un pájaro en peligro de extinción.

5. La civilización maya inventó un _____ complejo y preciso.

6. La ropa tradicional refleja el amor a la _____ de la cultura maya.

2 **Preguntas** Answer the questions with complete sentences.

1. ¿Cuál es un cultivo de mucha importancia en la cultura maya?

_____

2. ¿Quién es Miguel Ángel Asturias?

_____

3. ¿Qué países limitan con (*border*) Guatemala?

_____

4. ¿Hasta cuándo fue la Antigua Guatemala una capital importante? ¿Por qué?

_____

5. ¿Por qué simbolizaba el quetzal la libertad para los mayas?

_____

6. ¿Qué hace el gobierno para proteger al quetzal?

_____

3 **Fotos de Guatemala** Label each photo.

1. _____   2. _____

Workbook

4 **Comparar** Read the sentences about Guatemala. Then rewrite them, using comparisons.

> **modelo**
>
> Guatemala no tiene once millones de habitantes.
> *Guatemala tiene más de once millones de habitantes.*

1. El área de Guatemala no es más grande que la de Tennessee.

_____

2. No hay tres millones de habitantes en la ciudad de Guatemala.

_____

3. No hay cincuenta mil habitantes en Puerto Barrios.

_____

4. La población de Quetzaltenango no es más pequeña que la población de Mazatenango.

_____

5. Rigoberta Menchú no es mayor que Margarita Carrera.

_____

6. La celebración de la Semana Santa en la Antigua Guatemala es importantísima para muchas personas.

_____

5 **¿Cierto o falso?** Indicate whether the statements about Guatemala are **cierto** or **falso.** Correct the false statements.

1. Quetzaltenango es la segunda ciudad de Guatemala.

_____

2. La lengua materna de muchos guatemaltecos es una lengua inca.

_____

3. La civilización de los mayas no era avanzada.

_____

4. Guatemala es un país que tiene costas en dos océanos.

_____

5. Hay muchísimos quetzales en los bosques de Guatemala.

_____

6. La civilización maya descubrió y usó el cero antes que los europeos.

_____

contextos

1 **Identificar** Label the following terms as **estado civil, fiesta,** or **etapa de la vida.**

1. casada _____

2. adolescencia _____

3. viudo _____

4. juventud _____

5. quinceañera _____

6. niñez _____

7. vejez _____

8. aniversario de bodas _____

9. divorciado _____

10. madurez _____

11. cumpleaños _____

12. soltera _____

2 **Las etapas de la vida** Label the stages of life on the timeline.

```
     0   5  10  15  20  25  30  35  40  45  50  55  60  65  70  75  80  85  90  100

                        4. _____
1. _____          3. _____      5. _____      6. _____
2. _____
```

3 **Escribir** Fill in the blanks with the stage of life in which these events would normally occur.

1. jubilarse _____

2. graduarse en la universidad _____

3. cumplir nueve años _____

4. conseguir el primer trabajo _____

5. graduarse de la escuela secundaria _____

6. morir o quedar viudo _____

7. casarse (por primera vez) _____

8. tener un hijo _____

9. celebrar el cincuenta aniversario de bodas _____

10. tener la primera cita _____

4 **Información personal** Read the descriptions and answer the questions.

"Me llamo Jorge Rosas. Nací el 26 de enero de 1948. Mi esposa murió el año pasado. Tengo dos hijos: Marina y Daniel. Terminé mis estudios de sociología en la Universidad Interamericana en 1970. Me voy a jubilar este año. Voy a celebrar este evento con una botella de champán."

1. ¿Cuál es la fecha de nacimiento de Jorge? _____

2. ¿Cuál es el estado civil de Jorge? _____

3. ¿En qué etapa de la vida está Jorge? _____

4. ¿Cuándo es el cumpleaños de Jorge? _____

5. ¿Cuándo se graduó Jorge? _____

6. ¿Cómo va a celebrar la jubilación (*retirement*) Jorge? _____

"Soy Julia Jiménez. Nací el 11 de marzo de 1973. Me comprometí a los veinte años, pero rompí con mi novio antes de casarme. Ahora estoy saliendo con un músico cubano. Soy historiadora del arte desde que terminé mi carrera (*degree*) en la Universidad de Salamanca en 1995. Mi postre favorito es el flan de caramelo."

7. ¿Cuál es la fecha de nacimiento de Julia? _____

8. ¿Cuál es el estado civil de Julia? _____

9. ¿En qué etapa de la vida está Julia? _____

10. ¿Cuándo es el cumpleaños de Julia? _____

11. ¿Cuándo se graduó Julia? _____

12. ¿Qué postre le gusta a Julia? _____

"Me llamo Manuel Blanco y vivo en Caracas. Mi esposa y yo nos comprometimos a los veintiséis años, y la boda fue dos años después. Pasaron quince años y tuvimos tres hijos. Me gustan mucho los dulces."

13. ¿Dónde vive Manuel? _____

14. ¿En qué etapa de la vida se comprometió Manuel? _____

15. ¿A qué edad se casó Manuel? _____

16. ¿Cuál es el estado civil de Manuel? _____

17. ¿Cuántos hijos tiene Manuel? _____

18. ¿Qué postre le gusta a Manuel? _____

estructura

9.1 Irregular preterites

1 **¿Hay o hubo?** Complete these sentences with the correct tense of **haber**.

1. Ahora _____ una fiesta de graduación en el patio de la universidad.

2. _____ muchos invitados en la fiesta de aniversario anoche.

3. Ya _____ una muerte en su familia el año pasado.

4. Siempre _____ galletas y dulces en esas conferencias.

5. _____ varias botellas de vino, pero los invitados se las tomaron.

6. Por las mañanas _____ unos postres deliciosos en esa tienda.

2 **¿Cómo fue?** Complete these sentences with the preterite of the verb in parentheses.

1. Cristina y Lara _____ (estar) en la fiesta anoche.

2. (Yo) _____ (Tener) un problema con mi pasaporte y lo pasé mal en la aduana.

3. Rafaela _____ (venir) temprano a la fiesta y conoció a Humberto.

4. El padre de la novia _____ (hacer) un brindis por los novios.

5. Román _____ (poner) las maletas en el auto antes de salir.

3 **¿Qué hicieron?** Complete these sentences, using the preterite of **decir, conducir, traducir,** and **traer.**

1. Felipe y Silvia _____ que no les gusta ir a la playa.

2. Claudia le _____ unos papeles al inglés a su hermano.

3. David _____ su motocicleta nueva durante el fin de semana.

4. Rosario y Pepe me _____ un pastel de chocolate de regalo.

5. Cristina y yo les _____ a nuestras amigas que vamos a bailar.

4 **Es mejor dar...** Rewrite these sentences in the preterite tense.

1. Antonio le da un beso a su madre.

_____

2. Los invitados le dicen gracias a la familia.

_____

3. Tú les traes una sorpresa a tus padres.

_____

4. Rosa y yo le damos un regalo al profesor.

_____

5. Carla nos da muchos consejos para el viaje.

_____

5 **Combinar** Create logical sentences in the preterite using one element from each column. Notice that there is only one correct match between second and third columns.

Rita y Sara	decir	una cámara
Ellos	estar	a este lugar
Tú	hacer	un examen
Mi tía	poner	galletas
Ustedes	producir	una película
Rosa	tener	en el Perú
Nosotras	traer	la televisión
Yo	venir	la verdad

1. _____
2. _____
3. _____
4. _____
5. _____
6. _____
7. _____
8. _____

6 **Ya lo hizo** Your friend Miguel is very forgetful. Answer his questions negatively, indicating that the action has already occurred. Use the verbs in parentheses.

> **modelo**
> ¿Quiere Pepe cenar en el restaurante japonés? (restaurante chino)
> No, Pepe ya cenó en el restaurante chino.

1. ¿Vas a estar en la biblioteca hoy? (ayer)

_____

2. ¿Quieren dar una fiesta Elena y Miguel este fin de semana? (el sábado pasado)

_____

3. ¿Debe la profesora traducir esa novela este semestre? (el año pasado)

_____

4. ¿Va a haber un pastel de limón en la cena de hoy? (anoche)

_____

5. ¿Deseas poner los abrigos en la silla? (sobre la cama)

_____

6. ¿Van ustedes a tener un hijo? (tres hijos)

_____

9.2 Verbs that change meaning in the preterite

1   **Completar**   Complete these sentences with the preterite tense of the verbs in parentheses.

1. Liliana no _____ (poder) llegar a la fiesta de cumpleaños de Esteban.

2. Las chicas _____ (conocer) a muchos estudiantes en la biblioteca.

3. Raúl y Marta no _____ (querer) invitar al padre de Raúl a la boda.

4. Lina _____ (saber) ayer que sus tíos se van a divorciar.

5. (Nosotros) _____ (poder) regalarle una bicicleta a Marina.

6. María _____ (querer) cortar con su novio antes del verano.

2   **Traducir**   Use these verbs to write sentences in Spanish.

> conocer   querer
> poder   saber

1. I failed to finish the book on Wednesday.

    _____

2. Inés found out last week that Vicente is divorced.

    _____

3. Her girlfriends tried to call her, but they failed to.

    _____

4. Susana met Alberto's parents last night.

    _____

5. The waiters managed to serve dinner at eight.

    _____

6. Your mother refused to go to your brother's house.

    _____

3   **Raquel y Ronaldo**   Complete the paragraph with the preterite of the verbs in the word bank.

> conocer   querer
> poder   saber

El año pasado Raquel (1) _____ al muchacho que ahora es su esposo, Ronaldo.

Primero, Raquel no (2) _____ salir con él porque él vivía (*was living*) en una ciudad

muy lejos de ella. Ronaldo (3) _____ convencerla durante muchos meses, pero no

(4) _____ hacerlo. Finalmente, Raquel decidió darle una oportunidad a Ronaldo.

Cuando empezaron a salir, Raquel y Ronaldo (5) _____ inmediatamente que eran el

uno para el otro (*they were made for each other*). Raquel y Ronaldo (6) _____

comprar una casa en la misma ciudad y se casaron ese verano.

9.3 ¿Qué? and ¿cuál?

1 **¿Qué o cuál?** Complete these sentences with **qué, cuál,** or **cuáles.**

1. ¿_____ estás haciendo ahora?

2. ¿_____ gafas te gustan más?

3. ¿_____ prefieres, el vestido largo o el corto?

4. ¿Sabes _____ de éstos es mi disco favorito?

5. ¿_____ es un departamento de hacienda?

6. ¿_____ trajiste, las de chocolate o las de limón?

7. ¿_____ auto compraste este año?

8. ¿_____ es la tienda más elegante del centro?

2 **¿Cuál es la pregunta?** Write questions that correspond to these responses. Use each word or phrase from the word bank only once.

¿a qué hora?	¿cuál?	¿cuándo?	¿de dónde?	¿qué?
¿adónde?	¿cuáles?	¿cuántos?	¿dónde?	¿quién?

1. _____

    La camisa que más me gusta es ésa.

2. _____

    Hoy quiero descansar durante el día.

3. _____

    Mi profesora de matemáticas es la Señora Aponte.

4. _____

    Soy de Buenos Aires, Argentina.

5. _____

    Mis gafas favoritas son las azules.

6. _____

    El pastel de cumpleaños está en el refrigerador.

7. _____

    La fiesta sorpresa empieza a las ocho en punto de la noche.

8. _____

    El restaurante cierra los lunes.

9. _____

    Hay ciento cincuenta invitados en la lista.

10. _____

    Vamos a la fiesta de cumpleaños de Inés.

Workbook

9.4 Pronouns after prepositions

1 **Antes de la fiesta** Complete the paragraph with the correct pronouns.

Hoy voy al mercado al aire libre cerca de mi casa con mi tía Carmen. Me gusta ir con

(1) _____ porque sabe escoger las mejores frutas y verduras del mercado. Y a ella le gusta

venir (2) _____ porque sé regatear mejor que nadie.

   —Entre (3) _____ y yo, debes saber que a (4) _____ no me gusta gastar mucho

dinero. Me gusta venir (5) _____ porque me ayudas a ahorrar (*save*) dinero— me confesó

un día. Hoy la vienen a visitar sus hijos porque es su cumpleaños, y ella quiere hacer una ensalada de

frutas para (6) _____.

   —Estas peras son para (7) _____, por venir conmigo al mercado. También me llevo unos

hermosos melocotones para el novio de Verónica, que viene con (8) _____. Siempre

compro frutas para (9) _____ porque le encantan y no consigue muchas frutas en el lugar

donde vive —dice (*says*) mi tía.

   —¿Voy a conocer al novio de Verónica?

   —Sí, ¡queremos invitarte a (10) _____ a la fiesta de cumpleaños!

2 **El pastel de Maite** The video characters are having Maite's birthday cake. Complete the conversation with the correct pronouns.

DON FRANCISCO Chicos, voy a hablar con la Sra. Perales, en un momento estoy con

   (1) _____.

JAVIER Sí, don Efe, no se preocupe por (2) _____.

INÉS ¡Qué rico está el pastel! A (3)_____ me encantan los pasteles. Javier,

   ¿quieres compartir un pedazo (*slice*) (4) _____?

JAVIER ¡Claro! Para (5) _____ el chocolate es lo más delicioso.

MAITE Pero no se lo terminen . . . Álex, quiero compartir el último (*last*) pedazo

   (6) _____.

ÁLEX Mmmh, está bien; sólo por (7) _____ hago este sacrificio.

MAITE Toma, Álex, este pedazo es especial para (8) _____.

JAVIER Oh no. Mira Inés; hay más miel (*honey*) en (9) _____ que en cien

   pasteles.

Workbook

Síntesis

Research the life of a famous person who has had a stormy personal life, such as Elizabeth Taylor or Henry VIII. Write a brief biography of the person, including the following information:

- When was the person born?
- What was that person's childhood like?
- With whom did the person fall in love?
- Who did the person marry?
- Did he or she have children?
- Did the person get divorced?
- Did the person go to school, and did he or she graduate?
- How did his or her career or lifestyle vary as the person went through different stages in life?

_____

_____

_____

_____

_____

_____

_____

_____

_____

_____

_____

_____

_____

_____

_____

_____

_____

_____

_____

_____

Nombre _____   Fecha _____

panorama

Chile

1 **Datos chilenos** Complete the chart with the correct information about Chile.

Ciudades más grandes	Deportes de invierno	Países fronterizos (bordering)	Escritores chilenos

2 **¿Cierto o falso?** Indicate whether the sentences are **cierto** or **falso.** Correct the false sentences.

1. Una quinta parte de los chilenos vive en Santiago de Chile.

   _____

2. En Chile se hablan el idioma español y el mapuche.

   _____

3. La mayoría (*most*) de las playas de Chile están en la costa del océano Atlántico.

   _____

4. El terremoto más grande de la historia tuvo lugar en Chile.

   _____

5. La isla de Pascua es famosa por sus observatorios astronómicos.

   _____

6. El Parque Nacional de Villarica está situado al pie de un volcán y junto a un lago.

   _____

7. Se practican deportes de invierno en los Andes chilenos.

   _____

8. La exportación de vinos chilenos se redujo en los últimos años.

   _____

3 **Información de Chile** Complete the sentences with the correct words.

1. La moneda de Chile es el _____ .

2. Bernardo O'Higgins fue un militar y _____ nacional de Chile.

3. Los exploradores _____ descubrieron la isla de Pascua.

4. Desde los _____ chilenos de los Andes, los científicos estudian las estrellas.

5. La producción del _____ es una parte importante de la actividad agrícola de Chile.

6. El país al este de Chile es la _____ .

Workbook

4 **Fotos de Chile** Label the photos.

1. _____   2. _____

5 **El pasado de Chile** Complete the sentences with the preterite of the correct words from the word bank.

| comenzar | escribir |
| decidir | recibir |

1. Pablo Neruda _____ muchos poemas románticos durante su vida.

2. La isla de Pascua _____ su nombre porque la descubrieron el Día de Pascua.

3. No se sabe por qué los *rapa nui* _____ abandonar la isla de Pascua.

4. La producción de vino en Chile _____ en el siglo XVI.

6 **Preguntas chilenas** Write questions that correspond to the answers below. Vary the interrogative words you use.

1. _____

Hay más de quince millones de habitantes en Chile.

2. _____

Valparaíso es la cuarta ciudad de Chile.

3. _____

Los idiomas que se hablan en Chile son el español y el mapuche.

4. _____

Los exploradores holandeses descubrieron la isla de Pascua.

5. _____

El centro de esquí Valle Nevado organiza excursiones de heli-esquí.

6. _____

La producción de vino en Chile comenzó en el siglo XVI.

repaso

1 **¿Te importa?** Complete the sentences with the correct indirect object pronoun and the form of the verb in parentheses.

1. A nosotros _____ (gustar) ir de excursión y acampar.

2. A mí _____ (encantar) las novelas históricas.

3. A mi hermano _____ (molestar) la radio cuando está estudiando.

4. A ustedes no _____ (importar) esperar un rato para sentarse, ¿no?

5. Ese vestido largo _____ (quedar) muy bien a ti con las sandalias.

6. A ellos _____ (faltar) dos clases para graduarse de la universidad.

2 **No quiero nada** Answer the questions negatively, using negative words.

1. ¿Debo ponerme algo elegante esta noche?

_____

2. ¿Te enojaste con alguien en el restaurante?

_____

3. ¿Se probó algún vestido Ana en la tienda?

_____

4. ¿Quiere Raúl quedarse en las fiestas siempre?

_____

3 **La fiesta** Complete the paragraph with the correct preterite forms of the verbs in parentheses.

Ignacio y yo (1) _____ (ir) a la fiesta de cumpleaños de un amigo el sábado.

(2) _____ (Ir) juntos en mi auto, pero Ignacio (3) _____ (conducir). La fiesta

(4) _____ (ser) en el cuarto de fiestas del hotel Condado. En la fiesta (5) _____

(haber) un pastel enorme y muchísimos invitados. (Yo) (6) _____ (Saber) en la fiesta que mi

amiga Dora (7) _____ (romper) con su novio. Ignacio y yo (8) _____ (querer)

hacerla sentir mejor, pero no (9) _____ (ser) fácil. Primero Ignacio (10) _____ (pedir)

una botella de vino. Luego le (11) _____ (decir) a su amigo Marc: "Ven (*Come*) a sentarte con

nosotros". Ignacio le (12) _____ (servir) algo de vino a Marc y todos (13) _____

(brindar). Nosotros les (14) _____ (dar) la oportunidad a Dora y a Marc de conocerse. Marc

es francés, y por mucho rato ellos no (15) _____ (poderse) entender. Luego yo

(16) _____ (traducir) sus palabras un rato. Dora (17) _____ (repetir) las palabras hasta

decirlas bien. Dora y Marc (18) _____ (estar) hablando toda (*all*) la noche. Ignacio les

(19) _____ (traer) entremeses y él y yo nos (20) _____ (ir) a bailar. Marc le

(21) _____ (pedir) el número a Dora cuando ellos (22) _____ (despedirse). Dora

(23) _____ (ponerse) feliz. ¡Lo (24) _____ (conseguir)!

Workbook

4 **Te lo dije** Rewrite these sentences in the preterite. Use double object pronouns in the new sentences.

1. Rebeca quiere comprarle un regalo a Jorge. _____

2. Les hago una cena deliciosa. _____

3. Los López le dicen unos chistes (*jokes*). _____

4. Francisco no puede prestarnos el auto. _____

5. Les debes decir tu apellido a los dueños. _____

6. Te traigo unas cosas importantes. _____

5 **Los países** Compare the items listed, using information from the **Panorama** sections.

1. Guatemala / pequeño / Perú

_____

2. líneas de Nazca / misteriosas / moais de la isla de Pascua

_____

3. habitantes de Guatemala / hablar idiomas mayas / habitantes de Chile

_____

4. Ciudad de Guatemala / grande / puerto de Iquitos

_____

5. peruanos / usar las llamas / chilenos

_____

6 **La boda** Imagine that you know the couple in the photo. Write some background about their wedding. How and when did the couple meet? When did they become engaged? Do they get along well? Do they really love each other? This is your opportunity to say how you really feel about them getting married. Next, talk about the food and drinks served at the wedding and whether you enjoyed the event.

_____

_____

_____

_____

_____

_____

_____

_____

contextos

1 **El cuerpo humano** Label the parts of the body.

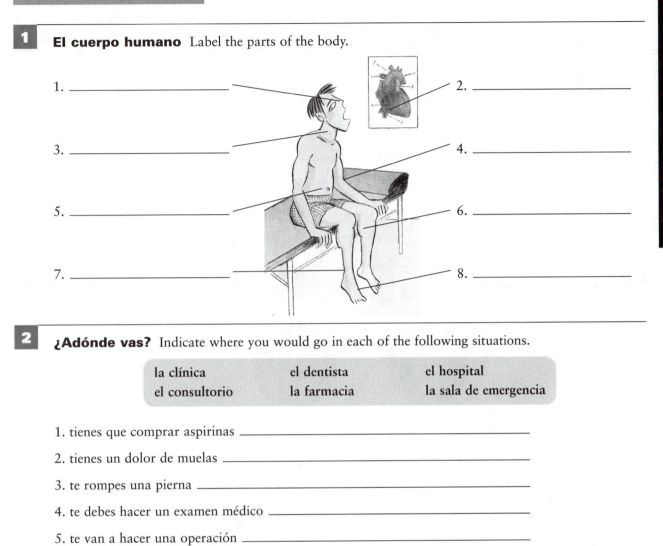

1. _____

2. _____

3. _____

4. _____

5. _____

6. _____

7. _____

8. _____

2 **¿Adónde vas?** Indicate where you would go in each of the following situations.

la clínica	el dentista	el hospital
el consultorio	la farmacia	la sala de emergencia

1. tienes que comprar aspirinas _____

2. tienes un dolor de muelas _____

3. te rompes una pierna _____

4. te debes hacer un examen médico _____

5. te van a hacer una operación _____

6. te van a poner una inyección _____

3 **Las categorías** List these terms under the appropriate category.

antibiótico	gripe	receta
aspirina	operación	resfriado
estornudos	pastilla	tomar la temperatura
fiebre	radiografía	tos

Síntoma: _____

Enfermedad: _____

Diagnóstico: _____

Tratamiento (*Treatment*): _____

_____

4 **En el consultorio** Complete the sentences with the correct words.

1. La señora Gandía va a tener un hijo en septiembre. Está _____.

2. Manuel tiene la temperatura muy alta. Tiene _____.

3. Rosita tiene un dolor de oído. Debe tener una _____.

4. A Pedro le cayó una mesa en el pie. El pie se le _____.

5. Mi tía estornuda mucho durante la primavera. Es _____ al polen.

6. Tienes que llevar la _____ a la farmacia para que te vendan (*in order for them to sell you*) la medicina.

7. Le tomaron una _____ de la pierna para ver si se le rompió.

8. Los _____ de un resfriado son los estornudos y la tos.

5 **Doctora y paciente** Choose the logical sentences to complete the conversation between Doctora Márquez and Don Francisco.

DOCTORA ¿Qué síntomas tiene?

DON FRANCISCO (1) _____
a. Tengo tos y me duele la cabeza.
b. Soy muy saludable.
c. Me recetaron un antibiótico.

DOCTORA (2) _____
a. ¿Cuándo fue el accidente?
b. ¿Le dio fiebre ayer?
c. ¿Dónde está la sala de emergencia?

DON FRANCISCO (3) _____
a. Fue a la farmacia.
b. Me torcí el tobillo.
c. Sí, mi esposa me tomó la temperatura.

DOCTORA (4) _____
a. ¿Está muy congestionado?
b. ¿Está embarazada?
c. ¿Le duele una muela?

DON FRANCISCO (5) _____
a. Sí, me hicieron una operación.
b. Sí, estoy mareado.
c. Sí, y también me duele la garganta.

DOCTORA (6) _____
a. Tiene que ir al consultorio.
b. Es una infección de garganta.
c. La farmacia está muy cerca.

DON FRANCISCO (7) _____
a. ¿Tengo que tomar un antibiótico?
b. ¿Debo ir al dentista?
c. ¿Qué indican las radiografías?

DOCTORA (8) _____
a. Sí, es usted alérgico.
b. Sí, se lastimó el pie.
c. Sí, ahora se lo voy a recetar.

estructura

10.1 The imperfect tense

1 **¿Cómo eran las cosas?** Complete the sentences with the imperfect forms of the verbs in parentheses.

1. Antes, la familia Álvarez _____ (cenar) a las ocho de la noche.

2. De niña, yo _____ (cantar) en el Coro de Niños de San Juan.

3. Cuando vivían en la costa, ustedes _____ (nadar) por las mañanas.

4. Mis hermanas y yo _____ (jugar) en un equipo de béisbol.

5. La novia de Raúl _____ (tener) el pelo rubio en ese tiempo.

6. Antes de tener la computadora, (tú) _____ (escribir) a mano (*by hand*).

7. (Nosotros) _____ (creer) que el concierto era el miércoles.

8. Mientras ellos lo _____ (buscar) en su casa, él se fue a la universidad.

2 **Oraciones imperfectas** Create sentences with the elements provided and the imperfect tense.

1. mi abuela / ser / muy trabajadora y amable

_____

2. tú / ir / al teatro / cuando vivías en Nueva York

_____

3. ayer / haber / muchísimos pacientes en el consultorio

_____

4. (nosotros) / ver / tu casa desde allí

_____

5. ser / las cinco de la tarde / cuando llegamos a San José

_____

6. ella / estar / muy nerviosa durante la operación

_____

3 **No, pero antes...** Your nosy friend Cristina is asking you many questions. Answer her questions negatively, using the imperfect tense.

> **modelo**
> ¿Juega Daniel al fútbol?
> No, pero antes jugaba.

1. ¿Hablas por teléfono? _____

2. ¿Fue a la playa Susana? _____

3. ¿Come carne Benito? _____

4. ¿Te trajo muchos regalos tu novio? _____

5. ¿Conduce tu mamá? _____

4 **¿Qué hacían?** Write sentences that describe what the people in the drawings were doing yesterday at three o'clock in the afternoon. Use the subjects provided.

1. Tú

_____

_____

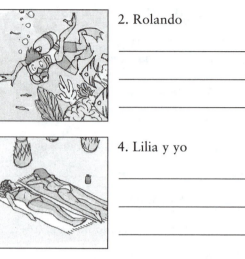

2. Rolando

_____

_____

_____

3. Pablo y Elena

_____

_____

_____

4. Lilia y yo

_____

_____

_____

5 **Antes y ahora** Javier is thinking about his childhood—how things were then and how they are now. Write two sentences comparing what Javier used to do and what he does now.

> **modelo**
>
> vivir en casa / vivir en la residencia estudiantil
> Antes vivía en casa.
> Ahora vivo en la residencia estudiantil.

1. jugar al fútbol con mis primos / jugar en el equipo de la universidad

_____

_____

2. escribir las cartas a mano / escribir el correo electrónico con la computadora

_____

_____

3. ser gordito (*chubby*) / ser delgado

_____

_____

4. tener a mi familia cerca / tener a mi familia lejos

_____

_____

5. estudiar en mi habitación / estudiar en la biblioteca

_____

_____

6. conocer personas de mi ciudad / conocer personas de todo el (*the whole*) país

_____

_____

Workbook

Workbook

10.2 The preterite and the imperfect

1   **Los accidentes** Complete the sentences correctly with imperfect or preterite forms of the verbs in parentheses.

1. Claudia _____ (celebrar) su cumpleaños cuando se torció el tobillo.

2. Ramiro tenía fiebre cuando _____ (llegar) a la clínica.

3. Mientras el doctor _____ (mirar) la radiografía, yo llamé por teléfono a mi novia.

4. (Yo) _____ (estar) mirando la televisión cuando mi mamá se lastimó la mano con la puerta.

5. Cuando Sandra llegó a la universidad, _____ (tener) un dolor de cabeza terrible.

6. ¿De niño (tú) _____ (enfermarse) con frecuencia?

7. El verano pasado, Luis y Olivia _____ (sufrir) una enfermedad exótica.

8. Anoche, mi primo y yo _____ (perder) la receta de mi tía.

2   **Antes y ayer** Complete each pair of sentences by using the imperfect and preterite forms of the verbs in parentheses.

(bailar)

1. Cuando era pequeña, Sara _____ ballet todos los lunes y miércoles.

2. Ayer Sara _____ ballet en el recital de la universidad.

(escribir)

3. La semana pasada, (yo) le _____ un correo electrónico a mi papá.

4. Antes (yo) _____ las cartas a mano o con una máquina de escribir.

(ser)

5. El novio de María _____ delgado y deportista.

6. El viaje de novios _____ una experiencia inolvidable (*unforgettable*).

(haber)

7. _____ una fiesta en casa de Maritere el viernes pasado.

8. Cuando llegamos a la fiesta, _____ mucha gente.

(ver)

9. El lunes _____ a mi prima Lisa en el centro comercial.

10. De niña, yo _____ a Lisa todos los días.

3 **¿Qué pasaba?** Look at the drawings, then complete the sentences, using the preterite or imperfect.

1. Cuando llegué a casa anoche, las niñas _____

_____ .

2. Cuando empezó a llover, Sara

_____

_____ .

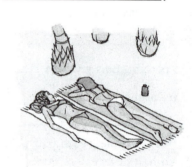

3. Antes de irse de vacaciones, la Sra. García _____

_____ .

4. Cada verano, las chicas

_____

_____ .

4 **El pasado** Decide whether the verbs in parentheses should be in the preterite or the imperfect. Then rewrite the sentences.

1. Ayer Clara (ir) a casa de sus primos, (saludar) a su tía y (comer) con ellos.

_____

2. Cuando Manuel (vivir) en San José, (conducir) muchos kilómetros todos los días.

_____

3. Mientras Carlos (leer) las traducciones (*translations*), Blanca (traducir) otros textos.

_____

4. El doctor (terminar) el examen médico y me (recetar) un antibiótico.

_____

5. La niña (tener) ocho años y (ser) inteligente y alegre.

_____

6. Rafael (cerrar) todos los programas, (apagar) la computadora y (irse).

_____

Workbook

5 **¡Qué diferencia!** Complete this paragraph with the preterite or the imperfect of the verbs in parentheses.

La semana pasada (yo) (1) _____ (llegar) a la universidad y me di cuenta (*realized*) de que este año va a ser muy diferente a los anteriores. Todos los años Laura y yo (2) _____ (vivir) con Regina, pero la semana pasada (nosotras) (3) _____ (conocer) a nuestra nueva compañera de cuarto, Gisela. Antes Laura, Regina y yo (4) _____ (tener) un apartamento muy pequeño, pero al llegar la semana pasada, (nosotras) (5) _____ (ver) el apartamento nuevo: es enorme y tiene mucha luz. Antes de vivir con Gisela, Laura y yo no (6) _____ (poder) leer el correo electrónico desde la casa, pero ayer Gisela (7) _____ (conectar) su computadora al Internet y todas (8) _____ (mirar) nuestros mensajes. Antes (nosotras) siempre (9) _____ (caminar) hasta la biblioteca para ver el correo, pero anoche Gisela nos (10) _____ (decir) que podemos compartir su computadora. ¡Qué diferencia!

6 **¿Dónde estabas?** Write questions and answers with the words provided. Ask where these people were when something happened.

> **modelo**
> Maite ⟶ Inés / salir a bailar // cuarto / dormir la siesta
> ¿Dónde estaba Maite cuando Inés salió a bailar?
> Maite estaba en el cuarto. Dormía la siesta.

1. Javier ⟶ (yo) / llamar por teléfono // cocina / lavar los platos

_____

2. (tú) ⟶ don Francisco y yo / ir al cine // casa / leer una revista

_____

3. tu hermano ⟶ empezar a llover // calle / pasear en bicicleta

_____

4. ustedes ⟶ Álex / venir a casa // estadio / jugar al fútbol

_____

5. Álex y Javier ⟶ (tú) / saludarlos // supermercado / hacer la compra

_____

7 **El diario de Laura** Laura has just found a page from her old diary. Rewrite the page in the past tense, using the preterite and imperfect forms of the verbs as appropriate.

Querido diario:

Estoy pasando el verano en Alajuela, y es un lugar muy divertido. Salgo con mis amigas todas las noches hasta tarde. Bailo con nuestros amigos y nos divertimos mucho. Durante la semana trabajo: doy clases de inglés. Los estudiantes son alegres y se interesan mucho por aprender. El día de mi cumpleaños conocí a un chico muy simpático que se llama Francisco. Me llamó al día siguiente (*next*) y nos vemos todos los días. Me siento enamorada de él.

_____

_____

_____

_____

_____

_____

_____

_____

_____

8 **Un día en la playa** Laura is still reading her old diary. Rewrite this paragraph, using the preterite or imperfect forms of the verbs in parentheses as appropriate.

Querido diario:

Ayer mi hermana y yo (ir) a la playa. Cuando llegamos, (ser) un día despejado con mucho sol, y nosotras (estar) muy contentas. A las doce (comer) unos sándwiches de almuerzo. Los sándwiches (ser) de jamón y queso. Luego (descansar) y entonces (nadar) en el mar. Mientras (nadar), (ver) a las personas que (practicar) el esquí acuático. (Parecer) muy divertido, así que (decidir) probarlo. Mi hermana (ir) primero, mientras yo la (mirar). Luego (ser) mi turno. Las dos (divertirse) mucho esa tarde.

_____

_____

_____

_____

_____

_____

_____

10.3 Constructions with **se**

1 **¿Qué se hace?** Complete the sentences with verbs from the word bank. Use impersonal constructions with **se**.

caer	hablar	recetar	vender
dañar	poder	servir	vivir

1. En Costa Rica _____ español.

2. En las librerías _____ libros y revistas.

3. En los restaurantes _____ comida.

4. En los consultorios _____ medicinas.

5. En el campo _____ muy bien.

6. En el mar _____ nadar y pescar.

2 **Los anuncios** Write advertisements or signs for the situations described. Use impersonal constructions with **se**.

1. "Está prohibido fumar."

2. "Vendemos periódicos."

3. "Hablamos español."

4. "Necesitamos enfermeras."

5. "No debes nadar."

6. "Estamos buscando un auto usado."

3 **¿Qué les pasó?** Complete the sentences with the correct indirect object pronouns.

1. Se _____ perdieron las maletas a Roberto.

2. A mis hermanas se _____ cayó la mesa.

3. A ti se _____ olvidó venir a buscarme ayer.

4. A mí se _____ quedó la ropa nueva en mi casa.

5. A las tías de Ana se _____ rompieron los vasos.

6. A Isabel y a mí se _____ dañó el auto.

4 **Los accidentes** Your classmates are very unlucky. Rewrite what happened to them, using the correct form of the verb in parentheses.

1. A Marina se le (cayó, cayeron) la bolsa.

_____

2. A ti se te (olvidó, olvidaron) comprarme la medicina.

_____

3. A nosotros se nos (quedó, quedaron) los libros en el auto.

_____

4. A Ramón y a Pedro se les (dañó, dañaron) el proyecto.

_____

5 **Mala suerte** You and your friends are trying to go on vacation, but everything is going wrong. Use the elements provided, the preterite tense, and constructions with **se** to write sentences.

> *modelo*
>
> (a Raquel) / olvidar / traer su pasaporte
> *Se le olvidó traer su pasaporte.*

1. (a nosotros) / perder / las llaves del auto

_____

2. (a ustedes) / olvidar / ponerse las inyecciones

_____

3. (a ti) / caer / los papeles del médico

_____

4. (a Marcos) / romper / la pierna cuando esquiaba

_____

5. (a mí) / dañar / la cámara durante el viaje

_____

6 **¿Qué pasó?** As the vacation goes on, you and your friends have more bad luck. Answer the questions, using the phrases in parentheses.

> *modelo*
>
> ¿Qué le pasó a Roberto? (quedar la cámara nueva en casa)
> *Se le quedó la cámara nueva en casa.*

1. ¿Qué les pasó a Pilar y a Luis? (dañar el coche)

_____

2. ¿Qué les pasó a los padres de Sara? (romper la botella de vino)

_____

3. ¿Qué te pasó a ti? (perder las llaves del hotel)

_____

4. ¿Qué les pasó a ustedes? (quedar las toallas en la playa)

_____

5. ¿Qué le pasó a Hugo? (olvidar estudiar para el examen en el avión)

_____

10.4 Adverbs

1 **En mi ciudad** Complete the sentences by changing the adjectives in the first sentences into adverbs in the second.

1. Los conductores son lentos. Conducen _____.

2. Esa doctora es amable. Siempre nos saluda _____.

3. Los autobuses de mi ciudad son frecuentes. Pasan por la parada _____.

4. Rosa y Julia son chicas muy alegres. Les encanta bailar y cantar _____.

5. Mario y tú hablan un español perfecto. Hablan español _____.

6. Los pacientes visitan al doctor de manera constante. Lo visitan _____.

7. Llegar tarde es normal para David. Llega tarde _____.

8. Me gusta trabajar de manera independiente. Trabajo _____.

2 **Completar** Complete the sentences with adverbs and adverbial expressions from the word bank. Use each term once.

a menudo	a tiempo	por lo menos
apenas	bastante	pronto
así	casi	

1. Tito no es un niño muy sano. Se enferma _____.

2. El Dr. Garrido es muy puntual. Siempre llega al consultorio _____.

3. Mi madre visita al doctor con frecuencia. Se chequea _____ una vez cada año.

4. Fui al doctor el año pasado. Tengo que volver _____.

5. Llegué tarde al autobús, y _____ tengo que ir al centro caminando.

6. El examen fue _____ difícil.

3 **Traducir** Complete the sentences with the adverbs or adverbial phrases that correspond to the words in parentheses.

1. Llegaron temprano al concierto; _____ (so), consiguieron asientos muy buenos.

2. El accidente fue _____ (rather) grave, pero al conductor no se le rompió ningún hueso.

3. Irene y Vicente van a comer _____ (less) porque quieren estar más delgados.

4. Silvia y David _____ (almost) se cayeron de la motocicleta cerca de su casa.

5. Para aprobar (pass) el examen, tienes que contestar _____ (at least) el 75% de las preguntas.

6. Mi mamá _____ (sometimes) se tuerce el tobillo cuando camina mucho.

Workbook

4 **Háblame de ti** Answer the questions using the adverbs and adverbial phrases that you learned in this lesson. Do not repeat the adverb or adverbial phrase of the question. Then, say how long ago you last did each activity.

> **modelo**
>
> ¿Vas a la playa siempre?
> No, voy a la playa a veces. Hace cuatro meses que no voy a la playa.

1. ¿Tú y tus amigos van al cine con frecuencia?

   _____

2. ¿Comes comida china?

   _____

3. ¿Llegas tarde a tu clase de español?

   _____

4. ¿Te enfermas con frecuencia?

   _____

5. ¿Comes carne?

   _____

Síntesis

Think of a summer in which you did a lot of different things on vacation or at home. State exceptional situations or activities that you did just once. Then state the activities that you used to do during that summer; mention which of those things you still do in the present. How often did you do those activities then? How often do you do them now? How long ago did you do some of those things? Create a "photo album" of that summer, using actual photographs if you have them, or drawings that you make. Use your writing about the summer as captions for the photo album.

_____

_____

_____

_____

_____

_____

_____

_____

_____

_____

panorama

Costa Rica

1 **El mapa de Costa Rica** Label the map of Costa Rica.

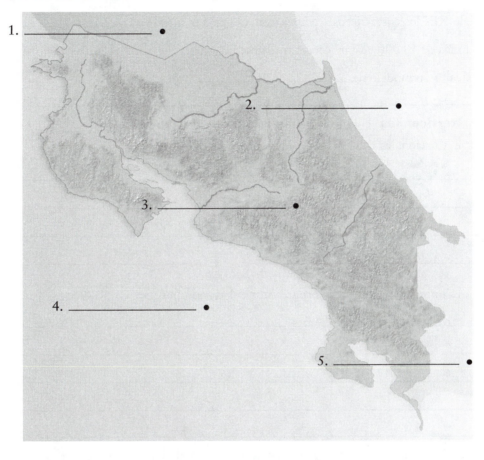

1. _____ •

2. _____ •

3. _____ •

4. _____ •

5. _____ •

2 **¿Cierto o falso?** Indicate whether the statements are **cierto** or **falso**. Correct the false statements.

1. Los parques nacionales costarricenses se establecieron para el turismo.

_____

2. Costa Rica fue el primer país centroamericano en desarrollar la industria del café.

_____

3. El café representa más del 50% de las exportaciones anuales de Costa Rica.

_____

4. Costa Rica ofrece servicios médicos gratuitos a sus ciudadanos.

_____

5. El ejército de Costa Rica es uno de los más grandes y preparados de Latinoamérica.

_____

6. En Costa Rica se eliminó la educación gratuita para los costarricenses.

_____

3 Costa Rica Complete the sentences with the correct words.

1. Costa Rica es el país de Centroamérica con la población más _____.

2. La moneda que se usa en Costa Rica es _____.

3. Costa Rica es el único país latinoamericano que no tiene _____.

4. En el siglo XIX los costarricenses empezaron a exportar su café a _____.

5. Hoy día más de 50.000 costarricenses trabajan _____ el café.

6. Costa Rica es un modelo de _____ y de _____.

4 Datos costarricenses Fill in the blanks with the correct information.

En los parques nacionales de Costa Rica los ecoturistas pueden ver:

1. _____   5. _____

2. _____   6. _____

3. _____   7. _____

4. _____   8. _____

Costa Rica es uno de los países más progresistas del mundo porque:

9. _____

10. _____

11. _____

12. _____

5 Completar Use impersonal constructions with **se** to complete the sentences. Be sure to use the correct tense of the verbs in the word bank.

> *modelo*
> En Costa Rica ahora *se pone* más dinero en la educación y las artes.

eliminar	establecer	mantener	poder
empezar	invertir	ofrecer	proveer

1. En Costa Rica _____ una democracia estable.

2. El sistema de parques nacionales _____ para la protección de los ecosistemas.

3. En los parques _____ ver animales en su hábitat natural.

4. En el siglo XIX _____ a exportar el café costarricense.

5. En Costa Rica _____ servicios médicos gratuitos a los ciudadanos y turistas.

6. En 1870 _____ la pena de muerte en Costa Rica.

contextos

1 **La tecnología** Fill in the blanks with the correct terms.

1. Para multiplicar y dividir puedes usar _____.

2. Para hacer videos de tu familia puedes usar _____.

3. Cuando vas a un sitio web, lo primero (*the first thing*) que ves es _____.

4. Cuando no estás en casa y alguien te llama, te deja un mensaje en _____.

5. La red de computadoras y servidores más importante del mundo es _____.

6. Para poder ver muchos canales, tienes que tener _____.

2 **Eso hacían** Match a subject from the word bank to each verb phrase. Then write complete sentences for the pairs using the imperfect.

| algunos jóvenes estadounidenses | el conductor del autobús | el mecánico de Jorge |
| el carro viejo | la impresora nueva | el teléfono celular |

1. manejar lentamente por la nieve

_____

2. imprimir los documentos muy rápido

_____

3. revisarle el aceite al auto todos los meses

_____

4. sonar en la casa pero nadie cogerlo

_____

5. no arrancar cuando llover

_____

6. navegar en Internet de niños

_____

3 **La computadora** Label the drawing with the correct terms.

1. _____

2. _____

3. _____

4. _____

5. _____

6. _____

7. _____

4   **Preguntas** Answer the questions with complete sentences.

1. ¿Para qué se usa la impresora?

_____

2. ¿Para qué se usan los frenos *(brakes)* del coche?

_____

3. ¿Qué se usa para enviar documentos?

_____

4. ¿Qué se usa para manejar el carro?

_____

5. ¿Qué se usa para cambiar los canales del televisor?

_____

6. ¿Para qué se usan las llaves del carro?

_____

_____

5   **Mi primer día en la carretera** Complete the paragraph with terms from the word bank.

accidente	estacionar	policía
aceite	lento	revisar
arrancar	licencia de conducir	subir
autopista	llanta	taller mecánico
calle	lleno	tráfico
descargar	parar	velocidad máxima

Después de dos exámenes, conseguí mi (1) _____ para poder manejar legalmente

por primera vez. Estaba muy emocionado cuando (2) _____ al carro de mi papá.

El tanque estaba (3) _____, el (4) _____ lo revisaron el día

anterior *(previous)* en el (5) _____. El carro y yo estábamos listos para

(6) _____. Primero salí por la (7) _____ en donde está mi

casa. Luego llegué a un área de la ciudad donde había mucha gente y también mucho

(8) _____. Se me olvidó (9) _____ en el semáforo *(light)*, que

estaba amarillo, y estuve cerca de tener un (10) _____. Sin saberlo, entré en la

(11) _____ interestatal *(interstate)*. La (12) _____ era de 70

millas *(miles)* por hora, pero yo estaba tan nervioso que iba mucho más (13) _____,

a 10 millas por hora. Vi un carro de la (14) _____ y tuve miedo. Por eso volví a

casa y (15) _____ el carro en la calle. ¡Qué aventura!

estructura

11.1 Familiar commands

1 **Cosas por hacer** Read the list of things to do. Then use familiar commands to finish the e-mail from Ana to her husband, Eduardo, about the things that he has to do before their vacation.

comprar un paquete de papel para la impresora	revisar el aceite del carro
ir al sitio web de la agencia de viajes y pedir la información sobre nuestro hotel	comprobar que tenemos una llanta extra
	limpiar el parabrisas
imprimir la información	llenar el tanque de gasolina
terminar de hacer las maletas	venir a buscarme a la oficina

A Eduardo	De Ana	Asunto Cosas por hacer

Hola mi amor, éstas son las cosas por hacer antes de salir para Mar del Plata.

_____

_____

_____

_____

_____

_____

2 **Díselo** You're feeling bossy today. Give your friends instructions based on the cues provided using familiar commands.

modelo
Ramón / comprarte un disco compacto en Mendoza.
Ramón, *cómprame un disco compacto en Mendoza.*

1. Mario / traerte la cámara digital que le regaló a Gema.

_____

2. Natalia / escribirle un correo electrónico a su abuela.

_____

3. Martín / llamarles por teléfono celular.

_____

4. Gloria / hacer la cama antes de salir.

_____

5. Carmen / no revisar el aceite hasta la semana que viene.

_____

6. Lilia / enseñarte a manejar.

_____

3 **Planes para el invierno** Rewrite this paragraph from a travel website. Use informal commands instead of the infinitives you see.

Este invierno, (decir) adiós al frío y a la nieve. (Descubrir) una de las más grandes maravillas (*marvels*) naturales del mundo (*world*). (Ir) al Parque Nacional Iguazú en Argentina y (visitar) las hermosas cascadas. (Explorar) el parque y (mirar) las más de 400 especies de pájaros y animales que viven ahí. (Visitar) este santuario de la naturaleza en los meses de enero a marzo y (disfrutar) de una temperatura promedio de 77° F. Para unas vacaciones de aventura, (hacer) un safari por la selva (*jungle*) o (reservar) una excursión por el río Iguazú. De noche, (dormir) en uno de nuestros exclusivos hoteles en medio de la selva. (Respirar) el aire puro y (probar) la deliciosa comida de la región.

Invierno en Argentina

_____

_____

_____

_____

_____

_____

_____

_____

4 **¿Qué hago?** Clara's brother Miguel is giving her a driving lesson, and Clara has a lot of questions. Write Miguel's answers to her questions in the form of positive or negative familiar commands.

> **modelo**
> ¿Tengo que comprar gasolina?
> Sí, *compra gasolina./No, no compres gasolina.*

1. ¿Puedo hablar por teléfono celular con mis amigos?

_____

2. ¿Puedo manejar en la autopista?

_____

3. ¿Debo estacionar por aquí?

_____

4. ¿Debo sacar mi licencia de conducir?

_____

5. ¿Puedo bajar por esta calle?

_____

6. ¿Tengo que seguir el tráfico?

_____

11.2 Por and para

1 **Para éste o por aquéllo** Complete the sentences with **por** or **para** as appropriate.

1. Pudieron terminar el trabajo _____ haber empezado (*having begun*) a tiempo.

2. Ese *fax* es _____ enviar y recibir documentos de la compañía.

3. Elsa vivió en esa ciudad _____ algunos meses hace diez años.

4. Mi mamá compró esta computadora portátil _____ mi papá.

5. Sales _____ la Argentina mañana a las ocho y media.

6. Rosaura cambió la blusa blanca _____ la blusa rosada.

7. El señor López necesita el informe _____ el 2 de agosto.

8. Estuve estudiando toda la noche _____ el examen.

9. Los turistas fueron de excursión _____ las montañas.

10. Mis amigos siempre me escriben _____ correo electrónico.

2 **Por muchas razones** Complete the sentences with the expressions in the word bank. Note that you will use two of them twice.

por aquí	por eso
por ejemplo	por fin

1. Ramón y Sara no pudieron ir a la fiesta anoche; _____ no los viste.

2. Buscaron el vestido perfecto por mucho tiempo, y _____ lo encontraron en esa tienda.

3. Creo que va a ser difícil encontrar un teclado y un monitor _____ .

4. Pídele ayuda a uno de tus amigos, _____ , Miguel, Carlos o Francisco.

5. Miguel y David no saben si podemos pasar _____ en bicicleta.

6. La videocasetera no está conectada, y _____ no funciona.

3 **Por y para** Complete the sentences with **por** or **para**.

1. Fui a comprar frutas _____ (*instead of*) mi madre.

2. Fui a comprar frutas _____ (*to give to*) mi madre.

3. Rita le dio dinero _____ (*in order to buy*) la computadora portátil.

4. Rita le dio dinero _____ (*in exchange for*) la computadora portátil.

5. La familia los llevó _____ (*through*) los Andes.

6. La familia los llevó _____ (*to*) los Andes.

4   **Escribir oraciones**   Write sentences in the preterite, using the elements provided and **por** or **para**.

> **modelo**
> (tú) / salir en el auto / ¿? / Córdoba
> *Saliste en el auto para Córdoba.*

1. Ricardo y Emilia / traer un pastel / ¿? / su prima

_____

2. los turistas / llegar a las ruinas / ¿? / barco

_____

3. (yo) / tener resfriado / ¿? / el frío

_____

4. mis amigas / ganar dinero / ¿? / viajar a Suramérica

_____

5. ustedes / buscar a Teresa / ¿? / toda la playa

_____

6. el avión / salir a las doce / ¿? / Buenos Aires

_____

_____

5   **Para Silvia**   Complete the paragraph with **por** and **para**.

Fui a la agencia de viajes porque quería ir (1) _____ Mendoza

(2) _____ visitar a mi novia, Silvia. Entré (3) _____ la

puerta y Marta, la agente de viajes, me dijo: "¡Tengo una oferta excelente (4) _____

ti!". Me explicó que podía viajar en avión (5) _____ Buenos Aires

(6) _____ seiscientos dólares. Podía salir un día de semana,

(7) _____ ejemplo lunes o martes. Me podía quedar en un hotel en Buenos Aires

(8) _____ quince dólares (9) _____ noche. Luego viajaría

(10) _____ tren a Mendoza (11) _____ encontrarme con

Silvia. "Debes comprar el pasaje (12) _____ el fin de mes", me recomendó

Marta. Fue la oferta perfecta (13) _____ mí. Llegué a Mendoza y Silvia vino a la

estación (14) _____ mí. Traje unas flores (15) _____ ella.

Estuve en Mendoza (16) _____ un mes y (17) _____ fin

Silvia y yo nos comprometimos. Estoy loco (18) _____ ella.

11.3 Reciprocal reflexives

1 **Se conocen** Complete the sentences with the reciprocal reflexives of the verbs in parentheses. Use the present tense.

1. Álex y don Francisco _____ (ver) todos los días.

2. Los amigos _____ (encontrar) en el centro de la ciudad.

3. El padre y la madre de Maite _____ (querer) mucho.

4. Javier y yo _____ (saludar) por las mañanas.

5. Los compañeros de clase _____ (ayudar) con las tareas.

6. Inés y su mamá _____ (llamar) por teléfono todos los días.

2 **Nos vemos** Complete the sentences with the reciprocal reflexives of the verbs in the word bank.

abrazar	besar	encontrar	mirar	saludar
ayudar	despedir	llamar	querer	ver

1. Cuando los estudiantes llegan a clase, todos _____.

2. Hace seis meses que Ricardo no ve a su padre. Cuando se ven, _____.

3. Los buenos amigos _____ cuando tienen problemas.

4. Es el final de la boda. El novio y la novia _____.

5. Mi novia y yo nos vamos a casar porque _____ mucho.

6. Antes de irse a sus casas, todos los amigos de Irene y Vicente _____.

7. Hablo todos los días con mi hermana. Nosotras _____ todos los días.

8. Cuando Sandra sale a comer con sus amigas, ellas _____ en el restaurante.

3 **Así fue** Write sentences from the elements provided. Use reciprocal reflexives and the preterite of the verbs.

1. Ayer / Felipe y Lola / enviar / mensajes por correo electrónico

_____

2. Raúl y yo / encontrar / en el centro de computación

_____

3. mis abuelos / querer / mucho toda la vida

_____

4. los protagonistas de la película / abrazar y besar / al final

_____

5. esos hermanos / ayudar / a conseguir trabajo

_____

4 **Noticias (News) de Alma** Read the letter from Alma, then complete the sentences about the letter with reciprocal reflexive forms of the correct verbs.

> Querida Claudia:
>
> Conocí a Manolo el mes pasado en Buenos Aires. Desde el día en que lo conocí, lo veo todos los días. Cuando salgo de la universidad me encuentro con él en algún lugar de la ciudad. Nuestro primer beso fue en el parque. Anoche Manolo me dijo que me quiere a mí y yo le dije que lo quiero mucho a él. Siempre nos ayudamos mucho con las tareas de la universidad. Llamo mucho a mi hermana y ella me llama a mí para hablar de nuestras cosas. Mi hermana me entiende muy bien y viceversa.
>
> Hasta luego,
> Alma

1. Manolo y Alma _____ el mes pasado en Buenos Aires.

2. Ellos _____ todos los días desde que se conocieron.

3. Manolo y Alma _____ después de clase en algún lugar de la ciudad.

4. La primera vez que _____, Manolo y Alma estaban en el parque.

5. Anoche Manolo y Alma _____ que se quieren mucho.

6. Manolo y Alma siempre _____ mucho con las tareas de la universidad.

7. Alma y su hermana _____ mucho para hablar de sus cosas.

8. Alma y su hermana _____ muy bien.

5 **Completar** Complete each pair of sentences with the preterite of the verbs in parentheses. Use the reciprocal reflexive verb in only one sentence in each pair.

(conocer)

1. Ricardo y Juan _____ a Cristina el año pasado.

2. Los González _____ en un viaje por Europa.

(saludar)

3. Los chicos _____ cuando llegaron al restaurante.

4. La camarera _____ a los chicos cuando les trajo el menú.

(ayudar)

5. Las enfermeras _____ al paciente a levantarse.

6. Los niños _____ para terminar la tarea más temprano.

(ver)

7. Los mecánicos _____ los coches descompuestos.

8. El profesor y los estudiantes _____ por primera vez en clase.

11.4 Stressed possesive adjectives and pronouns

1 **Esas cosas tuyas** Fill in the blanks with the possessive adjectives as indicated.

1. Ana nos quiere mostrar unas fotos _____ (*of hers*).

2. A Lorena le encanta la ropa _____ (*of ours*).

3. Los turistas traen las toallas _____ (*of theirs*).

4. El mecánico te muestra unos autos _____ (*of his*).

5. El sitio web _____ (*of his*) es espectacular.

6. ¿Quieres probar el programa de computación _____ (*of ours*)?

7. Roberto prefiere usar la computadora _____ (*of mine*).

8. Ese ratón _____ (*of yours*) es el más moderno que existe.

2 **¿De quién es?** Complete the sentences with possessive adjectives.

1. Ésa es mi computadora. Es la computadora _____.

2. Vamos a ver su sitio web. Vamos a ver el sitio web _____.

3. Aquéllos son mis archivos. Son los archivos _____.

4. Quiero usar el programa de él. Quiero usar el programa _____.

5. Buscamos nuestra impresora. Buscamos la impresora _____.

6. Ésos son los discos compactos de ella. Son los discos compactos _____.

7. Tienen que arreglar tu teclado. Tienen que arreglar el teclado _____.

8. Voy a usar el teléfono celular de ustedes. Voy a usar el teléfono celular _____.

3 **Los suyos** Answer the questions. Follow the model.

> **modelo**
> ¿Vas a llevar tu cámara de video?
> Sí, voy a llevar la mía.

1. ¿Prefieres usar tu calculadora? _____

2. ¿Quieres usar nuestra cámara digital? _____

3. ¿Guardaste mis archivos? _____

4. ¿Llenaste el tanque de su carro? _____

5. ¿Manejó Sonia nuestro carro? _____

6. ¿Vas a comprar mi televisor? _____

7. ¿Tienes el teclado de ellos? _____

8. ¿Quemaste tus discos compactos? _____

Workbook

4 **¿De quién son?** Replace the question with one using **de** to clarify the possession. Then answer the question affirmatively, using a possessive pronoun.

> **modelo**
>
> ¿Es suyo el teléfono celular? (de ella)
>
> ¿Es de ella el teléfono celular? Sí, es suyo.

1. ¿Son suyas las gafas? (de usted)

_____

2. ¿Es suyo el estéreo? (de Joaquín)

_____

3. ¿Es suya la impresora? (de ellos)

_____

4. ¿Son suyos esos reproductores de DVD? (de Susana)

_____

5. ¿Es suyo el coche? (de tu mamá)

_____

6. ¿Son suyas estas calculadoras? (de ustedes)

_____

Síntesis

Tell the story of a romantic couple you know. Use reciprocal reflexive forms of verbs to tell what happened between them and when. Use stressed possessive adjectives and pronouns as needed to talk about their families and their difficulties. Use familiar commands to give examples of advice you give to each member of the couple on important issues.

_____

_____

_____

_____

_____

_____

_____

_____

_____

_____

_____

_____

_____

panorama

Argentina

1 **Argentina** Fill in the blanks with the correct terms.

1. La ciudad de Buenos Aires se conoce como el _____.

2. Se dice que la Argentina es el país más _____ de toda la América Latina.

3. Después de 1880, muchos _____ se establecieron en la Argentina.

4. Los sonidos y ritmos del tango tienen raíces _____,

_____ y _____.

5. A los habitantes de Buenos Aires se les llama _____.

6. El nombre de la Avenida 9 de Julio conmemora la _____ de la Argentina.

2 **Palabras desordenadas** Unscramble the words about Argentina, using the clues.

1. URGAÍNA _____
(idioma que se habla en la Argentina además del español)

2. ESEDREMC _____
(nombre de una cantante argentina)

3. GAIOATNAP _____
(región fría que está en la parte sur (*south*) de la Argentina)

4. REGTARLNIA _____
(uno de los países de origen de muchos inmigrantes a la Argentina)

5. SNEOEAERNBS _____
(personas de Buenos Aires)

6. TOORVPOAVCI _____
(una característica del tango en un principio)

3 **Datos argentinos** Fill in the blanks with the aspects of Argentina described.

1. saxofonista argentino _____

2. las tres mayores ciudades de la Argentina _____

3. países de origen de muchos inmigrantes argentinos _____

4. escritor argentino célebre _____

5. países que comparten las cataratas del Iguazú _____

6. primera dama argentina; nació en 1919 _____

4 **Fotos de la Argentina** Label the photographs from Argentina.

1. _____   2. _____

5 **¿Cierto o falso?** Indicate whether the statements are **cierto** or **falso**. Correct the false statements.

1. La Argentina es el país más grande del mundo.

_____

2. La Avenida 9 de Julio en Buenos Aires es la calle más ancha del mundo.

_____

3. Los idiomas que se hablan en la Argentina son el español y el inglés.

_____

4. Los inmigrantes argentinos venían principalmente de Europa.

_____

5. El tango es un baile con raíces indígenas y africanas.

_____

6. Las cataratas de Iguazú están cerca de las confluencias de los ríos Iguazú y Paraná.

_____

6 **Preguntas argentinas** Answer the questions with complete sentences.

1. ¿Por qué se conoce a Buenos Aires como el "París de Sudamérica"?

_____

2. ¿Quién fue la primera dama de la Argentina hasta el 1952?

_____

3. ¿Qué dejaron las diferentes culturas de los inmigrantes a la Argentina?

_____

4. ¿Cómo cambió el tango desde su origen hasta la década de 1940?

_____

contextos

1 **Los aparatos domésticos** Answer the questions with complete sentences.

> *modelo*
> Julieta quiere comer pan tostado. ¿Qué tiene que usar Julieta?
> Julieta tiene que usar una **tostadora**.

1. La ropa de Joaquín está sucia. ¿Qué necesita Joaquín?

_____

2. Clara lavó la ropa. ¿Qué necesita Clara ahora?

_____

3. Los platos de la cena están sucios. ¿Qué se necesita?

_____

4. Rita quiere hacer hielo. ¿Dónde debe poner el agua?

_____

2 **¿En qué habitación?** Label these items as belonging to **la cocina, la sala,** or **la alcoba**.

1. el lavaplatos _____
2. el sillón _____
3. la cama _____
4. el horno _____

5. la almohada _____
6. la cafetera _____
7. la mesita de noche _____
8. la cómoda _____

3 **¿Qué hacían?** Complete the sentences, describing the domestic activity in each drawing.

1. Ramón _____

2. Rebeca _____

3. Mi tío Juan _____

4. Isabel _____

4 **Una es diferente** Fill in the blank with the word that doesn't belong in each group.

1. sala, plato, copa, vaso, taza _____

2. cuchillo, altillo, plato, copa, tenedor _____

3. cocina, balcón, patio, jardín, garaje _____

4. cartel, estante, pintura, lavadora, cuadro _____

5. alcoba, sala, comedor, pasillo, oficina _____

6. lavadora, escalera, secadora, lavaplatos, tostadora _____

5 **Crucigrama** Complete the crossword puzzle.

Horizontales

4. el hombre que vive al lado de tu casa
5. Julieta habló con Romeo desde su _____.
6. sillón, mesa, cama o silla
8. lo que pones cuando necesitas luz
10. lo que usas para tomar vino
11. Usas estas cosas para tomar agua o soda.
14. lo que usas cuando hace frío de noche

Verticales

1. lo que usas para ir de un piso a otro
2. obras (*works*) de Picasso, de Goya, etc.
3. pagar dinero cada mes por vivir en un lugar
7. _____ de microondas
9. Si vas a vivir en otro lugar, vas a _____.
12. donde se pueden sentar tres o cuatro personas
13. lo que usas para tomar el café

estructura

12.1 Relative pronouns

1 Relativamente Complete the sentences with **que, quien,** or **quienes**.

1. La persona a _____ debes conocer es Marta.

2. El restaurante _____ más me gusta es Il Forno.

3. Los amigos a _____ fue a visitar son Ana y Antonio.

4. Doña María, _____ me cuidaba cuando yo era niña, vino a verme.

5. El estudiante _____ mejor conozco de la clase es Gustavo.

6. La habitación _____ tiene las paredes azules es la tuya.

7. Los primos con _____ mejor me llevo son Pedro y Natalia.

8. El profesor _____ sabe la respuesta está en la biblioteca ahora.

2 Conversación telefónica You're talking on the phone with your mother, who wants to catch up on everything in your life. Answer her questions using the words in parentheses.

> **modelo**
> ¿Qué es lo que encontraste en el altillo? (un álbum de fotos)
> Lo que encontré en el altillo fue un álbum de fotos.

1. ¿Qué es lo que preparas en la cocina? (el almuerzo)

_____

2. ¿Qué es lo que buscas en el estante? (mi libro favorito)

_____

3. ¿Qué es lo que te gusta hacer en verano? (ir al campo)

_____

4. ¿Qué es lo que vas a poner en el balcón? (un sofá)

_____

5. ¿Qué es lo que tienes en el armario? (mucha ropa)

_____

6. ¿Qué es lo que le vas a regalar a tu hermana? (una cafetera)

_____

3 ¿Que o lo que? Complete the sentences with **que** or **lo que**.

1. El pastel de cumpleaños _____ me trajo mi abuela estuvo delicioso.

2. _____ más les gusta a Pedro y Andrés es jugar baloncesto.

3. Miguel perdió las llaves, _____ le hizo llegar tarde al dentista.

4. Ricardo y Ester querían los muebles _____ vieron en la tienda.

4   **Pronombres relativos** Complete the sentences with **que, quien, quienes,** or **lo que**.

1. Los vecinos _____ viven frente a mi casa son muy simpáticos.

2. Rosa y Pepe viajan mucho, _____ los expone a muchas culturas.

3. Las amigas con _____ estudias en la universidad son de varias ciudades.

4. El apartamento _____ Rebeca y Jorge alquilaron está cerca del centro.

5. Adrián y Daniel, _____ estudian física, son expertos en computación.

6. Rubén debe pedirle la aspiradora a Marcos, a _____ le regalaron una.

5   **Mi prima Natalia** Complete the paragraph with **que, quien, quienes,** or **lo que**.

Natalia, (1) _____ es mi prima, tiene un problema. Natalia es la prima

(2) _____ más quiero de todas las que tengo. (3) _____ le pasa a

Natalia es que siempre está muy ocupada. Su novio, a (4) _____ conoció hace dos

años, quiere pasar más tiempo con ella. La clase (5) _____ más le gusta a Natalia es la

clase de francés. Natalia, (6) _____ ya habla inglés y español, quiere aprender el

francés muy bien. Tiene dos amigos franceses con (7) _____ practica el idioma. Natalia

también está en el equipo de natación, (8) _____ le toma dos horas todas las mañanas.

Pero las otras nadadoras (9) _____ están en el equipo la necesitan. Además, a Natalia

le gusta visitar a sus padres, a (10) _____ ve casi todos los fines de semana. También ve

con frecuencia a los parientes y amigos (11) _____ viven en su ciudad. ¡Este verano

(12) _____ Natalia necesita son unas vacaciones!

6   **Lo que me parece** Rewrite each sentence using **lo que**.

> **modelo**
> A mí me gusta comer en restaurantes.
> Lo que a mí me gusta es comer en restaurantes.

1. Raúl dijo una mentira.

_____

2. Conseguiste enojar a Victoria.

_____

3. Lilia va a comprar una falda.

_____

4. Ellos preparan una sorpresa.

_____

5. A Teo y a mí nos gusta la nieve.

_____

Workbook

12.2 Formal commands

1   **Háganlo así**   Complete the commands, using the verbs in parentheses.

Usted

1. (lavar) _____ la ropa con el nuevo detergente.

2. (salir) _____ de su casa y disfrute del aire libre.

3. (decir) _____ todo lo que piensa hacer hoy.

4. (beber) No _____ demasiado en la fiesta.

5. (venir) _____ preparado para pasarlo bien.

6. (irse) No _____ sin probar la langosta de Maine.

Ustedes

7. (comer) No _____ con la boca abierta.

8. (oír) _____ música clásica en casa.

9. (poner) No _____ los codos (*elbows*) en la mesa.

10. (traer) _____ un regalo a la fiesta de cumpleaños.

11. (ver) _____ programas de televisión educativos.

12. (conducir) _____ con precaución (*caution*) por la ciudad.

2   **Por favor**   Give instructions to people cleaning a house by changing the verb phrases into formal commands.

> **modelo**
> sacudir la alfombra
> *Sacuda la alfombra, por favor.*

1. traer la aspiradora

_____

2. arreglar el coche

_____

3. bajar al sótano

_____

4. apagar la cafetera

_____

5. venir a la casa

_____

3 **Para emergencias** Rewrite this hotel's emergency instructions, replacing each **debe** + (*infinitive*) with formal commands.

Querido huésped

Debe leer estas instrucciones para casos de emergencia. Si ocurre (*occurs*) una emergencia, debe tocar la puerta antes de abrirla. Si la puerta no está caliente, debe salir de la habitación con cuidado (*carefully*). Al salir, debe doblar a la derecha por el pasillo y debe bajar por la escalera de emergencia. Debe mantener la calma y debe caminar lentamente. No debe usar el ascensor durante una emergencia. Debe dejar su equipaje en la habitación en caso de emergencia. Al llegar a la planta baja, debe salir al patio o a la calle. Luego debe pedir ayuda a un empleado del hotel.

Querido huésped

_____

_____

_____

_____

_____

_____

_____

_____

_____

4 **Lo opuesto** Change each command to express the opposite sentiment.

> **modelo**
> Recéteselo a mi hija.
> No se lo recete a mi hija.

1. Siéntense en la cama. _____

2. No lo limpie ahora. _____

3. Lávenmelas mañana. _____

4. No nos los sirvan. _____

5. Sacúdalas antes de ponerlas. _____

6. No se las busquen. _____

7. Despiértenlo a las ocho. _____

8. Cámbiesela por otra. _____

9. Pídanselos a Martín. _____

10. No se lo digan hoy. _____

12.3 The present subjunctive

1 Oraciones Complete the sentences with the present subjunctive of the verb in parentheses.

1. Es bueno que ustedes _____ (comer) frutas, verduras y yogures.

2. Es importante que Laura y yo _____ (estudiar) para el examen de física.

3. Es urgente que el doctor te _____ (mirar) la rodilla y la pierna.

4. Es malo que los niños no _____ (leer) mucho de pequeños (*when they are little*).

5. Es mejor que (tú) les _____ (escribir) una carta antes de llamarlos.

6. Es necesario que (yo) _____ (pasar) por la casa de Mario por la mañana.

2 El verbo correcto Complete the sentences with the present subjunctive of the verbs from the word bank.

| almorzar | hacer | oír | poner | traducir | venir |
| conducir | ofrecer | parecer | sacar | traer | ver |

1. Es necesario que (yo) _____ a casa temprano para ayudar a mi mamá.

2. Es bueno que (la universidad) _____ muchos cursos por semestre.

3. Es malo que (ellos) _____ justo antes de ir a nadar a la piscina.

4. Es urgente que (Lara) _____ estos documentos legales.

5. Es mejor que (tú) _____ más lento para evitar (*avoid*) accidentes.

6. Es importante que (ella) no _____ la cafetera en la mesa.

7. Es bueno que (tú) _____ las fotos para verlas en la fiesta.

8. Es necesario que (él) _____ la casa antes de comprarla.

9. Es malo que (nosotros) no _____ la basura todas las noches.

10. Es importante que (ustedes) _____ los quehaceres domésticos.

3 Opiniones Rewrite these sentences using the present subjunctive of the verbs in parentheses.

1. Mi padre dice que es importante que yo (estar) contenta con mi trabajo.

_____

2. Rosario cree que es bueno que la gente (irse) de vacaciones más a menudo.

_____

3. Creo que es mejor que Elsa (ser) la encargada del proyecto.

_____

4. Es importante que les (dar) las gracias por el favor que te hicieron.

_____

5. Él piensa que es malo que muchos estudiantes no (saber) otras lenguas.

_____

6. El director dice que es necesario que (haber) una reunión de la facultad.

_____

Workbook

4 **Es necesario** Write sentences using the elements provided and the present subjunctive of the verbs.

> *modelo*
> malo / Roberto / no poder / irse de vacaciones
> *Es malo que Roberto no pueda irse de vacaciones.*

1. importante / Nora / pensar / las cosas antes de tomar la decisión

_____

2. necesario / (tú) / entender / la situación de esas personas

_____

3. bueno / Clara / sentirse / cómoda en el apartamento nuevo

_____

4. urgente / mi madre / mostrarme / los papeles que llegaron

_____

5. mejor / David / dormir / antes de conducir la motocicleta

_____

6. malo / los niños / pedirles / tantos regalos a los abuelos

_____

5 **Sí, es bueno** Answer the questions using the words in parentheses and the present subjunctive.

> *modelo*
> ¿Tiene Álex que terminar ese trabajo hoy? (urgente)
> *Sí, es urgente que Álex termine ese trabajo hoy.*

1. ¿Debemos traer el pasaporte al aeropuerto? (necesario)

_____

2. ¿Tienes que hablar con don Francisco? (urgente)

_____

3. ¿Debe Javier ir a visitar a su abuela todas las semanas? (bueno)

_____

4. ¿Puede Maite llamar a Inés para darle las gracias? (importante)

_____

5. ¿Va Álex a saber lo que le van a preguntar en el examen? (mejor)

_____

12.4 Subjunctive with verbs of will and influence

1   **Preferencias** Complete the sentences with the present subjuntive of the verbs in parentheses.

1. Rosa quiere que tú _____ (escoger) el sofá para la sala.

2. La mamá de Susana prefiere que ella _____ (estudiar) medicina.

3. Miranda insiste en que Luisa _____ (ser) la candidata a vicepresidenta.

4. Rita y yo deseamos que nuestros padres _____ (viajar) a Panamá.

5. A Eduardo no le importa que nosotros _____ (salir) esta noche.

6. La agente de viajes nos recomienda que _____ (quedarnos) en ese hotel.

2   **Compra una casa** Read the following suggestions for buying a house. Then write a note to a friend, repeating the advice and using the present subjunctive of the verbs.

Antes de comprar una casa:
- Se aconseja tener un agente inmobiliario (*real estate*).
- Se sugiere buscar una casa en un barrio seguro (*safe*).
- Se insiste en mirar los baños, la cocina y el sótano.
- Se recomienda comparar precios de varias casas antes de decidir.
- Se aconseja hablar con los vecinos del barrio.

Te aconsejo que tengas un agente inmobiliario. _____

_____

_____

_____

_____

_____

_____

3   **Instrucciones** Write sentences using the elements provided and the present subjunctive. Replace the indirect objects with indirect object pronouns.

modelo
(a ti) / Simón / sugerir / terminar la tarea luego
Simón te sugiere que termines la tarea luego.

1. (a Daniela) / José / rogar / escribir esa carta de recomendación

_____

2. (a ustedes) / (yo) / aconsejar / vivir en las afueras de la ciudad

_____

3. (a ellos) / la directora / prohibir / estacionar frente a la escuela

_____

4. (a mí) / (tú) / sugerir / alquilar un apartamento en el barrio

_____

4 **¿Subjuntivo o infinitivo?** Write sentences using the elements provided. Use the subjunctive of the verbs when required.

1. Marina / querer / yo / traer / la compra a casa

_____

2. Sonia y yo / preferir / buscar / la información en Internet

_____

3. el profesor / desear / nosotros / usar / el diccionario

_____

4. ustedes / necesitar / escribir / una carta al consulado

_____

5. (yo) / preferir / Manuel / ir / al apartamento por mí

_____

6. Ramón / insistir en / buscar / las alfombras de la casa

_____

Síntesis

Imagine that you are going away for the weekend and you are letting some of your friends stay in your house. Write instructions for your houseguests asking them how to take care of the house. Use formal commands, the phrases **Es bueno, Es mejor, Es importante, Es necesario,** and **Es malo,** and the verbs **aconsejar, pedir, necesitar, prohibir, recomendar, rogar,** and **sugerir** to describe how to make sure that your house is in perfect shape when you get home.

_____

_____

_____

_____

_____

_____

_____

_____

_____

_____

_____

panorama

Panamá

1 Datos panameños Complete the sentences with the correct information.

1. _____ es un músico y político célebre de Panamá.

2. La fuente principal de ingresos de Panamá es _____.

3. Las _____ son una forma de arte textil de la tribu indígena cuna.

4. Los diseños de las molas se inspiran en las formas del _____.

2 Relativamente Rewrite each pair of sentences as one sentence. Use relative pronouns to combine the sentences.

> **modelo**
> La Ciudad de Panamá es la capital de Panamá. Tiene más de un millón de habitantes.
> La Ciudad de Panamá, que tiene más de un millón de habitantes, es la capital de Panamá.

1. La moneda de Panamá es equivalente al dólar estadounidense. Se llama el balboa.

_____

2. El Canal de Panamá se empezó a construir en 1903. Éste une a los océanos Atlántico y Pacífico.

_____

3. La tribu indígena de los cuna es de las islas San Blas. Ellos hacen molas.

_____

4. Panamá es un sitio excelente para el buceo. Panamá significa "lugar de muchos peces".

_____

3 Geografía panameña Fill in the blanks with the correct geographical name.

1. la capital de Panamá _____

2. segunda ciudad de Panamá _____

3. países que limitan (*border*) con Panamá _____

4. mar al norte (*north*) de Panamá _____

5. océano al sur (*south*) de Panamá _____

6. por donde pasan más de 12.000 buques por año _____

7. en donde vive la tribu indígena de los cuna _____

8. donde se pueden observar tortugas en peligro de extinción _____

4 Viaje a Panamá Complete the phrases with the correct information. Then write a paragraph of a tourist brochure about Panama. Use formal commands in the paragraph. The first sentence is done for you.

1. viajar en avión a _____, la capital de Panamá

2. visitar el país centroamericano, donde circulan los billetes de _____

3. conocer a los panameños; la lengua natal del 14% de ellos es _____

4. ir al Canal de Panamá, que une los océanos _____ y _____

5. ver las _____ que hace la tribu indígena cuna y decorar la casa con ellas

6. bucear en las playas de gran valor _____ por la riqueza y diversidad de su vida marina

Viaje en avión a la ciudad de Panamá, la capital de Panamá. _____

_____
_____
_____
_____
_____
_____
_____
_____

5 ¿Cierto o falso? Indicate whether the statements are **cierto** or **falso**. Correct the false statements.

1. Panamá es aproximadamente el tamaño de California.

_____

2. La moneda panameña, que se llama el balboa, es equivalente al dólar estadounidense.

_____

3. La lengua natal de todos los panameños es el español.

_____

4. El canal de Panamá une los océanos Pacífico y Atlántico.

_____

5. Las molas tradicionales siempre se usaron para decorar las casas.

_____

repaso   Lecciones 10–12

1   ¿Cuánto tiempo hace? Complete the answers with **por** or **para**. Then write questions that correspond to the answers.

1. _____

   Hace cuatro años que trabajo _____ mi padre en la tienda.

2. _____

   Pasamos _____ la casa de Javier y Olga hace dos horas.

3. _____

   Hace tres meses que compré una blusa _____ mi hermana.

4. _____

   Hace dos años que Ana estudia italiano _____ correspondencia (*mail*).

2   ¿Pretérito o imperfecto? Complete the sentences with the preterite or imperfect of the verbs in parentheses as appropriate.

1. De niña, Lina siempre _____ (usar) la ropa de sus primas.

2. El año pasado, Ricardo _____ (viajar) a Costa Rica durante las Navidades.

3. Cuando Gloria lo _____ (llamar) a su casa, él _____ (dormir) tranquilamente.

4. Mientras los niños _____ (jugar) en el parque, los padres _____ (hablar).

5. Yo _____ (ver) la televisión en casa cuando Carolina _____ (venir) a verme.

6. Mientras Lola _____ (saludar) a sus amigos, Rita _____ (estacionar) el coche.

3   Hágalo ahora Write sentences using the words provided. Use formal or informal commands and the subjects indicated.

1. (Tú) / ayudarlos a traer la compra _____

2. (Uds.) / practicar el francés _____

3. (Tú) / buscarme un disco compacto bueno _____

4. (Ud.) / decirle lo que desea _____

5. (Uds.) / no ser malas personas _____

6. (Ud.) / salir antes de las cinco _____

7. (Tú) / comer frutas y verduras _____

8. (Ud.) / parar en la esquina _____

4 El subjuntivo Rewrite the sentences using the words in parentheses. Use the subjunctive of the verbs.

> **modelo**
> Ellos tienen muchos problemas. (ser malo)
> Es malo que ellos tengan muchos problemas.

1. El apartamento tiene dos baños. (Rita / preferir) _____

_____

2. Las mujeres ven al doctor todos los años. (ser importante) _____

_____

3. Los pacientes hacen ejercicio. (la enfermera / sugerir) _____

_____

5 Los países Complete the sentences with the verbs in the word bank and the pronoun **se**.

> conocer   escuchar   hablar   ofrecer
> empezar   establecer   hacer   ver

1. En los parques nacionales costarricenses _____ muchas plantas y animales.

2. El café costarricense _____ a exportar en el siglo XIX.

3. En Costa Rica _____ servicios médicos gratuitos a todos los ciudadanos.

4. La ciudad de Buenos Aires _____ como el "París de Sudamérica".

5. Después del año 1880, una gran cantidad de inmigrantes _____ en la Argentina.

6. Hoy día el tango argentino _____ en todo el mundo.

7. En Panamá _____ español e inglés, y la mayoría de los panameños son bilingües.

8. Las molas panameñas _____ con capas y fragmentos de tela de colores vivos.

6 La vida de ayer y hoy Describe what people's lives were like in the early 1800s and what they are like now. Mention the things that people used to do and the things they do now (you may want to use adverbs like **siempre, nunca,** and **a veces**). Then mention the things that people should do to ensure a better quality of life in the future (you may want to use phrases like **es importante que** . . . and **es necesario que** . . .).

_____

_____

_____

_____

_____

_____

contextos

1 **La naturaleza** Complete the sentences with the appropriate nature-related words.

1. La luna, las estrellas, el sol y las nubes están en el _____.

2. El _____ es un lugar donde no llueve y hace mucho calor.

3. Una montaña que tiene un cráter es un _____.

4. La región llana (*flat*) que hay entre dos montañas es un _____.

5. La _____ es un bosque tropical, lo que significa que está cerca del ecuador.

6. Para ir de excursión por las montañas, es importante seguir un _____.

2 **Problema y solución** Match each problem with its solution. Then write a sentence with each pair, providing a solution to the problem.

Problemas	Soluciones
1. la deforestación de los bosques	controlar las emisiones de los coches
2. la erosión de las montañas	plantar árboles y plantas
3. la falta (*lack*) de recursos naturales	reducir la contaminación del aire
4. la contaminación del aire en las ciudades	reciclar los envases y latas
5. la lluvia ácida	prohibir que se corten (*cut*) los árboles en algunas regiones

> **modelo**
> la extinción de plantas y animales/ proteger las especies en peligro
> Para resolver el problema de la extinción de plantas y animales, tenemos que proteger las especies en peligro.

1. _____

2. _____

3. _____

4. _____

5. _____

3 **Sinónimos y antónimos** Fill in the blanks with the correct verbs from the word bank.

conservar	contaminar	dejar de	evitar	mejorar	reducir

1. gastar ≠ _____   4. usar más ≠ _____

2. permitir ≠ _____   5. continuar ≠ _____

3. hacerse mejor = _____   6. limpiar ≠ _____

4 **Nuestra madre** Fill in the blanks with the correct terms. Then, read the word formed vertically to complete the final sentence.

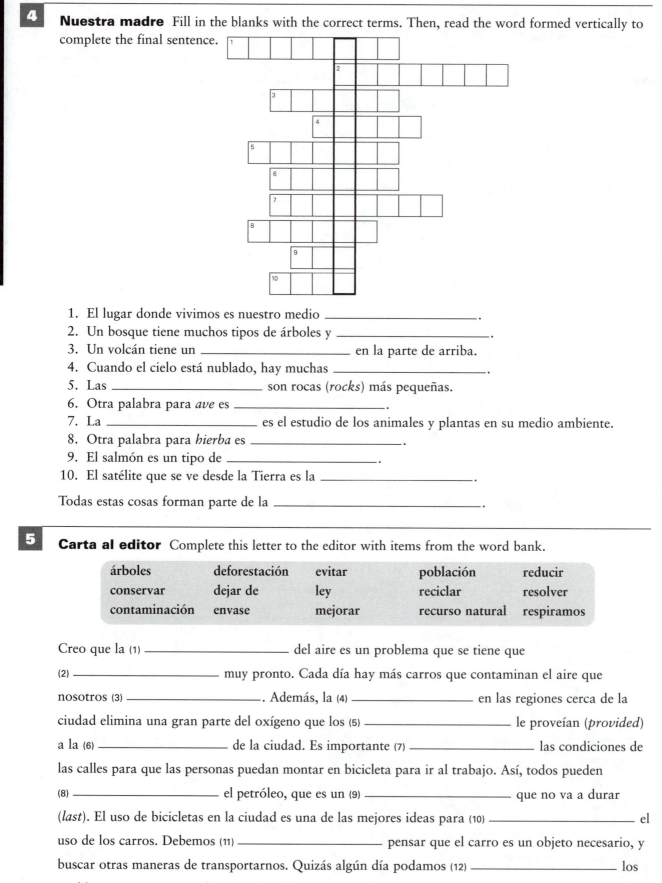

1. El lugar donde vivimos es nuestro medio _____.
2. Un bosque tiene muchos tipos de árboles y _____.
3. Un volcán tiene un _____ en la parte de arriba.
4. Cuando el cielo está nublado, hay muchas _____.
5. Las _____ son rocas (*rocks*) más pequeñas.
6. Otra palabra para *ave* es _____.
7. La _____ es el estudio de los animales y plantas en su medio ambiente.
8. Otra palabra para *hierba* es _____.
9. El salmón es un tipo de _____.
10. El satélite que se ve desde la Tierra es la _____.

Todas estas cosas forman parte de la _____.

5 **Carta al editor** Complete this letter to the editor with items from the word bank.

árboles	deforestación	evitar	población	reducir
conservar	dejar de	ley	reciclar	resolver
contaminación	envase	mejorar	recurso natural	respiramos

Creo que la (1) _____ del aire es un problema que se tiene que

(2) _____ muy pronto. Cada día hay más carros que contaminan el aire que

nosotros (3) _____. Además, la (4) _____ en las regiones cerca de la

ciudad elimina una gran parte del oxígeno que los (5) _____ le proveían (*provided*)

a la (6) _____ de la ciudad. Es importante (7) _____ las condiciones de

las calles para que las personas puedan montar en bicicleta para ir al trabajo. Así, todos pueden

(8) _____ el petróleo, que es un (9) _____ que no va a durar

(*last*). El uso de bicicletas en la ciudad es una de las mejores ideas para (10) _____ el

uso de los carros. Debemos (11) _____ pensar que el carro es un objeto necesario, y

buscar otras maneras de transportarnos. Quizás algún día podamos (12) _____ los

problemas que nos causa la contaminación.

estructura

13.1 The subjunctive with verbs of emotion

1 **Emociones** Complete the sentences with the subjunctive of the verbs in parentheses.

1. A mis padres les molesta que los vecinos _____ (quitar) los árboles.

2. Julio se alegra de que _____ (haber) muchos pájaros en el jardín de su casa.

3. Siento que Teresa y Lola _____ (estar) enfermas.

4. Liliana tiene miedo de que sus padres _____ (decidir) mudarse a otra ciudad.

5. A ti te sorprende que la deforestación _____ (ser) un problema tan grande.

6. Rubén espera que el gobierno _____ (mejorar) las leyes que protegen la naturaleza.

2 **Comentarios de Martín** Martín is talking about his opinions on the environment. Combine his statements, using the subjunctive.

> **modelo**
> La lluvia ácida destruye los bosques. Es terrible.
> *Es terrible que la lluvia ácida destruya los bosques.*

1. Muchos ríos están contaminados. Es triste.

_____

2. Algunas personas evitan reciclar. Es ridículo.

_____

3. Los turistas no recogen la basura (*garbage*). Es una lástima.

_____

4. La gente destruye el medio ambiente. Es extraño.

_____

3 **Ojalá...** Martín is still hopeful about the environment. Express his opinions using the elements provided. Start the sentences with **Ojalá que**.

1. los países / conservar sus recursos naturales

_____

2. este sendero / llevarnos al cráter del volcán

_____

3. la población / querer cambiar las leyes de deforestación

_____

4. las personas / reducir el uso de los carros en las ciudades

_____

5. los científicos / saber resolver el problema de la contaminación

_____

4 **Lo que sea** Change the subject of the second verb in each sentence to the subject in parentheses. Then complete the new sentence with the new subject, using the subjunctive.

> **modelo**
> Pablo se alegra de ver a Ricardo. (su madre)
> *Pablo se alegra de que su madre vea a Ricardo.*

1. Me gusta salir los fines de semana. (mi hermana)

   Me gusta que _____.

2. José y tú esperan salir bien en el examen. (yo)

   José y tú esperan que _____.

3. Es ridículo contaminar el mundo en que vivimos. (la gente)

   Es ridículo que _____.

4. Carla y Patricia temen separarse del sendero. (sus amigos)

   Carla y Patricia temen que _____.

5. Te molesta esperar mucho al ir de compras. (tu novio)

   Te molesta que _____.

6. Es terrible usar más agua de la necesaria. (las personas)

   Es terrible que _____.

7. Es triste no saber leer. (Roberto)

   Es triste que _____.

8. Es una lástima encontrar animales abandonados. (los vecinos)

   Es una lástima que _____.

5 **Emociones** Describe the characters' feelings about the environment using the elements provided and the present subjunctive.

1. Javier / alegrarse / sus amigos / reciclar los periódicos y los envases

   _____

2. los turistas / sorprenderse / el país / proteger tanto los parques naturales

   _____

3. (Inés) / temer / algunas personas / cazar animales en peligro de extinción

   _____

4. don Francisco / sentir / las playas de la ciudad / estar contaminadas

   _____

5. Álex y sus amigos / esperar / el gobierno / desarrollar nuevos sistemas de energía

   _____

6. a Maite / gustar / mi primo / recoger y cuidar animales abandonados

   _____

13.2 The subjunctive with doubt, disbelief, and denial

1 **No es probable** Complete the sentences with the subjunctive of the verbs in parentheses.

1. No es verdad que Javier _____ (ser) un mal excursionista.

2. Es probable que Inés y yo _____ (hacer) ecoturismo en el bosque nacional.

3. Maite no está segura de que don Francisco _____ (saber) dónde estamos.

4. No es seguro que Martín _____ (llegar) antes del viernes.

5. Es posible que Álex y Javier _____ (venir) a visitarnos hoy.

6. No es probable que Ecuatur les _____ (pagar) mal a sus empleados.

2 **Es posible que pase** The students are asking Don Francisco about the environment, but he isn't always sure what to tell them. Answer their questions, using the words in parentheses.

> **modelo**
> Don Francisco, ¿hay mucha contaminación en las ciudades? (probable)
> Es probable que haya mucha contaminación en las ciudades.

1. ¿Hay muchas vacas en los campos de la región? (probable)

_____

2. ¿El agua de esos ríos está contaminada? (posible)

_____

3. ¿Ese sendero nos lleva al lago? (quizás)

_____

4. ¿Protege el gobierno todos los peces del océano? (imposible)

_____

5. ¿La población reduce el uso de envases? (improbable)

_____

6. ¿El desierto es un lugar mejor para visitar en invierno? (tal vez)

_____

3 **¿Estás seguro?** Complete the sentences with the indicative or subjunctive form of the verbs in parentheses.

1. No dudo que Manuel _____ (ser) la mejor persona para hacer el trabajo.

2. El conductor no niega que _____ (tener) poca experiencia por estas carreteras.

3. Ricardo duda que Mirella _____ (decir) siempre toda la verdad.

4. Sé que es verdad que nosotros _____ (deber) cuidar el medio ambiente.

5. Lina no está segura de que sus amigos _____ (poder) venir a la fiesta.

6. Claudia y Julio niegan que tú _____ (querer) mudarte a otro barrio.

7. No es probable que ella _____ (buscar) un trabajo de secretaria.

4 **¿Es o no es?** Choose the correct phrase in parentheses to rewrite each sentence, based on the verb.

1. (Estoy seguro, No estoy seguro) de que a Mónica le gusten los perros.

_____

2. (Es verdad, No es verdad) que Ramón duerme muchas horas todos los días.

_____

3. Rita y Rosa (niegan, no niegan) que gaste mucho cuando voy de compras.

_____

4. (No cabe duda de, Dudas) que el aire que respiramos está contaminado.

_____

5. (No es cierto, Es obvio) que a Martín y a Viviana les encanta viajar.

_____

6. (Es probable, No hay duda de) que tengamos que reciclar todos los envases.

_____

5 **Desacuerdos** Your roommate often contradicts you. Write your roommate's responses to your statements, using the words in parentheses. Use the indicative or subjunctive form as appropriate.

1. Las matemáticas son muy difíciles. (no es cierto)

_____

2. El problema de la contaminación es bastante complicado. (el presidente no niega)

_____

3. Él va a terminar el trabajo a tiempo. (Ana duda)

_____

4. Esa película es excelente. (mis amigos están seguros)

_____

5. El español se usa más y más cada día. (no cabe duda)

_____

6. Lourdes y yo podemos ir a ayudarte esta tarde. (no es seguro)

_____

7. Marcos escribe muy bien en francés. (el maestro no cree)

_____

8. Pedro y Virginia nunca comen carne. (no es verdad)

_____

13.3 The subjunctive with conjunctions

1 **Las conjunciones** Complete the sentences with the subjunctive form of the verbs in parentheses.

1. Lucas debe terminar el trabajo antes de que su jefe (*boss*) _____ (llegar).

2. ¿Qué tenemos que hacer en caso de que _____ (haber) una emergencia?

3. Ellos van a pintar su casa con tal de que (tú) los _____ (ayudar).

4. No puedo ir al museo a menos que Juan _____ (venir) por mí.

5. Alejandro siempre va a casa de Carmen sin que ella lo _____ (invitar).

6. Tu madre te va a prestar dinero para que te _____ (comprar) un coche usado.

7. No quiero que ustedes se vayan sin que tu esposo _____ (ver) mi computadora nueva.

8. Pilar no puede irse de vacaciones a menos que le _____ (dar) más días en el trabajo.

9. Andrés va a llegar antes de que Rocío _____ (leer) el correo electrónico.

10. Miguel lo va a hacer con tal que Marcia se lo _____ (sugerir).

2 **¿Hasta cuándo?** Your gossipy coworker is always in everyone else's business. Answer his questions in complete sentences, using the words in parentheses.

1. ¿Hasta cuándo vas a ponerte ese abrigo? (hasta que / el jefe / decirme algo)

_____

2. ¿Cúando va Rubén a buscar a Marta? (tan pronto como / salir de clase)

_____

3. ¿Cuándo se van de viaje Juan y Susana? (en cuanto / tener vacaciones)

_____

4. ¿Cuándo van ellos a invitarnos a su casa? (después de que / nosotros / invitarlos)

_____

5. ¿Hasta cuándo va a trabajar aquí Ramón? (hasta que / su esposa / graduarse)

_____

6. ¿Cuándo puede mi hermana pasar por tu casa? (cuando / querer)

_____

7. ¿Hasta cuándo vas a tomar las pastillas? (hasta que / yo / sentirme mejor)

_____

8. ¿Cuándo va Julia a reciclar estos envases? (tan pronto como / regresar del almuerzo)

_____

3 **Siempre llegas tarde** Complete this conversation, using the subjunctive and the indicative as appropriate.

MARIO Hola, Lilia. Ven a buscarme en cuanto (yo) (1) _____ (salir) de clase.

LILIA Voy a buscarte tan pronto como la clase (2) _____ (terminar), pero no quiero esperar como ayer.

MARIO Cuando iba a salir, (yo) me (3) _____ (encontrar) con mi profesora de química, y hablé con ella del examen.

LILIA No quiero esperarte hasta que (4) _____ (ser) demasiado tarde para almorzar otra vez.

MARIO Hoy voy a estar esperándote en cuanto (tú) (5) _____ (llegar) a buscarme.

LILIA Después de que (yo) te (6) _____ (recoger), podemos ir a comer a la cafetería.

MARIO En cuanto (tú) (7) _____ (entrar) en el estacionamiento, me vas a ver allí, esperándote.

LILIA No lo voy a creer hasta que (yo) lo (8) _____ (ver).

MARIO Recuerda que cuando (yo) te (9) _____ (ir) a buscar al laboratorio la semana pasada, te tuve que esperar media hora.

LILIA Tienes razón. ¡Pero llega allí tan pronto como (tú) (10) _____ (poder)!

Síntesis

Write an opinion article about oil spills (**los derrames de petróleo**) and their impact on the environment. Use verbs and expressions of emotion, doubt, disbelief, denial, and certainty that you learned in this lesson to describe your own and other people's opinions about the effects of oil spills on the environment.

_____

_____

_____

_____

_____

_____

_____

panorama

Colombia

1 **¿Cierto o falso?** Indicate whether each statement is **cierto** or **falso.** Then correct the false statements.

1. Más de la mitad de la superficie de Colombia está sin poblar.

_____

2. La moneda de Colombia es el dólar estadounidense.

_____

3. El Museo del Oro preserva orfebrería de la época de los españoles.

_____

4. García Márquez escribe en un estilo literario llamado el realismo mágico.

_____

5. El Castillo de San Felipe de Barajas es la fortaleza más grande de las Américas.

_____

6. Medellín se conoce por el Festival de Música del Caribe y el Festival Internacional de Cine.

_____

2 **Consejos** Give advice to a friend who is going to visit Colombia by completing these sentences with the subjunctive of the verb in parentheses and information from **Panorama.**

1. Es importante que _____ (cambiar) los dólares a _____.

2. Ojalá que _____ (conducir) desde _____, la capital, hasta

   Cartagena.

3. En Cartagena, espero que _____ (nadar) en las playas del Mar

   _____.

4. En Cartagena, también es posible que _____ (mirar) edificios antiguos como

   _____ y _____.

5. Cuando _____ (volver) a Bogotá, vas a ver una cordillera de

   _____.

6. Te recomiendo que _____ (visitar) el Museo del Oro en Bogotá para ver las

   piezas de _____.

7. Me alegro de que _____ (conocer) los cuentos de Gabriel

   _____.

8. Espero que _____ (escuchar) los discos de la cantante

   _____.

3 **Ciudades colombianas** Label each Colombian city.

1. _____   2. _____

3. _____   4. _____

4 **Preguntas Sobre Colombia** Answer the questions about Colombia with complete sentences.

1. ¿Cómo se compara el área de Colombia con el área de Montana?

_____

2. ¿Qué país conecta a Colombia con Centroamérica?

_____

3. Menciona a dos artistas colombianos que conozcas.

_____

4. ¿Qué creencia tenían las tribus indígenas colombianas sobre el oro?

_____

5. ¿Cuándo publicó Gabriel García Márquez su primer cuento?

_____

6. ¿De qué época son las iglesias, monasterios, palacios y mansiones que se conservan en Cartagena?

_____

contextos

1   **El dinero** Complete the sentences with the correct banking-related words.

1. Necesito sacar dinero en efectivo. Voy al _____.

2. Quiero ahorrar para comprar una casa. Pongo el dinero en una _____.

3. Voy a pagar, pero no tengo efectivo ni tarjeta de crédito. Puedo usar un _____.

4. Cuando uso un cheque, el dinero sale de mi _____.

5. Para cobrar un cheque a mi nombre, lo tengo que _____ por detrás.

6. Para ahorrar, pienso _____ $200 en mi cuenta de ahorros todos los meses.

2   **¿Qué clase (kind) de tienda es ésta?** You are running errands, and you can't find the things you're looking for. Fill in the blanks with the names of the places you go.

1. ¿No tienen manzanas? ¿Qué clase de _____ es ésta?

2. ¿No tienen una chuleta de cerdo? ¿Qué clase de _____ es ésta?

3. ¿No tienen detergente? ¿Qué clase de _____ es ésta?

4. ¿No tienen dinero? ¿Qué clase de _____ es éste?

5. ¿No tienen diamantes (diamonds)? ¿Qué clase de _____ es ésta?

6. ¿No tienen estampillas? ¿Qué clase de _____ es éste?

7. ¿No tienen botas? ¿Qué clase de _____ es ésta?

8. ¿No tienen aceite vegetal? ¿Qué clase de _____ es éste?

3   **¿Cómo pagas?** Fill in the blank with the most likely form of payment for each item.

a plazos	con un préstamo
al contado	gratis

1. un refrigerador _____   6. un vaso de agua _____

2. una camisa _____   7. una hamburguesa _____

3. un coche nuevo _____   8. una cámara digital _____

4. las servilletas en un restaurante _____   9. la universidad _____

5. una computadora _____   10. unos sellos _____

Workbook

4 **Tu empresa** Fill in the blanks with the type of store each slogan would promote.

1. "Compre aquí para toda la semana y ahorre

   en alimentos para toda la familia".

   _____

2. "Deliciosos filetes de salmón en oferta

   especial". _____

3. "Recién (*Just*) salido del horno".

   _____

4. "Naranjas y manzanas a dos dólares el kilo".

   _____

5. "Tráiganos su ropa más fina. ¡Va a quedar

   como nueva!" _____

6. "51 sabrosas variedades para el calor del

   verano". _____

7. "¡Reserva el pastel de cumpleaños de tu hijo

   hoy!" _____

8. "Un diamante es para siempre".

   _____

9. "Salchichas, jamón y chuletas de cerdo".

   _____

10. "Arréglese las uñas y péinese hoy por un

    precio económico". _____

5 **Seguir direcciones** Identify the final destination for each set of directions.

1. De la Plaza Sucre, camine derecho en dirección oeste por la calle Comercio. Doble a la derecha en la calle La Paz hasta la calle Escalona. Doble a la izquierda y al final de la calle va a verlo.

_____

2. Del banco, camine en dirección este por la calle Escalona. Cuando llegue a la calle Sucre, doble a la derecha. Siga por dos cuadras hasta la calle Comercio. Doble a la izquierda. El lugar queda al cruzar la calle Bella Vista.

_____

3. Del estacionamiento de la calle Bella Vista, camine derecho por la calle Sta. Rosalía hasta la calle Bolívar. Cruce la calle Bolívar, y a la derecha en esa cuadra la va a encontrar.

_____

4. De la joyería, camine por la calle Comercio hasta la calle Bolívar. Doble a la derecha y cruce la calle Sta. Rosalía, la calle Escalona y la calle 2 de Mayo. Al norte en esa esquina la va a ver.

_____

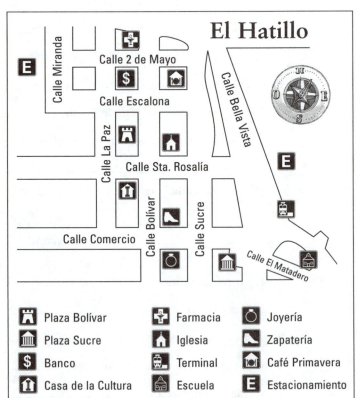

El Hatillo

🏰 Plaza Bolívar   ✚ Farmacia   ⌾ Joyería

🏛 Plaza Sucre   ⛪ Iglesia   ⬔ Zapatería

$ Banco   🚋 Terminal   🏠 Café Primavera

🏛 Casa de la Cultura   🏫 Escuela   E Estacionamiento

estructura

14.1 The subjunctive in adjective clauses

1 **El futuro de las computadoras** Complete the paragraph with the subjunctive of the verbs in parentheses.

¿Alguna vez ha pensado en un programa de computadora que (1) _____

(escribir) las palabras que usted le (2) _____ (decir)? En nuestra compañía

queremos desarrollar un programa que (3) _____ (poder) reconocer la voz (*voice*)

de las personas en varias lenguas. Así, todos van a poder escribir con la computadora ¡sin tocar el

teclado! Para desarrollar un programa de reconocimiento (*recognition*) del habla, primero hay que

enseñarle algunas palabras que se (4) _____ (decir) con mucha frecuencia en esa

lengua. Luego el programa tiene que "aprender" a reconocer cualquier (*any*) tipo de pronunciación

que (5) _____ (tener) las personas que (6) _____ (usar) el

programa. En el futuro, va a ser normal tener una computadora que (7) _____

(reconocer) el habla de su usuario. Es posible que hasta (*even*) algunos aparatos domésticos

(8) _____ (funcionar) con la voz de su dueño.

2 **Completar** Complete the sentences with the indicative or the subjunctive of the verbs in parentheses.

(ser)

1. Inés quiere comprar una falda que _____ larga y elegante.

2. A Maite le gusta la falda que _____ verde y negra.

(estar)

3. Nunca estuvieron en el hotel que _____ al lado del aeropuerto.

4. No conocemos ningún hotel que _____ cerca de su casa.

(quedar)

5. Hay un banco en el edificio que _____ en la esquina.

6. Deben poner un banco en un edificio que _____ más cerca.

(tener)

7. Silvia quiere un apartamento que _____ balcón y piscina.

8. Ayer ellos vieron un apartamento que _____ tres baños.

(ir)

9. Hay muchas personas que _____ a Venezuela de vacaciones.

10. Raúl no conoce a nadie que _____ a Venezuela este verano.

3 **Fotonovela** Rewrite the sentences to make them negative, using the subjunctive where appropriate.

1. Maite conoce a un chico que estudia medicina.

_____

2. Los padres de Álex cuidan a un perro que protege su casa.

_____

3. Javier tiene un pariente que escribe poemas.

_____

4. Los Ayala usan coches que son baratos.

_____

5. Don Francisco trabaja con unas personas que conocen a su padre.

_____

6. Inés hace un plato ecuatoriano que es delicioso.

_____

4 **Paseando en Caracas** Answer these questions positively or negatively, as indicated. Use the subjunctive where appropriate.

1. ¿Hay algún buzón que esté en la plaza Bolívar?

Sí, _____.

2. ¿Conoces a alguien que sea abogado de inmigración?

No, _____.

3. ¿Ves a alguien aquí que estudie contigo en la universidad?

Sí, _____.

4. ¿Hay alguna panadería que venda pan caliente (*hot*) cerca de aquí?

No, _____.

5. ¿Tienes alguna compañera que vaya a ese gimnasio?

Sí, _____.

6. ¿Conoces alguien en la oficina que haga envíos a otros países?

No, _____.

5 **Une las frases** Complete the sentences with the most logical endings from the word bank. Use the indicative or subjunctive forms of the infinitive verbs as appropriate.

abrir hasta las doce de la noche	quererlo mucho	siempre decirnos la verdad
no dar direcciones	ser cómoda y barata	tener muchos museos

1. Rolando tiene una novia que _____.

2. Todos buscamos amigos que _____.

3. Irene y José viven en una ciudad que _____.

4. ¿Hay una farmacia que _____?

14.2 Nosotros/as commands

1 **Hagamos eso** Rewrite these sentences, using the **nosotros/as** command forms of the verbs in italics.

> **modelo**
>
> Tenemos que *terminar* el trabajo antes de las cinco.
> Terminemos el trabajo antes de las cinco.

1. Hay que *recoger* la casa hoy.

_____

2. Tenemos que *ir* al dentista esta semana.

_____

3. Debemos *depositar* el dinero en el banco.

_____

4. Podemos *viajar* a Venezuela este invierno.

_____

5. Queremos *salir* a bailar este sábado.

_____

6. Deseamos *invitar* a los amigos de Ana.

_____

2 **¡Sí! ¡No!** You and your roommate disagree about everything. Write affirmative and negative **nosotros/as** commands for these actions.

> **modelo**
>
> abrir las ventanas
> tú: Abramos las ventanas.
> tu compañero/a: No abramos las ventanas.

1. pasar la aspiradora hoy

tú: _____

tu compañero/a: _____

2. poner la televisión

tú: _____

tu compañero/a: _____

3. compartir la comida

tú: _____

tu compañero/a: _____

4. hacer las camas todos los días

tú: _____

tu compañero/a: _____

3 **Como Lina** Everyone likes Lina and they want to be like her. Using **nosotros/as** commands, write sentences telling your friends what you all should do to follow her lead.

1. Lina compra zapatos italianos en el centro.

_____

2. Lina conoce la historia del jazz.

_____

3. Lina se va de vacaciones a las montañas.

_____

4. Lina se corta el pelo en la peluquería de la calle Central.

_____

5. Lina hace pasteles para los cumpleaños de sus amigas.

_____

6. Lina no sale de fiesta todas las noches.

_____

7. Lina corre al lado del río todas las mañanas.

_____

8. Lina no gasta demasiado dinero en la ropa.

_____

4 **El préstamo** Claudia is thinking of everything that she and her fiancé, Ramón, should do to buy an apartment. Write what she will tell Ramón, using **nosotros/as** commands for verbs in the infinitive. The first sentence has done for you.

Podemos pedir un préstamo para comprar un apartamento. Debemos llenar este formulario cuando solicitemos el préstamo. Tenemos que ahorrar dinero todos los meses hasta que paguemos el préstamo. No debemos cobrar los cheques que nos lleguen; debemos depositarlos en la cuenta corriente. Podemos depositar el dinero que nos regalen cuando nos casemos. Le debemos pedir prestado a mi padre un libro sobre cómo comprar una vivienda. Queremos buscar un apartamento que esté cerca de nuestros trabajos. No debemos ir al trabajo mañana por la mañana; debemos ir al banco a hablar con un empleado.

Pidamos un préstamo para comprar un apartamento. _____

_____

_____

_____

_____

_____

_____

_____

14.3 Past participles used as adjectives

1   **Completar** Complete the sentences with the correct past participle forms of these verbs.

1. Me voy de paseo junto al río en una bicicleta _____ (prestar).

2. Julián y yo tenemos las maletas _____ (abrir) por toda la sala.

3. Tu sobrino te regaló un barco _____ (hacer) de papel de periódico.

4. A la abuela de Gabriela le gusta recibir cartas _____ (escribir) a mano.

5. Para protegerse del sol, Rosa tiene un sombrero _____ (poner).

6. Lisa y David tienen bastante dinero _____ (ahorrar) en el banco.

7. Hay varios abrigos de invierno _____ (guardar) en el armario.

8. En Perú se descubrieron varias ciudades _____ (perder) cerca de Cuzco.

9. Natalia, José y Francisco son mis amigos _____ (preferir).

10. Miguel no puede caminar porque tiene el tobillo _____ (torcer).

2   **Las consecuencias** Complete the sentences with **estar** and the correct past participle.

> **modelo**
> La Sra. Gómez cerró la farmacia.
> La farmacia *está cerrada*.

1. Rafael resolvió los problemas. Los problemas _____.

2. Julia se preparó para el examen. Julia _____.

3. Le vendimos esa aspiradora a un cliente. Esa aspiradora _____.

4. Se prohibe nadar en ese río. Nadar en ese río _____.

5. La agente de viajes confirmó la reservación. La reservación _____.

6. Carlos y Luis se aburrieron durante la película. Carlos y Luis _____.

3   **¿Cómo están?** Label each drawing with a complete sentence, using the nouns provided with **estar** and the past participle of the verbs.

1. pavo/ servir _____

2. cuarto/ desordenar _____

_____

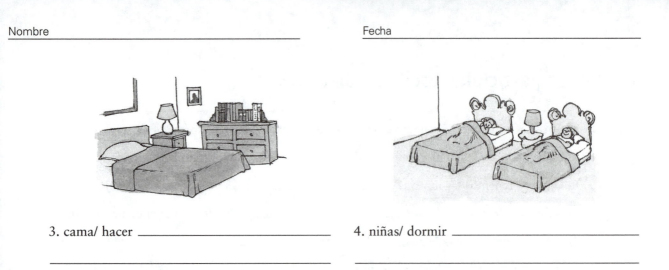

3. cama/ hacer _____

4. niñas/ dormir _____

_____   _____

4 **El misterio** Complete this paragraph with the correct past participle forms of the verbs in the word bank. Use each verb only once.

abrir	desordenar	hacer	poner	romper	ver
cubrir	escribir	morir	resolver	sorprender	volver

El detective llegó al hotel con el número de la habitación (1) _____ en un papel.

Entró en la habitación. La cama estaba (2) _____ y la puerta del baño estaba

(3) _____. Vio a un hombre que parecía estar (4) _____

porque no movía ni un dedo. El hombre tenía la cara (5) _____ con un periódico

y no tenía zapatos (6) _____. El espejo estaba (7) _____ y

el baño estaba (8) _____. De repente, el hombre se levantó y salió corriendo sin

sus zapatos. El detective se quedó muy (9) _____ y el misterio nunca fue

(10) _____.

Síntesis

Imagine you have a friend who lives in an exciting place you have never visited: New York City, Mexico, etc. You are about to visit your friend for the first time; you are very excited and have many things you want to do, but you also have a lot of questions. On a separate sheet of paper, write a letter to your friend to prepare for your trip. Your letter should include the following:

• Statements about the preparations you have made for your trip, using past participles as adjectives.

• **Nosotros/as** commands that describe the preparations you need to complete in order to do certain activities.

• Questions about the logistics of banking, communications, shopping, etc. in the city or country, using the subjunctive in adjective clauses.

modelo

Hola, Maribel. Estoy muy emocionada porque acabo de comprar el pasaje para visitarte en Madrid. ¡Las maletas ya están hechas! Intentemos planearlo todo esta semana: consigamos la reservación para la cena de Nochevieja (*New Year's Eve*), llamemos a tus amigos para quedar con (*meet up with*) ellos y compremos ropa nueva para ir a la disco. A propósito, ¿hay muchas tiendas que acepten tarjeta de crédito? ¿Y hay restaurantes que sirvan comida vegetariana? ¿Tienes algún amigo guapo que no tenga novia? ¡Hasta pronto!
Sarah

panorama

Venezuela

1 **En Venezuela** Complete the sentences with information from **Panorama**.

1. Los _____ viven en comunidades de hasta 400 miembros.

2. El inmunólogo venezolano que ganó el Premio Nobel es _____.

3. La mayor concentración del petróleo en Venezuela se encuentra debajo del _____.

4. El principal país comprador del petróleo venezolano es _____.

5. El *boom* petrolero convirtió a Caracas en una ciudad _____.

6. El corazón de Caracas es la zona del _____.

7. A finales del siglo XVIII, Venezuela todavía estaba bajo el dominio de _____.

8. Simón Bolívar fue el líder del movimiento _____ suramericano.

2 **Datos venezolanos** Complete the chart with the indicated information.

Artistas venezolanos	Principales ciudades venezolanas	Idiomas que se hablan en Venezuela	Países del área liberada por Simón Bolívar

3 **¿Quién soy?** Identify the person or type of person who could make each statement.

1. "Soy parte de una tribu que vive en el sur de Venezuela".

_____

2. "Compuse música y toqué *(played)* el piano durante parte de los siglos XIX y XX".

_____

3. "Fui un general que contribuyó a formar el destino de América".

_____

4. "Descubrí el Salto Ángel en 1937".

_____

4 **Lo que aprendiste** Write a complete definition of each item, based on what you have learned.

1. bolívar _____
_____

2. tribu yanomami _____
_____

3. Baruj Benacerraf _____
_____

4. lago Maracaibo _____
_____

5. Petróleos de Venezuela _____
_____

6. Caracas _____
_____

7. Parque Central _____
_____

8. Simón Bolívar _____
_____

5 **El mapa de Venezuela** Label the map of Venezuela with the correct geographical names.

contextos   **Lección 15**

1 **Lo opuesto** Fill in the blanks with the terms that mean the opposite of the descriptions.

1. sedentario _____

2. con cafeína _____

3. fuerte _____

4. adelgazar _____

5. comer en exceso _____

6. con estrés _____

7. sufrir muchas presiones _____

8. fuera (out) de forma _____

2 **Vida sana** Complete the sentences with the correct terms.

1. Antes de correr, es importante hacer ejercicios de _____ para calentarse.

2. Para dormir bien por las noches, es importante tomar bebidas _____.

3. Para desarrollar músculos fuertes, es necesario _____.

4. Una persona que es muy sedentaria y ve mucha televisión es un _____.

5. _____ es bueno porque reduce la temperatura del cuerpo.

6. Para aliviar el estrés, es bueno hacer las cosas tranquilamente y sin _____.

7. Cuando tienes los músculos tensos, lo mejor es que te den un _____.

8. Las personas que dependen de las drogas son _____.

3 **¿Qué hacen?** Look at the drawings. Complete the sentences with the correct forms of the verbs from the word bank.

| (no) apurarse | (no) hacer ejercicios de estiramiento |
| (no) consumir bebidas alcohólicas | (no) llevar una vida sana |

1. Isabel debió _____.

2. Mi prima prefiere _____.

3. A Roberto no le gusta _____.

4. Adriana va a llegar tarde y tiene que _____.

4 **¿Negativo o positivo?** Categorize the terms in the word bank according to whether they are good or bad for one's health.

buena nutrición	consumir mucho	hacer ejercicios	una sedentaria
cafeína	alcohol	de estiramiento	ser un drogadicto
colesterol	dieta equilibrada	hacer gimnasia	ser un teleadicto
comer comida	entrenarse	levantar pesas	sufrir muchas
sin grasa	fumar	llevar vida	presiones
comer en exceso		una sana	tomar vitaminas
		llevar vida	

Bueno para la salud   **Malo para la salud**

_____   _____
_____   _____
_____   _____
_____   _____
_____   _____
_____   _____
_____   _____
_____   _____

5 **El/La entrenador(a)** You are a personal trainer, and your clients' goals are listed below. Give each one a different piece of advice, using familiar commands and expressions from **Contextos**.

1. "Quiero adelgazar". _____

2. "Quiero tener músculos bien definidos". _____

3. "Quiero quemar grasa". _____

4. "Quiero respirar sin problemas". _____

5. "Quiero correr una maratón". _____

6. "Quiero engordar un poco". _____

6 **Los alimentos** Write whether these food categories are rich in **vitaminas, minerales, proteínas,** or **grasas.**

1. carnes _____   5. huevos _____

2. agua mineral _____   6. aceite _____

3. mantequilla _____   7. vegetales _____

4. frutas _____   8. cereales enriquecidos (*fortified*) _____

estructura

15.1 The present perfect

1 **¿Qué han hecho?** Complete each sentence with the present perfect of the verb in parentheses.

> **modelo**
> Marcos y Felipe _____ (hacer) sus tareas de economía.
> Marcos y Felipe *han hecho* sus tareas de economía.

1. Gloria y Samuel _____ (comer) comida francesa.

2. (Yo) _____ (ver) la última película de ese director.

3. Pablo y tú _____ (leer) novelas de García Márquez.

4. Liliana _____ (tomar) la clase de economía.

5. (Nosotros) _____ (ir) a esa discoteca antes.

6. (Tú) _____ (escribir) un mensaje eléctronico al profesor.

2 **¿Qué han hecho esta tarde?** Write sentences that say what these people have done this afternoon. Use the present perfect.

1. Roberto y Marta

_____

2. Víctor

_____

3. (tú)

_____

4. Ricardo

_____

5. (yo)

_____

6. Claudia y yo

_____

Workbook

3 **Ha sido así** Rewrite the sentences, replacing the subject with the one in parentheses.

1. Hemos conocido a varios bolivianos este año. (tú)

   _____

2. Gilberto ha viajado por todos los Estados Unidos. (yo)

   _____

3. ¿Has ido al museo de arte de Boston? (ustedes)

   _____

4. Paula y Sonia han hecho trabajos muy buenos. (Virginia)

   _____

5. He asistido a tres conferencias de ese autor. (los estudiantes)

   _____

6. Mi hermano ha puesto la mesa todos los días. (mi madre y yo)

   _____

4 **Todavía no** Rewrite the sentences to say that these things have not yet been done. Use the present perfect.

> **modelo**
> Su prima no va al gimnasio.
> Su prima todavía no ha ido al gimnasio.

1. Pedro y Natalia no nos dan las gracias.

   _____

2. Los estudiantes no contestan la pregunta.

   _____

3. Mi amigo Pablo no hace ejercicio.

   _____

4. Esas chicas no levantan pesas.

   _____

5. Tú no estás a dieta.

   _____

6. Rosa y yo no sufrimos muchas presiones.

   _____

15.2 The past perfect

1   **Vida nueva** Complete this paragraph with the past perfect forms of the verbs in parentheses.

Antes del accidente, mi vida (1) _____ (ser) tranquila y sedentaria. Hasta ese momento,

(yo) siempre (2) _____ (mirar) mucho la televisión y (3) _____ (comer)

en exceso. Nada malo me (4) _____ (pasar) nunca. El día en que pasó el accidente,

mis amigos y yo nos (5) _____ (encontrar) para ir a nadar en un río. Nunca antes

(6) _____ (ir) a ese río. Cuando llegamos, entré de cabeza al río. (Yo) No

(7) _____ (ver) las rocas (*rocks*) que había debajo del agua. Me di con (*I hit*) las

rocas en la cabeza. Mi hermana, que (8) _____ (ir) con nosotros al río, me sacó del

agua. Todos mis amigos se (9) _____ (quedar) fuera del agua cuando vieron lo que me

pasó. Me llevaron al hospital. En el hospital, los médicos me dijeron que yo (10) _____

(tener) mucha suerte. (Yo) No me (11) _____ (lastimar) la espalda demasiado, pero tuve

que hacer terapia (*therapy*) física por muchos meses. (Yo) Nunca antes (12) _____

(preocuparse) por estar en buena forma, ni (13) _____ (querer) ir al gimnasio. Ahora

hago gimnasia y soy una persona activa, flexible y fuerte.

2   **Nunca antes** Rewrite the sentences to say that these people had never done these things before.

> **modelo**
> Julián se compró un coche nuevo.
> Julián nunca antes se había comprado un coche nuevo.

1. Tu novia fue al gimnasio por la mañana.

   _____

2. Carmen corrió en la maratón de la ciudad.

   _____

3. Visité los países de América del Sur.

   _____

4. Los estudiantes escribieron trabajos de veinte páginas.

   _____

5. Armando y Cecilia esquiaron en los Andes.

   _____

6. Luis y yo tenemos un perro en casa.

   _____

7. Condujiste el coche de tu papá.

   _____

8. Ramón y tú nos prepararon la cena.

   _____

3 Ya había pasado Combine the sentences, using the preterite and the past perfect tenses.

> **modelo**
>
> Elisa pone la televisión. Jorge ya se ha despertado.
> Cuando Elisa puso la televisión, Jorge ya se había despertado.

1. Lourdes llama a Carla. Carla ya ha salido.

_____

2. Tu hermano vuelve a casa. Ya has terminado de cenar.

_____

3. Llego a la escuela. La clase ya ha empezado.

_____

4. Ustedes nos buscan en casa. Ya hemos salido.

_____

5. Salimos a la calle. Ya ha empezado a nevar.

_____

6. Ellos van a las tiendas. Las tiendas ya han cerrado.

_____

7. Lilia y Juan encuentran las llaves. Raúl ya se ha ido.

_____

8. Preparas el almuerzo. Yo ya he comido.

_____

4 Tiger Woods Write a paragraph about the things that Tiger Woods had achieved by age 21. Use the phrases from the word bank with the past perfect. Start each sentence with **Ya.** The first one has been done for you.

empezar a jugar como jugador de golf profesional	ser el campeón (*champion*) más joven del
establecer (*set*) muchos récords importantes	Masters de golf
estudiar en la universidad de Stanford	ser la primera persona de origen negro o
ganar millones de dólares	asiático en ganar un campeonato
hacerse famoso	

Cuando tenía 21 años, Tiger Woods ya había empezado a jugar como jugador de golf profesional.

_____

_____

_____

_____

_____

15.3 The present perfect subjunctive

1 **¡Qué contraria!** Your friend Lisa is contradicting everything you say. Using the present perfect subjunctive, complete her statements.

> **modelo**
> —He perdido las llaves muchas veces.
> —No es verdad *que hayas perdido las llaves muchas veces.*

1. —Éste ha sido tú mejor año. —No estoy segura _____.

2. —El ejercicio le ha aliviado el estrés. —Dudo _____.

3. —Rafael y tú han sufrido muchas presiones. —Niego _____.

4. —El gobierno ha estudiado el problema. —Es improbable _____.

5. —Ustedes han sido muy buenos amigos siempre. —No es cierto _____.

6. —Has hecho todo lo que pudiste. —No es seguro _____.

2 **De acuerdo** Lisa is in a better mood today and says everything you are thinking. Write her thoughts on these topics, using the expressions provided and the present perfect subjunctive.

> **modelo**
> Marina ha disfrutado de su dieta / improbable
> **Es improbable que Marina haya disfrutado de su dieta.**

1. Muchas niñas jóvenes han estado a dieta / terrible

_____

2. Ustedes no han llevado una vida sana hasta ahora / triste

_____

3. Los jugadores no han hecho ejercicios de estiramiento / una lástima

_____

4. Nosotros hemos aumentado de peso este verano / probable

_____

5. Algunos doctores del hospital han fumado en público / ridículo

_____

6. Mi esposo no ha engordado más / Me alegro de

_____

7. Nunca he aliviado el estrés en mi trabajo / Siento

_____

8. Tú y tu amiga se han mantenido en buena forma / qué bueno

_____

Workbook

3 **La telenovela** Write a paragraph telling your best friend how glad you are that these things happened on the soap opera you both watch. Start each sentence with **Me alegro.** The first one has been done for you.

la vecina / poner la televisión	Alejandro y Leticia / ganar la lotería
Ligia Elena / separarse de Luis Javier	los padres de Juliana / encontrar la carta de amor
la boda de Gema y Fernando / ser tan elegante	(tú) / contarme lo que pasó ayer
Ricardo / conocer a Diana Carolina	(nosotros) / poder ver esta telenovela

Me alegro de que la vecina haya puesto la televisión. _____

_____

_____

_____

_____

_____

_____

_____

_____

_____

_____

Síntesis

On another sheet of paper, write an autobiographical essay about your time in school. Address:
- things that you have done that you are proud of and things you are embarrassed about. Use the present perfect.
- things that you had done by age eight and by age sixteen. Use the past perfect.

Use expressions such as **me alegro, me sorprende, siento, es una lástima, es triste, es extraño,** and **es ridículo** and the present perfect subjunctive. Cover such topics as academic and extracurricular achievements and failures, as well as achievements and failures in your social life.

_____

_____

_____

_____

_____

panorama

Bolivia

1 Información de Bolivia Complete these sentences with information about Bolivia.

1. El área de Bolivia es igual al área total de _____.

2. Las personas de herencia indígena y europea son _____.

3. Un 70% de la población boliviana vive en el _____.

4. La moneda de bolivia es el _____.

5. Los tres idiomas que se hablan en Bolivia son _____.

6. El lago navegable más alto del mundo es el _____.

7. Dos tipos de flauta que se usan en la música andina son _____.

8. Tiahuanaco es el nombre de unas ruinas y significa _____.

9. Tiahuanaco fue fundado por los antepasados de _____.

10. _____ es un impresionante monumento que pesa unas 10 toneladas.

2 ¿Cierto o falso? Indicate whether these statements are **cierto** or **falso**. Correct the false statements.

1. Bolivia tiene dos ciudades capitales diferentes.

_____

2. Jesús Lara fue un pintor y político boliviano.

_____

3. Bolivia tiene una costa en el Océano Pacífico.

_____

4. El lago Titicaca es el lago más grande de Suramérica.

_____

5. Según la mitología aimará, los hijos del dios Sol fundaron un imperio.

_____

6. La música andina es el aspecto más conocido del folklore boliviano.

_____

7. La quena es una pequeña guitarra andina.

_____

8. Se piensa que los indígenas aimará fundaron Tiahuanaco hace 15.000 años.

_____

3 **Términos bolivianos** Fill in the blanks with the terms described.

1. _____ Son grupos indígenas que constituyen más de la mitad de

la población de Bolivia.

2. _____ Es la sede del gobierno de Bolivia.

3. _____ Es la segunda ciudad de Bolivia en número de habitantes.

4. _____ Fue político y presidente boliviano.

5. _____ Tipo de música compartida por Bolivia, Perú, Ecuador,

Chile y Argentina. Es música popular de origen indígena.

6. _____ Es un grupo importante de música andina que lleva más de

veinticinco años actuando en los escenarios internacionales.

4 **Letras desordenadas** Unscramble the words according to the clues.

1. IICTATCA _____
(el segundo lago más grande de Suramérica)

2. BHABCMOCAA _____
(ciudad boliviana)

3. AUQHCUE _____
(uno de los idiomas oficiales de Bolivia)

4. OLAZCSAA _____
(apellido de una poeta boliviana)

5. PAZÑOAM _____
(tipo de flauta típica de la música andina)

6. ORTAOT _____
(material que los indígenas usan para hacer botes)

7. AEOMNLERCI _____
(tipo de centro que fue Tiahuanaco)

8. AALSKAASAY _____
(templo de las ruinas de Tiahuanaco)

repaso   Lecciones 13–15

1 **¿Subjuntivo o indicativo?** Write sentences, using the elements provided and either the subjunctive or the indicative, depending on the cues and context.

1. Jorge / esperar / su madre / conseguir un trabajo pronto

_____

2. (nosotros) / no negar / la clase de matemáticas / ser difícil

_____

3. ser imposible / una casa nueva / costar tanto dinero

_____

4. ustedes / alegrarse / la fiesta / celebrarse cerca de su casa

_____

5. Ser una / lástima / Laura / no poder venir con nostotros

_____

2 **En la oficina** Your boss is giving you and your co-workers some rules to follow in the office. Use positive or negative **nosotros** commands to write logical sentences.

1. poner todos los documentos en el archivo

_____

2. tomar dos horas para almorzar

_____

3. trabajar horas extra si es necesario

_____

4. llegar a tiempo por las mañanas

_____

5. ser amables con los clientes

_____

3 **Las conjunciones** Use the subjunctive or the indicative of the verbs in parentheses.

1. No quiero llegar a la fiesta después de que Marcelo _____ (irse).

2. Alicia siempre se levanta en cuanto _____ (sonar) el despertador.

3. No bebas ese vino a menos que _____ (ser) una ocasión especial.

4. Olga y Lisa tocan a la puerta hasta que su madre las _____ (oír).

5. Cuando (tú) _____ (llamar) a la oficina, pregunta por Gustavo.

6. Lilia llega a los lugares sin que nadie le _____ (dar) direcciones.

4 Hemos dicho Complete the sentences with the present perfect indicative, past perfect indicative, or present perfect subjunctive of the verbs in parentheses. Use the English cues to decide on the tense.

1. El entrenador (*has given*) _____ (dar) muchas clases de aeróbicos antes.

2. Nosotros nunca antes (*had passed*) _____ (pasar) por esta parte de la ciudad.

3. Quiero conocer a alguien que (*has studied*) _____ (estudiar) psicología.

4. En la clase de literatura, ustedes (*have read*) _____ (leer) varias novelas interesantes.

5. Mi madre nos (*had heard*) _____ (oír) decir antes que queríamos una motocicleta.

6. Necesitas hablar con personas que (*have been*) _____ (estar) en Cuba.

5 Los países Use the past participles of the verbs from the word bank to complete the sentences about the countries in **Panorama**. Use each verb only once.

compartir	convertir	fundar	llamar	nacer
conectar	escribir	hacer	mantener	reflejar

1. En Colombia, los objetos de oro precolombino estaban _____ con un gran cuidado.

2. Las creencias (*beliefs*) sobre el oro de los indígenas colombianos están _____ en sus objetos.

3. La novela *Cien años de soledad* está _____ en el estilo del realismo mágico.

4. _____ en Caracas, el científico Baruj Benacerraf ganó el Premio Nobel en 1980.

5. Desde los años cincuenta, Caracas se ha _____ en una ciudad cosmopolita.

6. El interior de Venezuela está _____ con Caracas por carreteras y autopistas.

7. Simón Bolívar, _____ "El Libertador", fue el líder de la independencia sudamericana.

8. Los grupos quechua y aimará de Bolivia han _____ sus culturas y lenguas.

9. La música andina es _____ por Bolivia, Perú, Ecuador, Chile y Argentina.

10. Se piensa que el centro ceremonial de Tiahuanaco, en Bolivia, fue _____ hace 15.000 años.

6 Los derechos civiles Write a brief paragraph in Spanish about a minority group in the U.S., using these questions as a guide:

- What injustices or unfair conditions has this group suffered in the past?
- What were the lives of the members of this group like in the past?
- What are your opinions about the injustices that occurred?
- What are some advances that this group has made? Under what conditions do the members of this group live today?
- What do you hope for the future of this group?
- What should we as a society do about the disadvanatged status of many minority groups?

contextos

1 **El anuncio** Answer the questions about this help-wanted ad, using complete sentences.

> **EMPRESA MULTINACIONAL BUSCA:**
> • Contador   • Gerente   • Secretario
>
> Salarios varían según la experiencia. Seguro[1] de salud,
> plan de jubilación (401k), dos semanas de vacaciones.
>
> Enviar currículum y carta de presentación por fax o
> por correo para concertar[2] una entrevista con el Sr.
> Martínez.
>
> [1]*insurance*   [2]*schedule*

1. ¿Cuántos puestos hay?

_____

2. ¿Cuáles son los sueldos?

_____

3. ¿Qué beneficios ofrece la empresa?

_____

4. ¿Qué deben enviar los aspirantes?

_____

5. ¿Quién es el Sr. Martínez?

_____

6. ¿Dice el anuncio que hay que llenar una solicitud?

_____

_____

2 **Vida profesional** Complete the paragraph with items from the word bank.

anuncio	aspirante	currículum	entrevista	éxito	profesión	renunciar
ascenso	beneficios	empresa	entrevistadora	obtener	puesto	salario

Vi el (1) _____ en el periódico. Se necesitaban personas para un

(2) _____ de editora en una pequeña (3) _____ que se

encontraba en el centro de la ciudad. Preparé mi (4) _____ con mucha atención

y lo envié por *fax*. Esa tarde me llamó la (5) _____, que se llamaba la señora

Piñeda. Me dijo que el (6) _____ que ofrecían no era demasiado alto, pero que

los (7) _____, como el seguro de salud, eran excelentes. Era una buena

oportunidad para (8) _____ experiencia. Me pidió que fuera a la oficina al día

siguiente para hacerme una (9) _____. Había otro (10) _____

en la sala de espera cuando llegué. Ese día decidí (11) _____ a mi trabajo

anterior (*previous*) y desde entonces ejerzo (*I practice*) la (12) _____ de editora.

¡He tenido mucho (13) _____!

3 **Una es diferente** Fill in the blanks with the words that don't belong in the groups.

1. ocupación, reunión, oficio, profesión, trabajo _____

2. pintor, psicólogo, maestro, consejero _____

3. arquitecta, diseñadora, pintora, bombera _____

4. invertir, currículum, corredor de bolsa, negocios _____

5. sueldo, beneficios, aumento, renunciar, ascenso _____

6. puesto, reunión, entrevista, videoconferencia _____

4 **Las ocupaciones** Fill in the blanks with the profession of the person who would make each statement.

1. "Decido dónde poner los elementos gráficos de las páginas de una revista".

_____

2. "Ayudo a las personas a resolver sus problemas. Hablan conmigo y buscamos soluciones".

_____

3. "Defiendo a mis clientes y les doy consejos legales".

_____

4. "Investigo las cosas que pasan y escribo artículos sobre los eventos".

_____

5. "Les doy clases a los niños en la escuela".

_____

6. "Hago experimentos y publico los resultados en una revista".

_____

5 **¿Quién lo usa?** Label each drawing with the profession associated with the object.

1. _____   2. _____

3. _____   4. _____

estructura

16.1 The future

1 Preguntas Sabrina, your co-worker, needs some answers. Answer her questions with the future tense and the words in parentheses.

> **modelo**
> ¿Qué vas a hacer hoy? (el proyecto)
> Haré el proyecto hoy.

1. ¿Cuándo vamos a la reunión? (el jueves)

   _____

2. ¿Cuántas personas va a haber en la reunión? (treinta)

   _____

3. ¿A qué hora vas a venir? (a las nueve)

   _____

4. ¿Quién va a ser el jefe de Delia? (Esteban)

   _____

5. ¿Dentro de cuánto va a salir Juan? (una hora)

   _____

6. ¿Quiénes van a estar en la fiesta del viernes? (muchos amigos)

   _____

2 A los 30 años A group of friends is talking about what they think they will be doing when they turn 30 years old. Complete the dialogue with the correct form of the verbs in parentheses.

LETI Cuando tenga 30 años (1) _____ (ser) una arqueóloga famosa. Para entonces, (2) _____ (haber) descubierto unas ruinas indígenas muy importantes.

SERGIO Yo (3) _____ (tener) un programa de viajes en la televisión. Mi cámara de video y yo (4) _____ (visitar) lugares hermosos y muy interesantes.

SUSI Entonces (tú) (5) _____ (venir) a visitarme a mi restaurante de comida caribeña que (6) _____ (abrir) en Santo Domingo, ¿verdad? *El Sabor Dominicano* (7) _____ (tener) los mejores platos tradicionales y otros creados (*created*) por mí.

SERGIO Claro que sí, (8) _____ (ir) a comer las especialidades y (9) _____ (recomendarlo) a mis telespectadores (*viewers*). También (tú y yo) (10) _____ (poder) visitar a Leti en sus expediciones.

LETI Sí, Susi (11) _____ (cocinar) platos exóticos en medio de la selva y todos (12) _____ (disfrutar) de su deliciosa comida.

3   **Será así** Rewrite each sentence to express probability with the future tense. Each sentence should start with a verb in the future tense.

> **modelo**
>
> Creemos que se llega por esta calle.
>
> *Se llegará por esta calle.*

1. Es probable que sea la una de la tarde.

_____

2. Creo que ellas están en casa.

_____

3. Estamos casi seguros de que va a nevar hoy.

_____

4. Es probable que ellos vayan al cine luego.

_____

5. Creo que estamos enfermos.

_____

4   **Fin de semana entre amigos** Rosa, one of your friends, is telling you about some of the activities she has planned for this weekend. Write complete sentences to describe each image. Then keep using the future tense to write two activities that you would do this weekend.

Sábado por la mañana / nosotros

1. _____

_____

Después / ustedes

2. _____

_____

Mientras/ yo

3. _____

_____

Por la noche / Julio, Lisa y Cata

4. _____

_____

Domingo por la mañana / yo

5. _____

_____

Domingo por la tarde / nosotros

6. _____

_____

7. _____

8. _____

16.2 The future perfect

1 **Optimista** Álex is answering an e-mail from his friend Ricardo. Answer Ricardo's questions, saying that the people will have already done these things by the time indicated. Use the future perfect.

> **modelo**
>
> ¿Me enviarás una carta cuando llegues a Quito?
> **No, ya te habré enviado una carta cuando llegue a Quito.**

1. ¿Encontrarás un trabajo cuando te gradúes?

_____

2. ¿Le comprarás un regalo a Maite cuando te paguen?

_____

3. ¿Escribirá don Francisco una novela cuando se jubile?

_____

4. ¿Harás las preparaciones para ir a México cuando termine el semestre?

_____

5. ¿Beberemos esta botella de vino cuando tengamos una fiesta?

_____

6. ¿Olvidaré a mi ex-novia cuando me vaya de vacaciones?

_____

_____

2 **¿Lo habrá hecho?** You expected these people to do something, and you're wondering if they have done it. Use the future perfect to ask yourself if they will have done it.

> **modelo**
>
> Le dije a Marcia que Pedro iba a llegar tarde. (esperar)
> **¿Lo habrá esperado?**

1. Alma le dio el artículo a Javier. (leer)

_____

2. Le dejé comida a mi sobrino para el almuerzo. (comer)

_____

3. Mariela quería una falda nueva. (comprar)

_____

4. Rita iba a recoger a Julio al aeropuerto. (hacer)

_____

5. Ellas no querían viajar en tren. (decir)

_____

6. Mis amigos buscaban un pasaje barato. (encontrar)

_____

Workbook

16.3 The past subjunctive

1 **Si pudiera** Complete the sentences with the past subjunctive forms of the verbs in parentheses.

1. El arqueólogo se alegró de que todos _____ (hacer) tantas preguntas.

2. Mi madre siempre quiso que yo _____ (estudiar) arquitectura.

3. Te dije que cuando _____ (ir) a la entrevista, deberías llevar tu currículum.

4. Tal vez no fue una buena idea que nosotros le _____ (escribir) esa carta.

5. Era una lástima que su esposo _____ (tener) que trabajar tanto.

6. Luisa dudaba que ese empleo _____ (ser) su mejor alternativa.

7. Era probable que Francisco _____ (llevarse) mal con sus jefes.

8. Laura buscaba intérpretes que _____ (saber) hablar inglés.

9. Ustedes no estaban seguros de que el gerente _____ (conocer) al contador.

10. Fue extraño que Daniela y tú _____ (solicitar) el mismo puesto.

2 **Si . . .** Álex is talking to himself about the things that would make him happier. Complete his statements with the past subjunctive form of the verbs in parentheses. Then draw a portrait of yourself and write five sentences describing things that would make you happier. Try to use as many singular and plural forms as you can.

Álex

Sería (*I would be*) más feliz si . . .

1. (yo) _____ (ver) a Maite todos los días cuando regresemos a Quito.

2. mis papás _____ (venir) a Ecuador a visitarme.

3. Maite _____ (querer) hacer un viaje conmigo.

4. (yo) _____ (tener) una computadora más moderna.

5. mis nuevos amigos y yo _____ (viajar) juntos otra vez.

Sería más feliz si . . .

6. _____

7. _____

8. _____

9. _____

10. _____

3 **Chisme (gossip)** You overhear some coworkers gossiping about what's going on in the office, and they don't always agree. Complete their conversation so that the second sentence says the opposite of the first one.

> **modelo**
> Nadie dudaba que el candidato era muy bueno.
> *Nadie estaba seguro de que el candidato fuera muy bueno.*

1. Nadie dudaba de que el ascenso de Miguel fue justo (*fair*).

   No estabas seguro de que _____.

2. Era obvio que todos los participantes sabían usar las computadoras.

   No fue cierto que _____.

3. Raquel estaba segura de que las reuniones no servían para nada.

   Pablo dudaba que _____.

4. Fue cierto que Rosa tuvo que ahorrar mucho dinero para invertirlo.

   No fue verdad que _____.

5. No hubo duda de que la videoconferencia fue un desastre (*disaster*).

   Tito negó que _____.

6. No negamos que los maestros recibieron salarios bajos.

   La directora negó que _____.

4 **El trabajo** Complete the dialogue with the past subjunctive, the preterite, or the imperfect of the verbs in parentheses as appropriate.

MARISOL ¡Hola, Pepe! Me alegré de que (tú) (1) _____ (conseguir) el trabajo de arquitecto.

PEPE Sí, aunque fue una lástima que (yo) (2) _____ (tener) que renunciar a mi puesto anterior.

MARISOL No dudaba de que (3) _____ (ser) una buena decisión cuando lo supe.

PEPE No estaba seguro de que este puesto (4) _____ (ser) lo que quería, pero está muy bien.

MARISOL Estoy segura de que (tú) (5) _____ (hacer) muy bien la entrevista.

PEPE Me puse un poco nervioso, sin que eso (6) _____ (afectar) mis respuestas.

MARISOL Sé que ellos necesitaban a alguien que (7) _____ (tener) tu experiencia.

PEPE Era cierto que ellos (8) _____ (necesitar) a muchas personas para la oficina nueva.

Síntesis

Write a two-part plan for your future.

• For the first part, write all of the things that you plan or wish to do with your life, using the future tense. Decide which things you will have accomplished by what age. For example, **"A los veinticinco años, ya habré completado la maestría** (*Master's degree*) **en negocios"**.

• For the second part, imagine that you are elderly and reflecting on your life. What do you think of your accomplishments? At the time, what were you glad about, sorry about, scared about, annoyed about, and unsure about? What did you hope for and what did you deny yourself at the time? Use the preterite and the imperfect with the past subjunctive to write the story of your life.

_____

_____

_____

_____

_____

_____

_____

_____

_____

_____

_____

_____

_____

_____

_____

_____

_____

_____

_____

_____

_____

_____

_____

_____

_____

_____

panorama

Nicaragua

1 **Datos nicaragüenses** Complete the sentences with information about Nicaragua.

1. Nicaragua, del tamaño *(size)* de Nueva York, es el país más grande de _____.

2. Managua es inestable geográficamente, con muchos _____ y _____.

3. Las _____ de Acahualinca son uno de los restos prehistóricos más famosos y antiguos de Nicaragua.

4. Desde joven, Ernesto Cardenal trabajó por establecer la _____ y la _____ en su país.

5. En los años 60, Cardenal estableció la comunidad artística del archipiélago _____.

6. Ernesto Cardenal ha servido como vicepresidente de la organización _____.

7. La Isla _____ fue un cementerio indígena donde hay objetos prehistóricos.

8. En el lago _____ se encuentran muchos peces exóticos y numerosas islas.

2 **El mapa** Label the map of Nicaragua.

1. _____

2. _____

3. _____

4. _____

5. _____

6. _____

3 **Datos rápidos** Identify the items and people described.

1. capital de Nicaragua _____

2. moneda nicaragüense _____

3. idioma oficial de Nicaragua _____

4. poeta nicaragüense nacido en el siglo XIX _____

5. política y ex-presidenta nicaragüense _____

6. político y ex-presidente nicaragüense _____

7. mujer poeta nicaragüense del siglo veinte _____

8. poeta y sacerdote que fue ministro de cultura _____

panorama

La República Dominicana

4   **¿Cierto o falso?** Indicate if each statement is **cierto** or **falso**. Then correct the false statements.

1. La República Dominicana y Haití comparten la isla La Española.

_____

2. La Fortaleza Ozama fue la tercera fortaleza construida en las Américas.

_____

3. La República Dominicana fue el primer país hispano en tener una liga de béisbol.

_____

4. Hoy día el béisbol es una afición nacional dominicana.

_____

5. El merengue es un tipo de música de origen dominicano que tiene sus raíces en el campo.

_____

6. El merengue siempre ha sido popular en las ciudades y tiene un tono urbano.

_____

5   **Datos dominicanos** Complete the sentences with information about the Dominican Republic.

1. Los idiomas que se hablan en la República Dominicana son el _____ y el

   _____.

2. _____ fue político dominicano y padre de la patria en el siglo XIX.

3. Las señoras de la corte del Virrey de España paseaban por la _____.

4. El béisbol es un deporte muy practicado en todos los países del mar _____.

5. _____ y Manny Ramírez son dos beisbolistas dominicanos exitosos.

6. La _____ es un tambor característico de la República Dominicana.

7. Entre los años 1930 y 1960 se fermaron los grandes _____ del merengue.

8. Uno de los cantantes de merengue dominicano más famosos es _____.

6   **En imágenes** Label these photos appropriately.

1. _____   2. _____

contextos

1 **¿Qué es?** Identify the genre of these words with an item from the word bank.

canción	dibujos animados	obra de teatro	orquesta	poema
danza	festival	ópera	película	programa de entrevistas

1. *Carmen* _____

2. *Romeo y Julieta* _____

3. *Larry King* _____

4. *Los Simpson* _____

5. *El cuervo* (raven) _____

6. *E.T., el extraterrestre* _____

7. *El cascanueces* (nutcracker) _____

8. *La bamba* _____

2 **¿Qué tipo de película es?** Label the type of movie shown on each screen.

1. _____

2. _____

3. _____

4. _____

3 **Los artistas** Fill in each blank with the type of artist who would make the statement.

1. "Escribo obras de teatro para que las presenten al público". _____

2. "Dirijo a las estrellas y las cámaras para hacer películas". _____

3. "Trabajo con la computadora o con papel y pluma". _____

4. "Paso todo el día practicando las notas con mi instrumento". _____

5. "Soy muy famosa y estoy en las mejores películas". _____

6. "Me gusta escribir en versos, con palabras que riman (*rhyme*)". _____

7. "Hago grandes figuras de madera de tres dimensiones". _____

8. "Me expreso artísticamente con mi cuerpo". _____

9. "Pienso en la música y luego la escribo". _____

10. "Mi voz (*voice*) es mi instrumento". _____

4 **Las artes** Complete the newspaper article with the correct forms of the terms in the word bank.

artesanía	comedia	cultura	festival	moderno
clásico	cuento	escultura	folklórico	poema

Celebración de las artes

El (1) _____ artístico de la ciudad

comenzó ayer y van a participar todo tipo de individuos,

grupos y orquestas. El viernes por la noche hay un

concierto de música (2) _____ de la

orquesta sinfónica de la ciudad. Tocarán la Quinta

sinfonía de Beethoven. El sábado tocarán durante el día varios grupos de música (3)

_____ de diferentes países. Será una oportunidad excelente para conocer más

sobre diversas (4) _____. El sábado por la tarde habrá un espectáculo de baile

expresivo, con música (5) _____. Además se exhibirá en los parques de la ciudad

una serie de grandes (6) _____ al aire libre. Por la noche, en el Teatro Central,

varios poetas le leerán sus (7) _____

al público. Finalmente, el domingo habrá una feria (*fair*) de (8)

_____, donde se venderá cerámica y tejidos

hechos a mano.

estructura

17.1 The conditional

1 **Si fuera famoso** Felipe is day dreaming about how his life would be if he was a famous artist. Complete the paragraph with the conditional form of the verbs.

Si yo fuera un artista famoso, creo que (1) _____ (ser) pintor;

(2) _____ (pintar) cuadros llenos de vida. Pero. . . , no sé, también

(3) _____ (poder) ser cantante, (4) _____ (tener) una banda

de rock y juntos (5) _____ (viajar) por el mundo dando conciertos. . .

Ahhh, mejor (6) _____ (querer) ser poeta, mi musa Lola y yo

(7) _____ (vivir) en una villa y las personas (8) _____

(escuchar) mis poemas en el Teatro de la Ópera en Milán. Creo que Lola (9) _____

(ser) una bailarina extraordinaria; (10) _____ (bailar) en los teatros más

importantes, y por supuesto, yo (11) _____ (ir) con ella. . . Sin embargo, Lola y

yo (12) _____ (poder) ser muy buenos actores; nuestro público

(13) _____ (aplaudir) con entusiasmo en cada obra de teatro. . .

2 **La entrevista** Isabel is going to interview a famous author for an article in her college literary magazine. She e-mailed her journalism professor for advice. Rewrite the professor's advice in a paragraph, using the conditional of the infinitive verbs. The first sentence has been done for you.

buscar información en la biblioteca	grabar (*record*) la entrevista
leer artículos de revista sobre la autora	darle las gracias a la autora
estudiar los cuentos de la autora	al llegar a casa, transcribir la entrevista
preparar las preguntas antes de la entrevista	entonces escribir el artículo
vestirse de forma profesional	mostrárselo a la autora antes de publicarlo
llegar temprano a casa de la autora	sentirse muy orgullosa de su trabajo

Buscaría información en la biblioteca. _____

_____

_____

_____

_____

_____

_____

3 **Los buenos modales (manners)** Rewrite these commands with the conditional tense. Follow the model.

> **modelo**
> Termina el trabajo hoy antes de irte.
> ¿Terminarías el trabajo hoy antes de irte, por favor?

1. Tráigame una copa de vino. _____

_____

2. Llama a Marcos esta tarde. _____

_____

3. Encuéntreme un pasaje barato. _____

_____

4. Pide una toalla más grande._____

_____

5. Venga a trabajar el sábado y el domingo._____

_____

6. Búscame en mi casa a las ocho._____

_____

4 **En el teatro** You and your friends are out for a night at the theater. React to each description of what happened by asking a question, using the conditional tense and the cues provided.

> **modelo**
> Adriana se durmió durante la película. (dormir bien anoche)
> ¿Dormiría bien anoche?

1. Natalia se fue temprano. (salir para ver otra obra de teatro)

_____

2. No encontré los boletos. (poner los boletos en mi cartera)

_____

3. Luz no fue al teatro. (tener otras cosas que hacer)

_____

4. Jaime e Isabel conocieron a los actores y actrices en una fiesta. (invitarlos el director)

_____

5 **Eso pensamos** Write sentences with the elements provided and the conditional of the verbs in parentheses.

> **modelo**
> Nosotros decidimos (ustedes / tener tiempo para ver el espectáculo)
> Nosotros decidimos que ustedes tendrían tiempo para ver el espectáculo.

1. Yo pensaba (el museo y el teatro / estar cerrados los domingos)

_____

2. Lisa y David dijeron (ese canal / presentar el documental ahora)

_____

3. Marta creía (sus estrellas de cine favoritas / salir en una nueva película)

_____

4. Lola dijo (Ramón / nunca hacer el papel de Romeo)

_____

17.2 The conditional perfect

1 **Pero no fue así** Write sentences with the elements provided. Use the conditional perfect of the verb in the main clause and the preterite of the verb in the subordinate clause.

> **modelo**
> Lidia / despertarse a las seis // no oír el despertador
> Lidia se habría despertado a las seis pero no oyó el despertador.

1. Miguel / ir al cine // tener que quedarse estudiando

_____

2. (yo) / llamar a Marcela // no conseguir su número de teléfono

_____

3. Antonio y Alberto / tocar bien en el concierto // practicar poco

_____

4. (tú) / venir a mi casa // no encontrar la dirección

_____

5. ustedes / conocer a mi novia // llegar demasiado tarde

_____

6. mis amigos y yo / comer en tu casa // comer en el restaurante

_____

_____

2 **Viaje cancelado** You and your friends made plans to spend a week in New York City. However, you weren't able to go. Rewrite the paragraph to say what would have happened, using the conditional perfect. The first sentence has been done for you.

Iremos a ver una ópera famosa. Participaremos en un programa de entrevistas. Será un programa divertido. Mi prima nos conseguirá boletos para un espectáculo de baile. Nos quedaremos en casa de mis tíos. Conoceré al novio de mi prima. Mis tíos nos mostrarán la ciudad. Visitaremos la Estatua de la Libertad. Veremos a muchos turistas estadounidenses y extranjeros. Llamaré a mis padres para contarles todo. Habrá un festival en la calle. Bailaremos salsa y merengue en una discoteca. El novio de mi prima nos mostrará el documental que hizo. Escucharemos a algunos artistas recitar poemas en un café.

Habríamos ido a ver una ópera famosa. _____

_____

_____

_____

_____

_____

_____

_____

_____

17.3 The past perfect subjunctive

1 **En el pasado** Rewrite the sentences, replacing the subject in italics with the subject in parentheses and adjusting the form of the verb as necessary.

1. Mis padres se alegraron de que *yo* me hubiera graduado. (mi hermano)

   _____

2. Marisol dudó que *nosotras* hubiéramos ido a la fiesta solas. (ustedes)

   _____

3. Yo no estaba segura de que *mis hermanos* se hubieran despertado. (tú)

   _____

4. Todos esperaban que *la conferencia* ya se hubiera acabado. (las clases)

   _____

5. La clase empezó sin que *ustedes* hubieran hablado con el profesor. (nosotros)

   _____

6. Fue una lástima que *mis amigos* no hubieran invitado a Roberto. (yo)

   _____

2 **La obra de teatro** Maite and Álex are walking home from the theater. Complete the dialogue with the past perfect subjunctive form of the verbs.

MAITE Ojalá que Inés y Javier (1) _____ (venir) con nosotros.

ÁLEX Sí, (ellos) (2) _____ (divertirse) mucho. Pero quizás tu y yo no

(3) _____ (poder) hablar de nosotros. Yo no

(4) _____ (conocer) tu gusto por la ópera.

MAITE Y yo no (5) _____ (escuchar) tu hermosa voz.

ÁLEX Oh sí, ¿verdad que (6) _____ (gustarte) escucharme por más tiempo?

MAITE ¡Claro que sí! Pero (7) _____ (estar) a dos millas de aquí.

ÁLEX Ay, qué mala eres. Tal vez Inés y Javier (8) _____ (apreciar) mi

actuación (*performance*), ¿no crees?

MAITE Seguro, todos (nosotros) (9) _____ (aplaudir) hasta cansarnos.

ÁLEX Oye, creo que los actores de la obra (10) _____ (tener) más éxito si

tú y yo (11) _____ (hacer) los personajes principales.

MAITE Sí, (12) _____ (ser) la pareja ideal.

3 **Las vacaciones** Complete the letter with the past perfect subjunctive of the verbs in parentheses.

3 de mayo de 2004

Querida Irma:

Me alegré mucho de que (tú) me (1) _____ (poder) visitar este verano. Además, yo esperaba que (tú) te (2) _____ (quedar) unos días solamente, pero me alegré cuando supe que te quedarías dos semanas. Si tú (3) _____ (estar) aquí todo el mes, habríamos podido ver más zonas del país. Es probable que la playa de La Libertad te (4) _____ (gustar) mucho. Mi madre también (5) _____ (querer) que te quedaras más tiempo. ¡Ojalá (tú) (6) _____ (conocer) a mi hermano! Es probable que tú y yo nos (7) _____ (divertir) muchísimo con él. ¡Tal vez (tú) (8) _____ (decidir) quedarte en El Salvador todo el verano!

Hasta pronto, tu amiga,

Rosa

4 **No, no era cierto** Your grandmother is getting a little absent-minded. Answer her questions negatively, using the past perfect subjunctive.

modelo

¿Era obvio que ustedes habían escrito la carta?
No, no era obvio que hubiéramos escrito la carta.

1. ¿Era verdad que el examen había sido muy difícil?

_____

2. ¿Estaba Raquel segura de que él había tomado vino?

_____

3. ¿Era cierto que todas las clases se habían llenado?

_____

4. ¿Era obvio que ustedes habían limpiado la casa?

_____

5. ¿Estabas seguro de que nosotros habíamos comido?

_____

6. ¿Era cierto que yo había sido el último en llegar?

_____

Síntesis

Interview a friend to find out what he or she would do if he or she won a million dollars in a game show. Then do the following:

- Write a paragraph that describes the things your friend would do. Use the conditional tense.
- Write a paragraph about what you would have done if you were the million-dollar winner. Use both the conditional perfect and the past perfect subjunctive tenses.

_____

_____

_____

_____

_____

_____

_____

_____

_____

_____

_____

_____

_____

_____

_____

_____

_____

_____

_____

_____

_____

_____

_____

_____

panorama

El Salvador

1 **Datos salvadoreños** Complete the sentences with information about El Salvador.

1. _____ es una poeta, novelista y cuentista salvadoreña.

2. El Salvador tiene unos 300 kilómetros de costa en el océano _____.

3. _____ es la playa que está más cerca de San Salvador.

4. Las condiciones de La Libertad son perfectas para el _____.

5. El Parque Nacional Montecristo se conoce también como _____.

6. En el Parque Nacional Montecristo se unen _____,

_____ y _____.

7. Los _____ del bosque Montecristo forman una bóveda que el sol no traspasa.

8. Las _____ de Ilobasco son pequeñas piezas de cerámica muy populares.

2 **¿Cierto o falso?** Indicate if each statement is **cierto** or **falso**. Then correct the false statements.

1. El Salvador es el país centroamericano más grande y más densamente poblado.

_____

2. Casi el 95 por ciento de la población salvadoreña es mestiza.

_____

3. Óscar Romero fue un arzobispo y activista por los derechos humanos.

_____

4. El pueblo de Ilobasco se ha convertido en un gran centro de *surfing*.

_____

5. El bosque nuboso Montecristo es una zona seca (*dry*).

_____

6. Los productos tradicionales de Ilobasco son los juguetes, los adornos y los utensilios de cocina.

_____

3 **Vistas de El Salvador** Label the places in the photos.

1. _____ 2. _____

panorama

Honduras

4 **En Honduras** Answer the questions with complete sentences.

1. ¿Quiénes son los jicaque, los miskito y los paya?

_____

2. ¿Qué idiomas se hablan en Honduras?

_____

3. ¿Quién fue Argentina Díaz Lozano?

_____

4. ¿Qué cultura construyó la ciudad de Copán?

_____

5. ¿Para qué eran las canchas de Copán?

_____

6. ¿Por qué intervino la Standard Fruit Company en la política hondureña?

_____

5 **Datos hondureños** Briefly describe each person or item.

1. El Progreso _____

2. Carlos Roberto Reina _____

3. Copán _____

4. Rosalila _____

5. José Antonio Velásquez _____

6. pintores primitivistas _____

6 **Palabras hondureñas** Identify these people, places, or things.

1. capital de Honduras _____

2. Tegucigalpa, San Pedro Sula, El Progreso, La Ceiba _____

3. moneda hondureña _____

4. español, miskito, garífuna _____

5. escritor hondureño _____

6. lugar adonde se empezaron a exportar las bananas hondureñas _____

contextos

1   **Identificar** Label the numbered items in the drawing.

1. _____

2. _____

3. _____

4. _____

5. _____

6. _____

7. _____

2   **Una es diferente** Fill in the blanks with the words that don't belong in the groups.

1. anunciar, comunicarse, luchar, transmitir, informar _____

2. racismo, sexismo, discriminación, desigualdad, prensa _____

3. libertad, tornado, huracán, tormenta, inundación _____

4. locutor, impuesto, ciudadano, político, reportero _____

5. crimen, guerra, violencia, derechos, choque _____

6. diario, noticiero, acontecimiento, artículo, informe _____

3 **Crucigrama** Use the clues to complete the crossword puzzle.

Horizontales

1. un carro golpea (*hits*) a otro carro
2. puede ocurrir si un río se llena demasiado de agua
4. lo opuesto (*opposite*) a la democracia
5. se hace para saber quién va a ganar las elecciones
7. todos los días puedes leer las noticias en él

Verticales

1. quiere ser elegida para un puesto público
3. el dinero que todos pagan al gobierno por lo que ganan
6. enfermedad del sistema inmune del cuerpo

4 **La locutora** Complete the newscast with items from the word bank.

| candidatos | elecciones | encuestas | | noticias | prensa |
| discursos | elegir | medios de comunicación | | noticiero | votar |

Buenas tardes, y bienvenidos al (1) _____ de las cinco. Mañana, un mes

antes de las (2) _____ para la presidencia de los Estados Unidos, será el

primer debate entre los (3) _____. Ya ellos han pronunciado muchos

(4) _____, y todos hemos escuchado sus opiniones, pero mañana será la primera

vez que los candidatos se enfrentan (*face each other*). La (5) _____ internacional

está preparada para traer las últimas informaciones a los diarios de todo el mundo. Los

(6) _____, como la radio y la televisión, estarán bien representados. Las

(7) _____ no indican que ninguno de los dos candidatos tenga una ventaja (*lead*)

clara. Lo más importante es ver cuántos ciudadanos irán a (8) _____ el día de las

elecciones. Son ellos los que decidirán a quién van a (9) _____. Volveremos a las

diez de la noche para darle las (10) _____ de la tarde. ¡Los esperamos!

estructura

18.1 **Si** clauses

1   Sería así Complete the sentences with the verbs in parentheses. Use the subjunctive and the conditional as appropriate.

> **modelo**
> Si yo **fuera** (ir) al cine, (yo) **vería** (ver) esa película.

1. Adriana y Claudia _____ (adelgazar) si _____ (comer) menos todos los días.

2. Si Gustavo _____ (conseguir) un trabajo mejor, (él) _____ (ganar) más dinero.

3. Si el amigo de Gerardo la _____ (invitar), Olga _____ (salir) con él al cine.

4. Alma y yo _____ (lavar) los platos si Alejandra _____ (pasar) la aspiradora.

5. Si (tú) _____ (tener) hambre, (tú) _____ (poder) almorzar en casa de mi tía.

6. Brenda nos _____ (venir) a buscar si (nosotras) _____ (estar) listas a tiempo.

7. Yo _____ (ir) a la ópera el sábado si ustedes _____ (tener) más boletos.

8. Si Pilar y tú _____ (querer), (nosotros) _____ (viajar) juntos por Sudamérica.

9. Ustedes _____ (buscar) el libro en la librería si (ustedes) no lo _____ (encontrar) en casa.

10. Si Marcos y María _____ (poder), (ellos) _____ (comprar) una casa en mi barrio.

2   Si fuera así... Rewrite the sentences to describe a contrary-to-fact situation. Use the subjunctive and the conditional tenses.

> **modelo**
> Si me visitas en Montevideo, te invito a cenar.
> Si me visitaras en Montevideo, te invitaría a cenar.

1. Si buscas las llaves en la habitación, las encuentras enseguida.

_____

2. La madre de Rodrigo llama al médico si él está enfermo.

_____

3. Si ustedes saludan a Rosa y a Ramón, ellos son muy simpáticos.

_____

4. Si Luis me espera, voy con él al festival de música folklórica.

_____

5. Ana y Elena limpian la cocina y el baño si están sucios.

_____

6. Viajo a Uruguay con ustedes si me pagan el dinero.

_____

3 **Si hubiera . . .** Write complete sentences about the images. Use the conditional perfect and the past perfect.

> **modelo**
> (él) levantar pesas / mantenerse en forma
> Si hubiera levantado pesas, se habría mantenido en forma.

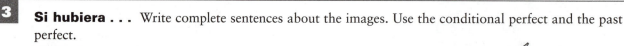

1. (ella) / levantarse temprano / no llegar tarde
   _____
   _____

2. (yo) hacer ejercicios de estiramiento / no haberse lastimado
   _____
   _____

3. (ustedes) leer el libro / sacar buenas notas en el examen
   _____
   _____

4. (tú) llegar temprano / recibir un regalo
   _____
   _____

4 **Escribir oraciones** Write sentences with the elements provided to express conditions and events possible or likely to occur. Use the tenses in brackets.

> **modelo**
> Si Paco llega temprano / (ustedes / ir al cine) *[future]*
> Si Paco llega temprano, ustedes irán al cine.

1. Si quieres comer en mi casa / (tú / llamarme) *[command]*
   _____

2. Si Luisa se enferma / (su novio / llevarla al doctor) *[present]*
   _____

3. Si todos los ciudadanos votan / (el gobierno / ser mejor) *[near future]*
   _____

4. Si Ana y tú estudian / (ustedes / aprobar el examen) *[future]*
   _____

5. Si nos levantamos tarde / (nosotras / no llegar al discurso) *[near future]*
   _____

18.2 Summary of the uses of the subjunctive

1 **¿Futuro o pasado?** Choose the correct verbs from the parentheses.

1. Cuando _____ (vienes, vengas) a buscarme, tráeme la mochila.

2. Nuestros primos nos llamaron después de que su madre se _____ (casó, casara).

3. Ricardo y Elena quieren que ella los llame en cuanto _____ (llega, llegue).

4. Ustedes se quitaron los abrigos tan pronto como _____ (pudieron, pudieran).

5. Ricardo va a correr en el parque hasta que se _____ (cansa, canse).

6. Después de que _____ (vamos, vayamos) al cine, quiero comer algo.

2 **¿Infinitivo o subjuntivo?** Rewrite the sentences, using the infinitive or the subjunctive form of the verb in parentheses, as needed.

1. Laura y Germán esperan que la tormenta no (causar) daños *(damage)*.

   _____

2. Los trabajadores temen (perder) sus derechos.

   _____

3. Nosotros tenemos miedo de (conducir) en la ciudad.

   _____

4. Gisela y tú se alegran de que Ricardo no (ser) antipático.

   _____

5. Tú esperas (terminar) el trabajo antes de irte de vacaciones.

   _____

6. Daniel teme que sus padres (vender) la casa en donde nació.

   _____

3 **¿Hace o haga?** Complete the sentences with the indicative or subjunctive of the verbs in parentheses.

1. Roberto es el chico que _____ (trabajar) en el periódico universitario.

2. Álex y yo buscamos aspirantes que _____ (saber) usar bases de datos.

3. ¿Conoces a alguien que _____ (hablar) más de cuatro idiomas?

4. El amigo de Inés es un abogado que _____ (tener) muchos casos.

5. La señora Vives dice que no hay nadie que _____ (cocinar) mejor que ella.

6. Javier y yo somos artistas que _____ (dibujar) muy bien.

7. Don Francisco quiere un asistente que _____ (vivir) en Quito.

8. Álex tiene amigos que _____ (estudiar) en la UNAM.

4 **Planes de verano** Berta is writing an e-mail to her friend Pati about her plans for this summer. Complete the paragraph with the correct forms of the subjunctive.

A: Pati	De: Berta	Asunto: Viaje de verano

Querida Pati:

Deseo que el semestre (1) _____ (terminar) pronto. Dudo que

(2) _____ (sacar) malas notas, pero ya tengo planes para el

verano. Tan pronto como (3) _____ (empezar) las vacaciones,

tomaré el avión a Montevideo. Si (4) _____ (comprar) mi

boleto hace dos meses, habría pagado menos dinero, pero me alegro de

que (5) _____ (aceptar) mi tarjeta de crédito en la agencia

de viajes. En cuanto (6) _____ (recibir) mi sueldo, compraré

un diario. Cuando (7) _____ (comenzar) mi viaje, voy a

escribir todas mis experiencias. Después de que (8) _____

(llegar) a Montevideo, mi amigo Alberto me encontrará en el aeropuerto.

No descansaremos, hasta que (9) _____ (visitar) todos los

lugares interesantes de su país. ¡Uf! Qué bueno que el verano

(10) _____ (durar) dos meses. En caso de que Alberto y yo

(11) _____ (necesitar) más tiempo, regresaré el próximo año.

Si tú (12) _____ (venir) con nosotros, habrías disfrutado

mucho. Siento mucho que (tú) no (13) _____ (poder) viajar

este verano y espero que ya (14) _____ (sentirse) mejor. Tan

pronto como (yo) (15) _____ (encontrar) un cibercafé en

Montevideo, te escribiré.

Saludos,
Berta

5 **Que sea así** Combine the sentences, using the present or past subjunctive in the adjective clause.

modelo

Patricia fue a buscar un escritorio. El escritorio debía ser grande.
Patricia fue a buscar un escritorio que fuera grande.

1. Quiero elegir un candidato. El candidato debe ser inteligente y sincero.

_____

2. La empresa iba a contratar un empleado. El empleado debía tener experiencia.

_____

3. Norma y tú van a comprar una casa. La casa debe estar en buen estado *(condition)*.

_____

4. Iván quería casarse con una chica. La chica lo debía querer mucho.

_____

5. Vamos a darle empleo a una señora. La señora debe saber cocinar.

_____

6. Ellos estaban buscando una persona. La persona debía conocer a Sergio.

_____

6 **¿Indicativo o subjuntivo?** Complete this letter with the present indicative or the present subjunctive of the verbs in parentheses.

Estimado cliente:

Le escribimos para informarle que su servicio de larga distancia ya (1) _____

(funcionar) a través de (*through*) nuestra empresa. Ahora las llamadas internacionales le

(2) _____ (costar) 10 centavos por minuto a menos que usted

(3) _____ (hacer) las llamadas en fin de semana. Puede llamarnos a nuestra línea

de servicio al cliente cuando usted (4) _____ (querer). Nuestros agentes

(5) _____ (responder) a las llamadas las 24 horas del día. Además, le

ofrecemos nuestro nuevo servicio de Internet por línea DSL. Ahora usted (6) _____

(poder) conectarse a Internet sin que la línea del teléfono (7) _____ (estar)

ocupada. Le sugerimos que (usted) (8) _____ (elegir) nuestra empresa para

conectarse a Internet. Es cierto que usted (9) _____ (tener) muchas opciones,

pero le aconsejamos que (usted) se (10) _____ (conectar) a través de

nuestra empresa para obtener el mejor precio y servicio. Tan pronto como usted

(11) _____ (decidir) conectarse por línea DSL, llámenos. Nosotros le daremos

toda la información que (usted) (12) _____ (necesitar).

7 **¿Qué habría pasado?** Write questions and answers with the elements provided to state what would have happened in each case.

> **modelo**
> si yo / haber estado en un incendio // (tú) / haber tenido miedo
> ¿Qué habría pasado si yo hubiera estado en un incendio?
> Si hubieras estado en un incendio, habrías tenido miedo.

1. si don Francisco / haber llegado tarde // (él) / no haber votado

_____

_____

2. si Maite / haberte dicho eso // yo / no haber aceptado la entrevista

_____

_____

3. si Inés y tú / haber sido discriminados/as // (nosotros/as) / haber luchado contra la desigualdad

_____

_____

4. si Álex y Javier / haber visto al criminal // (ellos) / haber declarado en su contra (*against him*)

_____

_____

Workbook

Síntesis

Write an essay about a famous politician. Include various types of **si** clauses and diferent uses of the subjunctive as you address the following:

• State what you think about the person's life choices.
• With which aspects of the person's life do you agree and disagree?
• What do you like and dislike about him or her?
• What do you hope he or she will do in the future?
• Which of the things said about this person do you think are true and untrue?
• What would you have done and what would you do if you were this person?

_____
_____
_____
_____
_____
_____
_____
_____
_____
_____
_____
_____
_____
_____
_____
_____
_____
_____
_____
_____
_____
_____

Workbook

panorama

Paraguay

1 **Preguntas del Paraguay** Answer these questions about Paraguay.

1. ¿Cómo usan la lengua guaraní los paraguayos?

_____

2. ¿A qué se dedica el Teatro Guaraní?

_____

3. ¿Por qué se llaman *ñandutí* los encajes paraguayos?

_____

4. ¿Por qué visitan la represa Itaipú muchos turistas?

_____

5. ¿Qué ríos sirven de frontera entre Paraguay y Argentina?

_____

6. ¿Cuál es la importancia del río Paraná?

_____

2 **Sopa de letras** Use the clues to find terms about Paraguay in the puzzle.

1. capital de Paraguay
2. central hidroeléctrica
3. cuarta ciudad del Paraguay
4. encaje artesanal paraguayo
5. estuario al final del río Paraná
6. guitarrista paraguayo
7. un idioma del Paraguay
8. lugar originario del ñandutí
9. una mujer de Paragua
10. país que hace frontera con Paraguay
11. río con 3.200 km navegables
12. zona poco poblada del Paraguay

R	I	O	D	E	L	A	P	L	A	T	A
E	R	M	Z	L	U	S	G	A	D	M	R
I	I	T	A	I	P	U	L	M	Ñ	B	G
T	D	A	Q	Ñ	F	N	V	B	F	I	E
A	S	G	R	A	N	C	H	A	C	O	N
G	U	A	R	A	N	I	R	R	M	H	T
U	B	A	R	R	I	O	S	E	I	C	I
A	F	P	A	R	A	N	A	L	U	X	N
Ñ	A	N	D	U	T	I	G	O	R	Ñ	A
O	H	P	A	R	A	G	U	A	Y	A	R

panorama

Uruguay

3 **Datos uruguayos** Complete the sentences with information about Uruguay.

1. Montevideo está situada en la desembocadura del _____.

2. Las numerosas playas de Uruguay se extienden hasta la ciudad de _____.

3. La _____ es un elemento esencial en la dieta diaria de los uruguayos.

4. El _____ es una infusión similar al té y es muy típico de la región.

5. El _____ es el deporte nacional de Uruguay.

6. En los años _____ se inició el periodo profesional del fútbol uruguayo.

7. El _____ de Montevideo dura unos cuarenta días y es el más largo del mundo.

8. La celebración más conocida del Carnaval de Montevideo es el _____.

4 **¿Cierto o falso?** Indicate if each statement is **cierto** or **falso**. Correct the false statements.

1. Punta del Este es una ciudad cosmopolita e intelectual.

_____

2. La producción ganadera es muy importante en la economía de Uruguay.

_____

3. El mate es una bebida de origen africano que está muy presente en Uruguay.

_____

4. Uruguay desea que la Copa Mundial de fútbol se celebre allí en 2030.

_____

5. Uno de los mejores carnavales de Sudamérica se celebra en Salto.

_____

6. En el *Desfile de las Llamadas* participan actores y actrices.

_____

5 **El mapa** Identify the places on this map of Uruguay.

1. _____   4. _____

2. _____   5. _____

3. _____   6. _____

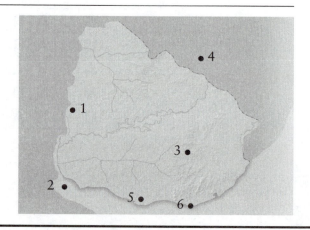

repaso   Lecciones 16–18

1 **¿Cuándo ocurrirá?** Create sentences with the elements provided. First, use the future and the past subjunctive tenses. Then rewrite each sentence, using the future perfect and the past subjunctive.

> **modelo**
> (yo) / limpiar la casa // (nosotros) / ir al cine
> Limpiaré la casa antes de que vayamos al cine.
> Habré limpiado la casa cuando vayamos al cine.

1. Manuel / conseguir un trabajo // (tú) / comprar el coche

_____

_____

2. el candidato / cumplir *(keeps)* sus promesas // Ana / votar por él

_____

_____

3. Lola y yo / pintar el apartamento // ellos / mudarse

_____

_____

4. ustedes / terminar el trabajo // todos / llegar a la oficina

_____

_____

2 **Oraciones incompletas** Complete each sentence, using the correct phrase from the word bank. Use each phrase once.

> la cocina no estaría tan sucia   no pasaría nada malo
> los dibujos saldrían mejor   tenían ganas
> ganáramos más dinero   tuvieran más experiencia
> hubieras venido ayer   yo habría aprendido más

1. Si me hubieras ayudado a estudiar, _____.

2. Ellos conseguirían ese trabajo si _____.

3. Habrías visto a Lucía si _____.

4. Si siempre pagaran a tiempo, _____.

5. Si la limpiáramos un poco, _____.

6. Estaríamos más contentos si _____.

7. Lilia y Marta nadaban si _____.

8. Si Gloria tuviera un papel mejor, _____.

3 **El subjuntivo en acción** Complete each paragraph with the correct forms of the verbs in parentheses. Use the subjunctive, the past subjunctive, the conditional perfect, and the past perfect subjunctive as appropriate.

Si yo (1) _____ (vivir) en Uruguay, me gustaría vivir en Montevideo. No he

conocido a nadie que (2) _____ (estar) allí antes. Mi amigo Daniel me

recomendó el año pasado que (yo) (3) _____ (viajar) por Suramérica. Otros

amigos me recomiendan que (yo) (4) _____ (visitar) las islas del Caribe primero.

Mi novia quiere que yo la (5) _____ (llevar) de vacaciones a Costa Rica. Es

posible que mi familia (6) _____ (ir) al Caribe en un crucero (*cruise*) este año.

¡Ha sido una lástima que (nosotros) no (7) _____ (ver) ningún país de habla

hispana todavía! Espero que este año (nosotros) (8) _____ (poder) viajar más. Si

yo (9) _____ (tener) mucho dinero, (yo) (10) _____ (viajar)

siempre. Si mis abuelos (11) _____ (tener) las oportunidades de viajar que tienen

mis padres, habrían visto el mundo entero. Mi abuelo siempre nos aconsejó a nosotros que

(12) _____ (disfrutar) de la vida y que nunca (13) _____

(trabajar) tanto que no pudiéramos viajar. Si mi abuelo hubiera vivido hasta ahora, él

(14) _____ (venir) con nosotros en el crucero. Y yo, ¡no dejaré de viajar

hasta que me (15) _____ (morir)! Espero que (nosotros) siempre

(16) _____ (tener) tiempo y salud para hacerlo.

4 **El extranjero** On a separate sheet of paper, write an essay in Spanish about life in the U.S., a Spanish-speaking country, and your future home, using the following guidelines and keeping in mind the indicative and subjunctive tenses that you learned throughout your textbook.

• First, describe life in the U.S.: what you like, what bothers you, what is good, and what is bad. Mention at least one stereotype that you consider to be true and another that you feel is untrue about life in the U.S. What would you recommend to someone who has recently moved to the U.S.? What other advice would you give that person?

• Next, write about a Spanish-speaking country. What would your childhood have been like if you had been born and had grown up there? What would your city and home be like? What would your parents be like? What would your education have been like?

• Finally, describe where you want to live in the future and why. Be sure to include some of the same topics in your explanation that you described in the other two sections.

¡Todos a bordo!   Lección 1

Antes de ver el video

1 **¿Qué tal?** In this video segment, Álex, Javier, Maite, and Inés are meeting for the first time as they prepare to leave for a hiking trip. Look at the video still and write down what you think Álex and Javier are saying to each other.

_____

_____

_____

_____

_____

_____

_____

Mientras ves el video

2 **Completar** (00:02:18 – 00:04:54) Watch the **¡Todos a bordo!** segment of this video module and complete the gaps in the following sentences.

SRA. RAMOS Hola, don Francisco. ¿Cómo (1)_____ usted?

DON FRANCISCO Bien, gracias. ¿Y (2)_____?

SRA. RAMOS ¿(3)_____ hora es?

DON FRANCISCO (4)_____ las diez.

SRA. RAMOS Tengo (5)_____ documentos para ustedes.

DON FRANCISCO Y (6)_____ soy don Francisco, el conductor.

SRA. RAMOS Aquí tienes (7)_____ documentos de viaje.

INÉS Yo (8)_____ Inés.

JAVIER ¿Qué tal? Me (9)_____ Javier.

ÁLEX Mucho (10)_____, Javier. (11)_____ soy Álex.

INÉS (12)_____ permiso.

3 **¿De dónde son?** (00:04:55 – 00:05:49) Watch the **Resumen** segment of this video module and indicate which country each traveler is from.

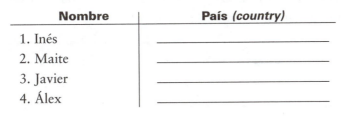

Nombre	País (country)
1. Inés	_____
2. Maite	_____
3. Javier	_____
4. Álex	_____

Nombre _____ Fecha _____

Después de ver el video

4 **¿Quién?** Write the name of the person who said each thing.

1. Sí, señora. _____

2. Soy del Ecuador, de Portoviejo. _____

3. Oye, ¿qué hora es? _____

4. Oiga, ¿qué hora es? _____

5. ¡Adiós a todos! _____

6. Y tú eres Alejandro Morales Paredes, ¿no? _____

7. Son todos. _____

8. Mucho gusto, Javier. _____

9. De Puerto Rico. ¿Y tú? _____

10. ¿Javier Gómez Lozano? _____

11. Buenos días, chicos. _____

12. Aquí, soy yo. _____

13. ¡Todos a bordo! _____

14. ¿Y los otros? _____

15. ¡Buen viaje! _____

5 **Ho, ho, hola...** Imagine that you have just met the man or woman of your dreams, who speaks only Spanish! Don't be shy! In the space provided, write down what the two of you would say in your first conversation to get to know each other.

_____
_____
_____
_____
_____
_____
_____
_____

6 **En la clase** Imagine that you are in Ecuador studying Spanish. Write down how your conversation with your Spanish professor would be the first day you get to the university.

_____
_____
_____
_____
_____

Video Manual: Fotonovela

recursos

V CD-ROM
Lección 2

¿Qué clases tomas?

Lección 2

Antes de ver el video

1 **Impresiones** Based on the impressions you got of the four travelers in Lesson 1, write the names of the classes you think each person is taking or of the classes you think each person is most interested in. Circle the name of the character you think is the most studious, and underline the name of the character you think is the most talkative.

ÁLEX   (INÉS)   JAVIER   ~~MAITE~~

_____   _____   _____   _____
_____   _____   _____   _____
_____   _____   _____   _____

Mientras ves el video

2 **¿Quién y a quién?** (00:06:10 – 00:10:14) Watch the **¿Qué clases tomas?** video segment and indicate who asks these questions and to whom each question is directed. One question is directed to two different people.

Preguntas	¿Quién?	¿A quién?
1. ¿Qué tal las clases en la UNAM?	Alex	
2. ¿También tomas tú geografía?	Inés	Maite
3. ¿Cómo te llamas y de dónde eres?	Maite	Inés & Javier
4. ¿En qué clase hay más chicos?	Maite	Inés
5. ¿No te gustan las computadoras?	Alex	Javier

3 **En la UNAM** (00:07:21 – 00:07:47) Watch Álex's flashback about the **Universidad Nacional Autónoma de México**. Write a check mark beside all the people, actions, items, and places shown in this flashback.

____✓ 1. chicas   ____✓ 5. hablar   ____✓ 9. grabadora
____✓ 2. turistas   ____ 6. dibujar   ____✓ 10. papel
____✓ 3. estudiantes ____✓ 7. estudiar   ____✓ 11. computadoras
____✓ 4. chicos   ____ 8. viajar   ____✓ 12. biblioteca

4 **Resumen** (00:10:15 – 00:11:49) Watch the **Resumen** segment of this video module and complete the following sentences.

1. Hay ___cuatro___ personas en el grupo.
2. Hay ___dose___ chicos en el grupo.
3. Hay ___dose___ chicas en el grupo.
4. Inés toma inglés, historia, arte, sociología y ___geografía___.
5. Maite toma inglés, literatura y ___periodismo___.
6. Los chicos son de la Universidad San Francisco de ___Quito___.
7. Javier toma ___tres___ clases este semestre.
8. Javier toma historia y ___arte___ los lunes, miércoles y viernes.
9. Javier toma ___computación___ los martes y jueves.
10. Para Javier, ¡las ___computadoras___ no son interesantes!

Video Manual: *Fotonovela*

Después de ver el video

5   **Corregir** The underlined elements in the following statements are incorrect. Supply the correct words in the blanks provided.

1. <u>Javier</u> tiene (*has*) una computadora. _____Alex_____
2. <u>Álex</u> toma geografía, inglés, historia, arte y sociología. _____Inés_____
3. <u>Maite</u> tiene un amigo en la UNAM. _____Alex_____
4. Inés es de <u>México</u>. _____Alex_____
5. <u>Inés</u> toma una clase de computación. _____Javier_____
6. <u>Álex</u> toma inglés, literatura y periodismo. _____Maite_____
7. <u>Javier</u> toma cinco clases este semestre. _____Inés_____
8. Javier es de <u>Portoviejo</u>. _____Puerto Rico_____

6   **Asociar** Write down the three words or phrases from the box that you associate with each character.

¡Adiós, Mitad del Mundo!	dibujar	la UNAM
cinco clases	estudiar mucho	periodismo
de Puerto Rico	historia, computación, arte	¡Qué aventura!
del Ecuador	Hola, Ricardo…	Radio Andina

1. Álex _____ _____

2. Maite _____ _____

3. Inés _____ _____

4. Javier _____ _____

7   **¿Y tú?** Write a brief paragraph that tells who you are, where you are from, where you study (city and name of university), and what classes you are taking this semester.

_____Me ll_____
_____
_____
_____
_____
_____
_____
_____
_____
_____

¿Es grande tu familia?

Lección 3

Antes de ver el video

1 **Examinar el título** Look at the title of the video module. Based on the title and the video still below, what do you think you will see in this episode? Use your imagination.

_____
_____
_____
_____
_____
_____

Mientras ves el video

2 **Completar** (00:12:14 – 00:15:23) Complete each sentence from column A with a correct word from column B, according to the **¿Es grande tu familia?** segment of this video module.

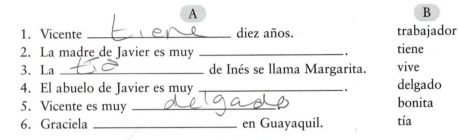

A	B
1. Vicente ___tiene___ diez años.	trabajador
2. La madre de Javier es muy _____.	tiene
3. La ___tía___ de Inés se llama Margarita.	vive
4. El abuelo de Javier es muy _____.	delgado
5. Vicente es muy ___delgado___	bonita
6. Graciela _____ en Guayaquil.	tía

3 **La familia de Inés** (00:12:41 – 00:13:29) Check off each person or thing shown in Inés' flashback about her family.

_____ 1. a family dinner

_____ 2. the skyline of Quito

_____ 3. scenes of the Ecuadorian countryside

_____ 4. Inés hugging her mother

__✓_ 5. Inés' sister-in-law, Francesca

__✓_ 6. Inés' niece, Graciela

__✓_ 7. Inés' nephew, Vicente

_____ 8. Inés' younger brother

__✓_ 9. Inés' older brother

_____ 10. Inés' grandparents

_____ 11. an infant seated in a high chair

_____ 12. the parents of Inés' sister-in-law

4 **Resumen** (00:15:25 – 00:16:35) Watch the **Resumen** segment of this video module and indicate whether each statement is **cierto** or **falso**.

	Cierto	Falso
1. La familia de Inés vive en el Ecuador.	⊘	○
2. Inés tiene unas fotos de su familia.	○	⊘
3. Javier habla de sus tíos.	○	⊘
4. Maite cree que el padre de Javier es muy alto.	⊘	○
5. Javier tiene una foto de sus padres.	⊘	○

Video Manual: *Fotonovela*

Después de ver el video

5 **Seleccionar** Select the letter of the word or phrase that best completes each sentence.

1. Vicente es el ___*Padre*___ de Pablo y de Francesca.

   a. primo   b. abuelo   c. padre (circled)   d. sobrino (circled)

2. Los _____ de Pablo viven en Roma.

   a. abuelos   b. suegros (circled)   c. hermanos   d. padres

3. El _____ de Inés es periodista.

   a. padre   b. sobrino   c. primo   d. hermano

4. Inés tiene una _____ que se llama Margarita.

   a. tía   b. abuela   c. prima   d. suegra

5. _____ de Javier es . . .

   a. El abuelo; guapo.   b. La madre; trabajadora.   c. El padre; alto.   d. El hermano; simpático.

6. _____ de Javier es . . .

   a. La abuela; trabajadora.   b. El hermano; alto.   c. El padre; trabajador.   d. La mamá; bonita.

7. _____ tiene . . .

   a. Javier; calor.   b. Maite; frío.   c. Inés; sueño.   d. don Francisco; hambre.

8. Javier dibuja a . . .

   a. Inés. (circled)   b. Álex.   c. don Francisco.   d. Maite.

6 **Preguntas** Answer these questions about the video episode.

1. ¿Quién tiene una familia grande?

   Inés tien una familia grande

2. ¿Tiene hermanos Javier?

   Javier tiene cero hermanos.

3. ¿Cómo se llama la madre de Javier?

   Se llama la madre de Javier es Margarita

4. ¿Cuántos años tiene el sobrino de Inés?

   Los años tiene el sobrino de Inés es diez

5. ¿Cómo es el abuelo de Javier?

   El abuelo de Javier es sympatico y muy trabadar.

7 **Preguntas personales** Answer these questions about your family.

1. ¿Cuántas personas hay en tu familia? ¿Cuál es más grande (*bigger*), tu familia o la familia de Inés? *Ciento personas hay mi familia. Mi familia es grande de Inés*

2. ¿Tienes hermanos/as? ¿Cómo se llaman? *Si, dos hermanos y mo menor. Se llama Dana Lisa y Ryan y*

3. ¿Tienes un(a) primo/a favorito/a? ¿Cómo es? *Sé, Lisa es mo favorito*

4. ¿Cómo es tu tío/a favorito/a? ¿Dónde vive? *No, no una tío a favorito.*

recursos

V CD-ROM
Lección 4

¡Vamos al parque!

Lección 4

Antes de ver el video

1 **Álex y Maite** In this video module, the travelers arrive in Otavalo and have an hour of free time before they check in at their hotel. Álex and Maite, who still don't know each other very well, decide to go to the park together and chat. What kinds of things do you think they will see in the park? What do you think they will talk about?

_____
_____
_____
_____
_____
_____
_____

Mientras ves el video

2 **Completar** (00:17:00 – 00:21:02) These sentences are taken from the **¡Vamos al parque!** segment of this video module. Watch this segment and fill in the blanks with the missing verbs.

1. _____ una hora libre.

2. Tenemos que _____ a las cabañas a las cuatro.

3. ¿Por qué no _____ al parque, Maite?

4. Podemos _____ y_____ el sol.

3 **El Parque del Retiro** (00:18:47 – 00:19:21) Check off all the activities you see people doing in Maite's flashback about this famous park in Madrid.

____ 1. una mujer patina   ____ 5. tres señoras corren

____ 2. unos jóvenes esquían   ____ 6. un hombre pasea en bicicleta

____ 3. dos chicos pasean en bicicleta   ____ 7. un niño pequeño está con sus padres

____ 4. un chico y una chica bailan   ____ 8. dos chicos pasean

4 **Resumen** (00:21:03 – 00:22:03) In the **Resumen** segment of this video episode, Don Francisco reflects on the fact that he's not as young as he used to be. Fill in each blank in Column A with the correct word from Column B.

A

1. Los jóvenes tienen mucha _____.

2. Inés y Javier desean _____ por la ciudad.

3. Álex y Maite deciden ir al _____.

4. Maite desea _____ unas postales en el parque.

5. A veces Álex _____ por la noche.

6. Álex invita a Maite a _____ con él.

7. Don Francisco no _____ deportes.

8. Pero don Francisco sí tiene mucha energía... para leer el periódico y _____ un café.

B

corre

pasear

tomar

parque

practica

energía

escribir

correr

Video Manual: *Fotonovela*

Después de ver el video

5 **¿De dónde es?** For items 1-11, fill in the missing letters in each word. For item 12, put the letters in the boxes in the right order to find out the nationality of the young man playing soccer in the park.

1. Álex y Maite van al p __ __ __ __ ☐.
2. A las cuatro tienen que ir a las __ __ __ ☐ __ __ __.
3. ☐ __ r __ __ __ es uno de los pasatiempos favoritos de Maite.
4. Maite quiera escribir unas p __ __ ☐ __ __ __ __.
5. Inés y Javier van a pasear por la __ __ ☐ d __ __.
6. Don Francisco lee el __ e __ __ ☐ __ __ __ __.
7. Los cuatro estudiantes tienen una hora l __ __ ☐ __.
8. Los chicos están en la ciudad de __ ☐ __ v __ __ __.
9. Álex es muy __ f __ __ __ __ ☐ __ __ __ a los deportes.
10. Cuando está en __ a __ __ ☐ __, Maite pasea mucho por el Parque del Retiro.
11. Don Francisco toma un c ☐ __ __.
12. El joven del parque es _____.

6 **Me gusta** Complete the chart with the activities, pastimes, or sports that you enjoy participating in. Also indicate when and where you do each activity.

Mis pasatiempos favoritos	¿Cuándo?	¿Dónde?

7 **Preguntas** Answer these questions in Spanish.

1. ¿Son aficionados/as a los deportes tus amigos/as? ¿Cuáles son sus deportes favoritos?

_____
_____

2. ¿Qué hacen tú y tus amigos/as cuando tienen tiempo libre?

_____
_____

3. ¿Qué vas a hacer esta noche? ¿Vas a estudiar? ¿Descansar? ¿Mirar televisión? ¿Ver una película? ¿Por qué? _____

_____
_____

Tenemos una reservación.

Lección 5

Antes de ver el video

1 **¿Qué hacen?** Don Francisco and the travelers have just arrived at the **cabañas**. Based on the video still, what do you think they are doing right now? What do you think they will do next?

_____

_____

_____

_____

_____

_____

_____

_____

Mientras ves el video

2 **¿Quién?** (00:22:27 – 00:25:40) Watch the **Tenemos una reservación** segment of this video module and write the name of the person who says each expression.

Expresión	Nombre
1. ¿Es usted nueva aquí?	_____
2. ¡Uf! ¡Menos mal!	_____
3. Hola, chicas. ¿Qué están haciendo?	_____
4. Y todo está muy limpio y ordenado.	_____
5. Hay muchos lugares interesantes por aquí.	_____

3 **Los hoteles** (00:23:53 – 00:24:09) Watch Don Francisco's flashback about Ecuadorian hotels and then place a check mark beside the sentence that best sums it up.

_____ 1. No hay muchos hoteles en el Ecuador.

_____ 2. Hay muchas cabañas bonitas en la capital del Ecuador.

_____ 3. Don Francisco no va a muchos hoteles.

_____ 4. Don Francisco tiene muchos hoteles impresionantes.

_____ 5. Los hoteles del Ecuador son impresionantes… hay hoteles de todos tipos (*types*).

4 **Resumen** (00:25:41 – 00:27:36) Watch the **Resumen** segment of this video module and fill in the missing words in each sentence.

1. **ÁLEX**   Javier, Maite, Inés y yo estamos en nuestro _____ en Otavalo.

2. **JAVIER**   Oigan, no están nada mal las _____, ¿verdad?

3. **INÉS**   Oigan, yo estoy aburrida. ¿_____ hacer algo?

4. **MAITE**   Estoy cansada y quiero _____ un poco porque (…) voy a correr con Álex.

5. **ÁLEX**   Es muy inteligente y simpática… y también muy _____.

Nombre _____ Fecha _____

Después de ver el video

5 **¿Cierto o falso?** Indicate whether each statement about this video episode is **cierto** or **falso**. Then correct each false statement.

1. Don Francisco y los viajeros llegan a la universidad.

_____

2. Don Francisco habla con una empleada del hotel.

_____

3. Inés y Álex están aburridos.

_____

4. Javier desea ir a explorar la ciudad un poco más.

_____

5. Maite desea descansar.

_____

6. Álex y Maite van a correr a las seis.

_____

6 **Resumir** In your own words, write a short summary of this video episode in Spanish. Try not to leave out any important information.

_____
_____
_____
_____
_____
_____
_____
_____

7 **Preguntas** Answer these questions in Spanish.

1. ¿Te gusta ir de vacaciones? ¿Por qué? _____

_____
_____

2. ¿Adónde te gusta ir de vacaciones? ¿Por qué? _____

_____
_____

3. ¿Con quién(es) vas de vacaciones? _____

_____
_____

Video Manual: Fotonovela

Nombre _____   Fecha _____

| ¡Qué ropa más bonita! | **Lección 6** |

Antes de ver el video

1 **Describir** Look at the video still and describe what you see. Your description should answer these questions: Where is Javier? Who is Javier talking to? What is the purpose of their conversation?

_____

_____

_____

_____

_____

_____

_____

_____

_____

Mientras ves el video

2 **Ordenar** (00:28:03 – 00:33:06) Watch the **¡Qué ropa más bonita!** segment of this video module and indicate the order in which you heard these lines.

____ a. Le cuesta ciento cincuenta mil sucres.

____ b. Me gusta aquélla. ¿Cuánto cuesta?

____ c. La vendedora me lo vendió a muy buen precio.

____ d. ¡Qué mal gusto tienes!

____ e. Mejor vamos a tomar un café. ¡Yo invito!

____ f. Me gusta regatear con los vendedores.

3 **San Juan** (00:29:03 – 00:29:31) Place a check mark beside each thing you see during Javier's flashback about shopping in San Juan.

____ 1. una vendedora　　　　　　____ 4. un mercado al aire libre

____ 2. un centro comercial　　　 ____ 5. un dependiente

____ 3. unas camisetas　　　　　　____ 6. una tienda de ropa para niños

4 **Resumen** (00:33:07 – 00:34:11) Watch the **Resumen** segment of this video module and indicate whether Inés, Javier, or the Vendedor said each sentence.

_____ 1. Bueno, para usted… ciento treinta mil.

_____ 2. (…) es muy simpático… ¡y regatea muy bien!

_____ 3. Voy a ir de excursión a las montañas y necesito un buen suéter.

_____ 4. Hoy (…) visitamos un mercado al aire libre.

_____ 5. Mmm… quiero comprarlo. Pero, señor, no soy rico.

Video Manual: *Fotonovela*

Después de ver el video

5 **Completar** Complete the following sentences with the correct words from the word box.

blusa	impermeable	sombrero
botas	libre	suéter
caro	montañas	talla
hermana	rosado	vestido

1. Inés y Javier van de compras a un mercado al aire _____.

2. Inés quiere comprar algo (*something*) para su _____ Graciela.

3. Javier compra un _____ en el mercado.

4. Las bolsas del vendedor son típicas de las _____.

5. Inés compra una bolsa, una _____ y un _____.

6. Javier usa _____ grande.

6 **Corregir** All of these statements about this video episode are false. Rewrite them and correct the false information.

1. Javier compró un sombrero y una camisa.

_____

2. Inés prefiere la camisa gris con rayas rojas.

_____

3. Inés compró una blusa para su hermana.

_____

4. Javier quiere comprar un traje de baño porque va a la playa.

_____

7 **Preguntas** Answer these questions in Spanish.

1. ¿Te gusta ir de compras? ¿Por qué? _____

_____

2. ¿Adónde vas de compras? ¿Por qué? _____

_____

3. ¿Con quién(es) vas de compras? ¿Por qué? _____

_____

4. Imagina que estás en un centro comercial y que tienes mil dólares. ¿Qué vas a comprar? ¿Por qué?

_____

_____

5. Cuando compras un auto, ¿regateas con el/la vendedor(a)? _____

_____

recurso

VCD-ROM
Lección 7

¡Jamás me levanto temprano!

Lección 7

Antes de ver el video

1 **La rutina diaria** In this video module, Javier and Álex chat about their morning routines. What kinds of things do you think they will mention?

_____

_____

_____

_____

_____

_____

_____

_____

_____

Mientras ves el video

2 **¿Álex o Javier?** (00:34:37 – 00:37:52) Watch the **¡Jamás me levanto temprano!** segment of this video module and put a check mark in the appropriate column to indicate whether each activity is part of the daily routine of Álex or Javier.

Actividad	Álex	Javier
1. levantarse tarde	_____	_____
2. dibujar por la noche	_____	_____
3. despertarse a las seis	_____	_____
4. correr por la mañana	_____	_____
5. escuchar música por la noche	_____	_____

3 **Ordenar** (00:35:53 – 00:36:12) Watch Álex's flashback about his daily routine and indicate in what order he does the following things.

____ a. ducharse

____ b. vestirse

____ c. levantarse temprano

____ d. despertarse a las seis

____ e. afeitarse

____ f. cepillarse los dientes

4 **Resumen** (00:37:53 – 00:39:11) Watch the **Resumen** segment of this video module and fill in the missing words in these sentences.

1. JAVIER Álex no sólo es mi _____ sino mi despertador.

2. ÁLEX Me gusta _____ temprano.

3. ÁLEX Vuelvo, me ducho, _____ y a las siete y media te _____.

4. JAVIER Hoy _____ a un mercado al aire libre con Inés.

5. ÁLEX _____ levanto a las siete menos cuarto y _____ por treinta

   minutos.

Video Manual: _Fotonovela_

Después de ver el video

5 **Preguntas** In Spanish, answer these questions about the video module.

1. ¿Qué está haciendo Álex cuando vuelve Javier del mercado?

_____

2. ¿Le gusta a Álex el suéter que compró Javier?

_____

3. ¿Por qué Javier no puede despertarse por la mañana?

_____

4. ¿A qué hora va a levantarse Álex mañana?

_____

5. ¿A qué hora sale el autobús mañana?

_____

6. ¿Dónde está la crema de afeitar?

_____

6 **Preguntas personales** Answer these questions in Spanish.

1. ¿A qué hora te levantas durante la semana? ¿Y los fines de semana?

_____

_____

2. ¿Prefieres acostarte tarde o temprano? ¿Por qué?

_____

_____

3. ¿Te gusta más bañarte o ducharte? ¿Por qué?

_____

_____

4. ¿Cuántas veces por día (*How many times a day*) te cepillas los dientes?

_____

_____

5. ¿Te lavas el pelo todos los días (*every day*)? ¿Por qué?

_____

_____

7 **Tus vacaciones** In Spanish, describe your morning routine when you are on vacation.

_____

_____

_____

_____

_____

¿Qué tal la comida?   Lección 8

Antes de ver el video

1 **En un restaurante** What kinds of things do you do and say when you have lunch at a restaurant?

_____

_____

_____

_____

_____

_____

_____

Mientras ves el video

2 **¿Quién?** (00:39:36 – 00:44:52) Watch the **¿Qué tal la comida?** segment of this video module and write the name of the person who says each of the following lines.

Afirmación	Nombre
1. ¡Tengo más hambre que un elefante!	_____
2. Pero si van a ir de excursión deben comer bien.	_____
3. Y de tomar, les recomiendo el jugo de piña, frutilla y mora.	_____
4. Hoy es el cumpleaños de Maite.	_____
5. ¡Rico, rico!	_____

3 **Los restaurantes de Madrid** (00:43:45 – 00:44:04) Watch Maite's flashback about restaurants in Madrid and place a check mark beside the sentence that best summarizes the flashback.

_____ 1. Es muy caro salir a cenar en Madrid.

_____ 2. A Maite no le gustan los restaurantes de Madrid.

_____ 3. Hay una gran variedad de restaurantes en Madrid.

_____ 4. Los restaurantes de Madrid son muy elegantes.

4 **Resumen** (00:44:53 – 00:46:32) Watch the **Resumen** segment of this video module and fill in the missing words in these sentences.

1. JAVIER ¿Qué nos _____ usted?

2. DON FRANCISCO Debo _____ más a menudo.

3. DOÑA RITA ¿_____ lo traigo a todos?

4. DON FRANCISCO Es bueno _____ a la dueña del mejor restaurante de la ciudad.

5. JAVIER Para mí las _____ de maíz y un ceviche de _____.

Video Manual: *Fotonovela*

Nombre _____ Fecha _____

Después de ver el video

5 **Opiniones** Write the names of the video characters who expressed the following opinions, either verbally or through body language.

_____ 1. Don Francisco es un conductor excelente.

_____ 2. El servicio en este restaurante es muy eficiente.

_____ 3. Nuestros pasteles son exquisitos.

_____ 4. ¡Caldo de patas! Suena (*It sounds*) como un plato horrible.

_____ 5. Las tortillas de maíz son muy sabrosas. Se las recomiendo.

_____ 6. Las montañas de nuestro país son muy hermosas.

6 **Corregir** Correct these false statements about the **¿Qué tal la comida?** video episode.

1. El Cráter es un mercado al aire libre.

_____

2. La señora Perales trabaja en El Cráter. Es camarera.

_____

3. Maite pide las tortillas de maíz y la fuente de fritada.

_____

4. Álex pide el caldo de patas y una ensalada.

_____

5. De beber, todos piden té.

_____

6. La señora Perales dice (*says*) que los pasteles de El Cráter son muy caros.

_____

7 **Preguntas personales** Answer these questions in Spanish.

1. ¿Almuerzas en la cafetería de tu universidad? ¿Por qué? _____

_____

2. ¿Cuál es tu plato favorito? ¿Por qué? _____

_____

3. ¿Cuál es el mejor restaurante de tu comunidad? Explica (*Explain*) tu opinión. _____

_____

4. ¿Cuál es tu restaurante favorito? ¿Cuál es la especialidad de ese restaurante? _____

_____

5. ¿Sales mucho a cenar con tus amigos/as? ¿Adónde van a cenar? _____

_____

Video Manual: *Fotonovela*

228 **Lección 8 Fotonovela** Video Activities

¡Feliz cumpleaños, Maite!

Lección 9

Antes de ver el video

1 **Una fiesta** In this video episode, Sra. Perales and Don Francisco surprise Maite with a birthday party. Based on this information, what kinds of things do you expect to see in this episode?

_____

_____

_____

_____

_____

_____

_____

_____

Mientras ves el video

2 **Ordenar** (00:47:00 – 00:50:40) Watch the **¡Feliz cumpleaños, Maite!** segment of this video module and put the following events in the correct order.

_____ a. Álex recuerda la quinceañera de su hermana.

_____ b. Los estudiantes miran el menú.

_____ c. Javier pide un pastel de chocolate.

_____ d. La señora Perales trae un flan, un pastel y una botella de vino.

_____ e. Los estudiantes deciden dejarle una buena propina a la señora Perales.

3 **La quinceañera** (00:49:28 – 00:49:44) Watch Álex's flashback about his sister's **quinceañera**. Place a check mark in the **Sí** column if the following actions occurred in the flashback; place a check mark in the **No** column if the actions did *not* occur.

Acción	Sí	No
1. Álex canta para su hermana.	_____	_____
2. Todos se sientan a cenar.	_____	_____
3. Todos nadan en la piscina.	_____	_____
4. Varias personas bailan.	_____	_____

4 **Resumen** (00:50:41 – 00:51:52) Watch the **Resumen** segment of this video module and indicate who says the following lines.

_____ 1. Señora Perales, mi cumpleaños es el primero de octubre...

_____ 2. Dicen que las fiestas son mejores cuando son una sorpresa.

_____ 3. ¿Hoy es tu cumpleaños, Maite?

_____ 4. Ayer te lo pregunté, ¡y no quisiste decírmelo!

Después de ver el video

5   **Corregir**   All of the following statements about this video episode are false. Rewrite them so that they will be correct.

1. Álex le sirve un pastel de cumpleaños a Maite.

_____

2. Don Francisco le deja una buena propina a la señora Perales.

_____

3. Maite cumple los diecinueve años.

_____

4. Don Francisco toma una copa de vino.

_____

5. El cumpleaños de Javier es el quince de diciembre.

_____

6. El cumpleaños de Maite es el primero de octubre.

_____

6   **Eventos importantes**   In Spanish, list the three events from this video episode that you consider to be the most important, and explain your choices.

_____

_____

_____

_____

_____

_____

_____

7   **Preguntas personales**   Answer these questions in Spanish.

1. ¿Vas a muchas fiestas? ¿Qué haces en las fiestas? _____

_____

2. ¿Qué haces antes de ir a una fiesta? ¿Y después? _____

_____

3. ¿Cuándo es tu cumpleaños? ¿Cómo vas a celebrarlo? _____

_____

4. ¿Te gusta recibir regalos en tu cumpleaños? ¿Qué tipo de regalos? _____

_____

Video Manual: *Fotonovela*

Nombre _____   Fecha _____

VCD-ROM
Lección 10

¡Uf! ¡Qué dolor!   **Lección 10**

Antes de ver el video

1   **Un accidente** Look at the video still. Where do you think Javier and Don Francisco are? What is happening in this scene?

_____

_____

_____

_____

_____

_____

_____

Mientras ves el video

2   **¿Quién?** (00:52:19 – 00:56:29) Watch the **¡Uf! ¡Qué dolor!** segment of this video module and place a check mark in the correct column to indicate who said each expression.

Expresión	Javier	don Francisco	Dra. Márquez
1. ¡Creo que me rompí el tobillo!			
2. ¿Cómo se lastimó el pie?			
3. ¿Embarazada? Definitivamente NO.			
4. ¿Está roto el tobillo?			
5. No te preocupes, Javier.			

3   **Clínicas y hospitales** (00:54:20 – 00:54:41) Watch Javier's flashback about medical facilities in Puerto Rico and place a check mark beside the things you see.

_____ 1. una paciente   _____ 6. letreros (*signs*)

_____ 2. una computadora   _____ 7. unos edificios

_____ 3. enfermeras   _____ 8. unas pastillas

_____ 4. un termómetro   _____ 9. un microscopio

_____ 5. una radiografía   _____ 10. una inyección

4   **Resumen** (00:56:30 – 00:57:39) Watch the **Resumen** segment of this video module. Then write the name of the person who said each sentence and fill in the missing words.

_____ 1. De niño tenía que ir mucho a una _____ en San Juan.

_____ 2. ¿Cuánto tiempo _____ que se cayó?

_____ 3. Tengo que descansar durante dos o tres días porque me _____ el tobillo.

_____ 4. No está _____ el tobillo.

_____ 5. Pero por lo menos no necesito el _____ para dibujar.

Video Manual: *Fotonovela*

Después de ver el video

5 **Seleccionar** Write the letter of the word or words that best completes each sentence in the spaces provided.

1. ____ conoce a una doctora que trabaja en una clínica cercana (*nearby*).

   a. Don Francisco b. Maite c. Álex d. Inés

2. La doctora Márquez le va a ____ unas pastillas a Javier.

   a. vender b. comprar c. recetar d. romper

3. Cuando era ____, ____ se enfermaba mucho de la garganta

   a. niña; la Dra. Márquez b. niño; Javier c. niño; Álex d. niño; don Francisco

4. La doctora Márquez quiere ver si Javier se rompió uno de los huesos ____.

   a. de la pierna b. del pie c. del tobillo d. de la rodilla

5. Una vez ____ se rompió la pierna jugando al ____.

   a. don Francisco; fútbol b. Javier; béisbol c. la Dra. Márquez; baloncesto d. Álex; fútbol

6. ____ se cayó cuando estaba en ____.

   a. Álex; el parque b. Javier; el autobús c. Don Francisco; la clínica d. Javier; el restaurante

6 **Preguntas** Answer the following questions in Spanish.

1. ¿Tiene fiebre Javier? ¿Está mareado?

   _____

2. ¿Cuánto tiempo hace que se cayó Javier?

   _____

3. ¿Cómo se llama la clínica donde trabaja la doctora Márquez?

   _____

4. ¿A quién no le gustaban mucho ni las inyecciones ni las pastillas?

   _____

5. ¿Va a poder ir Javier de excursión con sus amigos?

   _____

7 **Preguntas personales** Answer these questions in Spanish.

1. ¿Te gusta ir al/a la médico/a? ¿Por qué?_____

   _____

2. ¿Tienes muchas alergias? ¿Eres alérgico/a a algún medicamento?_____

   _____

3. ¿Cuándo es importante ir a la sala de emergencias?_____

   _____

4. ¿Qué haces cuando tienes fiebre y te duele la garganta? _____

   _____

Tecnohombre, ¡mi héroe!

Lección 11

Antes de ver el video

1 **¿Qué pasa?** Look at the video still. Where do you think Inés and Don Francisco are? What do you think they are doing, and why?

_____

_____

_____

_____

_____

_____

_____

Mientras ves el video

2 **¿Qué oíste?** (00:58:05 – 01:03:23) Watch the **Tecnohombre, ¡mi héroe!** segment of this video module and place a check mark beside the items you hear.

____ 1. Lo siento. No está.

____ 2. ¿Quién habla?

____ 3. Con el señor Fonseca, por favor.

____ 4. ¡A sus órdenes!

____ 5. ¡Uy! ¡Qué dolor!

____ 6. ¡No me digas!

____ 7. Estamos en Ibarra.

____ 8. Viene enseguida.

____ 9. No puede venir hoy.

____ 10. No veo el problema.

3 **Madrid** (00:58:34 – 00:58:55) Watch Maite's flashback about getting around in Madrid and place a check mark beside the things you see.

____ 1. calles

____ 2. bicicletas

____ 3. carros

____ 4. una motocicleta

____ 5. monumentos

____ 6. taxis

____ 7. un *walkman*

____ 8. un taller

____ 9. una ambulancia

____ 10. una gasolinera

4 **Resumen** (01:03:24 – 01:04:30) Watch the **Resumen** segment of this video module. Then write the name of the person who said each line.

_____ 1. Cuando estaba en la escuela secundaria, trabajé en el taller de mi tío.

_____ 2. Y Álex (…) usó su teléfono celular para llamar a un mecánico.

_____ 3. Al salir de Quito los otros viajeros y yo no nos conocíamos muy bien.

_____ 4. Piensa que puede arreglar el autobús aquí mismo.

_____ 5. Es bueno tener superamigos, ¿no?

Video Manual: *Fotonovela*

Después de ver el video

5 **Corregir** All of these statements about the video episode are false. Rewrite them so that they will be true.

1. Don Francisco llamó al señor Fonseca, el mecánico.

_____

2. Maite aprendió a arreglar autobuses en el taller de su tío.

_____

3. Don Francisco descubre que el problema está en el alternador.

_____

4. El mecánico saca una foto de Tecnohombre y la Mujer Mecánica con Maite y don Francisco.

_____

5. El asistente del señor Fonseca está mirando la televisión.

_____

6. El autobús está a unos treinta y cinco kilómetros de la ciudad.

_____

6 **Una carta** Imagine that Maite is writing a short letter to a friend about today's events. In Spanish, write what you think Maite would say in her letter.

_____

_____

_____

_____

_____

_____

_____

7 **Preguntas personales** Answer these questions in Spanish.

1. Cuando tu carro está descompuesto, ¿lo llevas a un(a) mecánico/a o lo arreglas tú mismo/a? ¿Por qué? _____

_____

_____

2. ¿Conoces a un(a) buen(a) mecánico/a? ¿Cómo se llama? _____

_____

_____

3. ¿Tienes un teléfono celular? ¿Para qué lo usas? _____

_____

_____

¡Les va a encantar la casa!

Lección 12

recurso

V CD-ROM
Lección 12

Antes de ver el video

1 **En la casa** In this lesson, the students arrive at the house in Ibarra near the area where they will go on their hiking excursion. Keeping this information in mind, look at the video still and describe what you think is going on.

_____

_____

_____

_____

_____

_____

_____

Mientras ves el video

2 **¿Cierto o falso?** (01:04:59 – 01:09:00) Watch the **¡Les va a encantar la casa!** segment of this video module and indicate whether each statement is **cierto** or **falso**.

	Cierto	Falso
1. La señora Vives es la hermana de don Francisco.	O	O
2. Hay mantas y almohadas en el armario de la alcoba de los chicos.	O	O
3. El guía llega mañana a las siete y media de la mañana.	O	O
4. Don Francisco va a preparar todas las comidas.	O	O
5. La señora Vives cree que Javier debe poner las maletas en la cama.	O	O

3 **En México** (01:05:49 – 01:06:26) Watch Álex's flashback about lodgings in Mexico and place a check mark beside the things you see.

_____ 1. balcones

_____ 2. puertas

_____ 3. apartamentos

_____ 4. una bicicleta

_____ 5. un perro (*dog*)

_____ 6. una vaca (*cow*)

4 **Resumen** (01:09:01 – 01:10:15) Watch the **Resumen** segment of this video module. Then place a check mark beside each event that occurred in the **Resumen**.

_____ 1. La señora Vives les dice a los estudiantes que deben descansar.

_____ 2. Inés habla de la llegada (*arrival*) de los estudiantes a la casa.

_____ 3. Inés dice que va a acostarse porque el guía llega muy temprano mañana.

_____ 4. Don Francisco les dice a los estudiantes que les va a encantar la casa.

_____ 5. Javier dice que los estudiantes van a ayudar a la señora Vives con los quehaceres domésticos.

Video Manual: *Fotonovela*

Después de ver el video

5 **Seleccionar** Write the letter of the words that best complete each sentence.

1. Don Francisco dice que la casa es ____.

a. pequeña pero bonita   b. pequeña pero cómoda   c. cómoda y grande

2. La habitación de los chicos tiene dos camas, una ____ y una ____.

a. mesita de noche; cómoda   b. cafetera; lavadora   c. cómoda; tostadora

3. El sofá y los sillones ____ son muy cómodos.

a. del jardín   b. de la sala   c. de las alcobas

4. Al fondo del ____ hay un ____.

a. apartamento; comedor   b. edificio; baño   c. pasillo; baño

5. Inés le dice a ____ que los estudiantes quieren ayudarla a ____ la comida.

a. Maite; comprar   b. la Sra. Vives; preparar c. don Francisco; comprar

6 **Preguntas** Answer the following questions about this video episode in Spanish.

1. ¿Cómo se llama el guía que viene mañana?

_____

2. ¿Quién puso su maleta en la cama?

_____

_____

3. ¿Cómo se llama el ama de casa?

_____

_____

4. ¿Quién quiere que los estudiantes hagan sus camas?

_____

_____

5. Según don Francisco, ¿por qué deben acostarse temprano los estudiantes?

_____

_____

7 **Escribir** Imagine that you are one of the characters you saw in this video episode. Write a paragraph from that person's point of view, summarizing what happened in this episode.

_____

_____

_____

_____

_____

_____

¡Qué paisaje más hermoso!   Lección 13

Antes de ver el video

1   **El paisaje** In this video episode, Martín takes the students out to see the area where they will go hiking. What do you think the students and Martín talk about when they get to the hiking area?

_____

_____

_____

_____

_____

_____

_____

_____

Mientras ves el video

2   **Opiniones** (01:10:38 – 01:14:15) Watch the **¡Qué paisaje más hermoso!** segment and place a check mark beside each opinion that was expressed in this video segment.

_____ 1. Hay un gran problema de contaminación en la ciudad de México.

_____ 2. En las montañas, la contaminación no afecta al río.

_____ 3. El aire aquí en las montañas está muy contaminado.

_____ 4. No es posible hacer mucho para proteger el medio ambiente.

_____ 5. Es importante controlar el uso de automóviles.

3   **Los paisajes de Puerto Rico** (01:11:52 – 01:12:22) Watch Javier's flashback about Puerto Rico's countryside and place a check mark beside the things you see.

_____ 1. un río   _____ 4. una flor

_____ 2. unas montañas   _____ 5. unas nubes

_____ 3. un pez   _____ 6. unos árboles

4   **Resumen** (01:14:16 – 01:15:37) Watch the **Resumen** segment of this video module. Then indicate who made each statement, and complete the statements with the correct words.

_____ 1. Martín nos explicó lo que teníamos que hacer para proteger el _____.

_____ 2. Y sólo deben caminar por el _____.

_____ 3. No creo que haya _____ más bonitos en el mundo.

_____ 4. La _____ es un problema en todo el mundo.

_____ 5. ¡_____ que las comparta conmigo!

Después de ver el video

5 **¿Cierto o falso?** Indicate whether each sentence about this video episode is **cierto** or **falso**. If an item is false, rewrite it so that it will be correct.

1. Maite dice que su carro contamina mucho el aire.

_____

2. Martín dice que el río no está contaminado cerca de las ciudades.

_____

3. A Maite no le gusta el paisaje.

_____

4. Según Martín, es muy importante cuidar la naturaleza.

_____

5. Martín cree que es importante tocar las flores y las plantas.

_____

6 **Preguntas** Answer the following questions about this video episode in Spanish.

1. ¿Se pueden tomar fotos durante la excursión?

_____

_____

2. Según Javier, ¿cómo son los paisajes de Puerto Rico?

_____

_____

3. ¿Qué deben hacer los estudiantes si ven por el sendero botellas, papeles o latas?

_____

_____

4. ¿Qué va a hacer Maite si no puede conducir su carro en Madrid?

_____

_____

5. Según Álex, ¿cómo es el aire de la capital de México?

_____

_____

7 **Describir** List a few things that people can do to protect your community's environment.

_____

_____

_____

_____

_____

_____

Video Manual: *Fotonovela*

recurso

V CD-ROM
Lección 14

Estamos perdidos.

Lección 14

Antes de ver el video

1 **En el centro** In this video episode, Álex and Maite get lost while running errands. What kinds of errands do you think they are running? Based on the video still, what do you think they will do to get their bearings?

_____
_____
_____
_____
_____
_____
_____

Mientras ves el video

2 **Ordenar** (01:16:02 – 01:20:02) Watch the **Estamos perdidos** segment of this lesson's video module and number the following events from one to five, according to the order in which they occurred in the video.

____ a. Maite le describe a Inés los eventos del día.

____ b. Don Francisco y Martín les dan consejos a los estudiantes sobre la excursión.

____ c. Álex y Maite se pierden pero un joven les da direcciones.

____ d. Maite y Álex van al banco y al supermercado.

____ e. Álex y Maite deciden ir al centro.

3 **Completar** (01:16:02 – 01:20:02) Watch the **Estamos perdidos** segment and complete the following sentences.

1. Estamos conversando sobre la _____ de mañana.

2. Les _____ que traigan algo de comer.

3. ¿Hay un _____ por aquí con cajero automático?

4. Fuimos al banco y al _____.

5. También buscamos un _____.

4 **Resumen** (01:20:03 – 01:21:58) Watch the **Resumen** segment of this video module. Then place a check mark beside the events that you saw in the **Resumen**.

____ 1. Maite sugiere que vayan ella y Álex al supermercado para comprar comida.

____ 2. Inés dice que necesita ir al banco y al supermercado.

____ 3. Maite le pregunta al joven si hay un banco por allí con cajero automático.

____ 4. Álex y Maite toman un helado juntos.

Video Manual: *Fotonovela*

Después de ver el video

5 **Seleccionar** Write the letter of the word or words that best completes each sentence in the spaces provided.

1. Don Francisco les recomienda a los estudiantes que ____ para la excursión.

   a. compren comida   b. traigan refrescos   c. lleven ropa adecuada   d. compren un mapa

2. Martín les aconseja a los estudiantes que traigan . . .

   a. comida.   b. unos refrescos.   c. un teléfono celular.   d. helado.

3. Inés quiere que Álex y Maite le compren . . .

   a. un mapa.   b. unas estampillas.   c. unas postales.   d. una cámara.

4. Álex y Maite van al banco, al correo y . . .

   a. al supermercado.   b. a la joyería.   c. al consultorio.   d. al cine.

5. Antes de volver a la casa, Álex y Maite van a una . . .

   a. pescadería.   b. joyería.   c. heladería.   d. panadería.

6. Maite piensa que el joven que les dio direcciones es . . .

   a. guapo pero antipático. b. alto y guapo.   c. simpático e inteligente. d. guapo y simpático.

6 **Escribir** Write a summary of today's events from Maite's point of view.

_____

_____

_____

_____

_____

_____

_____

7 **Las diligencias** Write a short paragraph describing some of the errands you ran last week. What did the errands involve, and what places in your community did you visit while running your errands?

_____

_____

_____

_____

_____

_____

_____

_____

ecurso

V CD-ROM
Lección 15

¡Qué buena excursión!

Lección 15

Antes de ver el video

1 Una excursión List the types of things you would probably do and say during a hiking trip through a scenic area.

_____

_____

_____

_____

_____

_____

_____

_____

Mientras ves el video

2 ¿Quién? (01:22:23 – 01:27:41) Watch the **¡Qué buena excursión!** segment of this video module and indicate who said the following things.

_____ 1. Ya veo que han traído lo que necesitan.

_____ 2. No puedo creer que finalmente haya llegado el gran día.

_____ 3. Increíble, don Efe. Nunca había visto un paisaje tan espectacular.

_____ 4. Nunca había hecho una excursión.

_____ 5. Creo que la señora Vives nos ha preparado una cena muy especial.

3 Un gimnasio en Madrid (01:23:34 – 01:24:04) Watch Maite's flashback about her gym in Madrid and place a check mark beside the people and things you see.

____ 1. una mujer que hace abdominales (*is doing sit-ups*)

____ 2. un hombre que lleva pantalones cortos rojos

____ 3. un hombre que levanta pesas

____ 4. una mujer que lleva una camiseta roja

4 Resumen (01:27:42 – 01:28:50) Watch the **Resumen** segment of this video module. Then number the following events from one to five according to the order in which they occurred in the **Resumen**.

____ a. Javier dice que sacó muchísimas fotos.

____ b. Inés menciona que Martín es un guía muy bueno.

____ c. Inés dice que se alegra de haber conocido a los otros estudiantes.

____ d. Martín recomienda que los chicos hagan unos ejercicios de estiramiento.

____ e. Maite dice que le encantó la excursión.

Video Manual: *Fotonovela*

Después de ver el video

5 **¿Cierto o falso?** Indicate whether each sentence about this video episode is **cierto** or **falso**. If an item is false, rewrite it so that it will be correct.

1. Según Álex, es muy bonita el área donde hicieron la excursión.

_____

2. Martín y los estudiantes hacen unos ejercicios de estiramiento después de la excursión.

_____

3. Don Francisco dice que el grupo debe volver a la casa para preparar la cena.

_____

4. Maite va a un gimnasio cuando está en Madrid.

_____

5. Maite va a tener mucho que decirle a su familia cuando regrese a España.

_____

6 **Preguntas personales** Answer the following questions in Spanish.

1. ¿Vas al gimnasio todos los días? ¿Por qué? _____

_____

2. ¿Sacas muchas fotos cuando estás de vacaciones? ¿Por qué? _____

_____

3. ¿Te gusta comer una cena grande después de hacer ejercicio? Explica por qué. _____

_____

4. ¿Has visto alguna vez un paisaje tan bonito como el paisaje que vieron Álex, Maite, Javier e Inés? ¿Dónde? _____

_____

5. ¿Quieres hacer una excursión como la que hicieron los cuatro estudiantes? Explica tu respuesta.

_____

_____

7 **Describir** Write a description of your personal fitness routine. You may write about an imaginary fitness routine if you wish.

_____

_____

_____

_____

_____

_____

_____

¡Es un plan sensacional!

Lección 16

Antes de ver el video

1 **Planes para el futuro** In this video episode, the four travelers and Don Francisco discuss their future plans. What kinds of things do you think they will mention?

_____

_____

_____

_____

_____

_____

_____

_____

Mientras ves el video

2 **Planes y profesiones** (01:29:11 – 01:33:44) Watch the **¡Es un plan sensacional!** segment of this video module. Then indicate who made each statement, and fill in the blanks with the missing words.

_____ 1. Martín es el mejor _____ que conozco.

_____ 2. He decidido que (…) voy a establecer mi propia _____ de turismo.

_____ 3. Con su experiencia y talento, _____ un gran éxito.

_____ 4. Me _____ en la tele entrevistando a políticos, científicos, hombres y mujeres de negocios y actores y actrices.

_____ 5. Todo el mundo _____ comprar mis cuadros y llegaré a ser más famoso que Picasso, que Dalí, que Velázquez…

3 **Las profesiones en Puerto Rico** (01:31:38 – 01:32:08) Watch Javier's flashback about interesting professions in Puerto Rico and place a check mark beside the people and things you see.

____ 1. teléfonos celulares   ____ 4. un médico

____ 2. un profesor   ____ 5. una arqueóloga

____ 3. una profesora   ____ 6. dos camareros

4 **Resumen** (01:33:45 – 01:35:26) Watch the **Resumen** segment of this video module. Then place a check mark beside the events that you saw in the **Resumen**.

____ 1. Inés dice que Martín fue un guía estupendo.

____ 2. Maite dice que va a ser una pintora muy famosa.

____ 3. Álex dice que él y los otros viajeros van a seguir siendo amigos.

____ 4. Álex dice que va a establecer una compañía especializada en Internet.

____ 5. Álex escribe sobre la conversación que tuvieron él y sus amigos.

Video Manual: *Fotonovela*

Después de ver el video

5   **Preguntas**   In Spanish, answer the following questions about this video episode.

1. ¿Quién dice que va a ser un pintor famoso?

_____

2. ¿Qué quiere hacer Maite en el futuro?

_____

3. ¿Cuáles son los planes de Inés para el futuro?

_____

4. ¿Qué piensa hacer don Francisco?

_____

5. ¿Qué habrá hecho Álex en cinco años?

_____

6   **En tu opinión**   In Spanish, answer the following questions about this video episode.

1. En tu opinión, ¿cuál de los personajes (*characters*) va a tener la profesión más interesante?
Explica tu respuesta. _____

_____

2. ¿Cuál de los personajes será el/la más rico/a? Explica tu opinión. _____

_____

3. ¿Cuál de los personajes será el/la más famoso/a? Explica tu opinión. _____

_____

4. ¿Cuál de los personajes será el/la más feliz? _____

_____

5. ¿Cuáles de los personajes van a lograr sus metas (*achieve their goals*)? Explica tu opinión.

_____

_____

7   **Tus planes**   Write a description of what your life will be like in five years. Don't forget to mention your family, your friends, your residence, your hobbies, and your occupation.

_____

_____

_____

_____

_____

_____

_____

Video Manual: *Fotonovela*

¡Ahí vienen Romeo y Julieta!

Lección 17

Antes de ver el video

1 **Romeo y Julieta** In this video episode, Álex and Maite go out together. Based on the title of this episode and the video still, what do you think will happen on their date?

_____

_____

_____

_____

_____

_____

_____

_____

Mientras ves el video

2 **Ordenar** (01:35:56 – 01:40:50) Watch the **¡Ahí vienen Romeo y Julieta!** segment of this video module and number the following events from one to six, based on the order in which they occurred in the video.

_____ a. Álex canta (¡pero muy mal!).

_____ b. Álex dice que sus películas favoritas son las de ciencia ficción.

_____ c. Álex y Maite ven que no abren el teatro hasta más tarde.

_____ d. Álex y Maite se besan.

_____ e. Maite dice que le gustaría ser cantante de ópera.

_____ f. Álex menciona que le gusta la poesía de Octavio Paz.

3 **Los espectáculos de México** (01:36:50 – 01:37:37) Watch Álex's flashback about cultural events in Mexico and place a check mark beside the things you see.

_____ 1. cantantes   _____ 4. bailarines

_____ 2. una iglesia   _____ 5. bailarinas

_____ 3. murales   _____ 6. pintores

4 **Resumen** (01:40:51 – 01:42:19) Watch the **Resumen** segment of this video module. Then place a check mark beside the statement that best sums up the **Resumen**.

_____ 1. Álex y Maite se besaron en la entrada.

_____ 2. Álex y Maite salieron juntos y Álex quiere salir con Maite otra vez.

_____ 3. Álex y Maite se divirtieron pero Maite ya no quiere salir con Álex.

_____ 4. Álex y Maite se divirtieron y Maite quiere salir con Álex otra vez.

_____ 5. Javier e Inés sorprendieron a Álex y a Maite cuando volvieron a la casa.

Video Manual: *Fotonovela*

Después de ver el video

5 **Seleccionar** Write the letter of the word or words that best completes each sentence in the spaces provided.

1. Abren el teatro a las . . .

    a. seis y media.   b. seis.   c. siete y media. d. siete.

2. Maite dice que le gustan mucho las películas . . .

    a. románticas.   b. de ciencia ficción.   c. de horror.   d. de aventuras.

3. Álex dice que le gusta mucho leer la poesía de . . .

    a. García Lorca.   b. Carme Riera.   c. Octavio Paz. d. Gabriela Mistral.

4. A Álex le gustaría ser . . .

    a. cantante de ópera.   b. pintor.   c. poeta.   d. periodista.

5. De no ser periodista, a Maite le gustaría ser . . .

    a. poeta.   b. actriz.   c. novelista.   d. cantante de ópera.

6. Cuando Álex y Maite regresan a la casa, ____ los sorprenden a la puerta.

    a. Javier y don Francisco b. Inés y don Francisco c. Javier e Inés d. Javier, Inés y don Francisco

6 **En tu opinión** Answer the following questions in Spanish.

1. ¿Crees que Álex y Maite van a salir juntos cuando vuelvan a Quito? ¿Por qué?

_____

_____

2. Álex y Maite tienen intereses similares, pero ¿son compatibles? Explica tu opinión.

_____

_____

3. ¿Crees que Javier e Inés van a ser novios algún día? ¿Por qué?

_____

_____

7 **En tu comunidad** In Spanish, describe a few of the cultural events that occur in your community or area. You may invent cultural events if you wish.

_____

_____

_____

_____

_____

_____

_____

_____

Video Manual: *Fotonovela*

¡Hasta la próxima!   **Lección 18**

Antes de ver el video

1 **¿Qué pasa?** Look at the video still. Where do you think the travelers are? Who are they talking to, and what are they talking about?

_____

_____

_____

_____

_____

_____

_____

Mientras ves el video

2 **Completar** (01:42:43 – 01:45:33) Watch the **¡Hasta la próxima!** segment of this video module and complete the following sentences.

1. ¿Qué _____, don Francisco? ¡Qué _____ volver a verlo!

2. Nos _____ en clase de _____.

3. Me _____ hacerles una _____ sobre las
_____ del viaje.

4. A ver... empecemos _____, Inés. ¿Cuál _____ tu
experiencia _____?

5. Pero si nuestro _____ no _____ estado allí con nosotros,
seguro que nos _____ perdido.

3 **¿Qué viste?** (01:42:43 – 01:45:33) Watch the **¡Hasta la próxima!** segment of this video module and place a check mark beside the events that you saw.

_____ 1. Maite describe la fiesta sorpresa en el restaurante El Cráter.

_____ 2. Don Francisco besa a la señora Ramos.

_____ 3. Maite le dice a Roberto que Álex es su novio.

_____ 4. Álex dice que le gustaría hacer el viaje otra vez.

4 **Resumen** (01:45:34 – 01:46:34) Watch the **Resumen** segment of this video module. Then number the following events from one to four according to the order in which they occurred in the **Resumen**.

_____ a. Álex y Maite se besan.

_____ b. Don Francisco ve que sus nuevos pasajeros son dos chicas y dos chicos.

_____ c. Javier dice que él y los otros viajeros tuvieron un viaje estupendo.

_____ d. Roberto le pregunta a Álex si le gustaría hacer el viaje otra vez.

Después de ver el video

5 **Preguntas** In Spanish, answer these questions about this video episode.

1. ¿Por qué quiere Roberto escribir un artículo sobre el viaje?

_____

_____

2. Para Inés, ¿cuál fue la mejor parte del viaje?

_____

_____

3. ¿Qué le dice Maite a Roberto sobre el viaje?

_____

_____

4. ¿Qué le menciona Javier a Roberto sobre el viaje?

_____

_____

5. Según Álex, ¿por qué le gustaría hacer el viaje otra vez?

_____

_____

6 **Un artículo** Imagine that you are Roberto's colleague at the school newspaper. Write a brief article about the trip using the information Roberto has collected.

_____

_____

_____

_____

_____

_____

_____

7 **¿Qué va a pasar?** The travelers and Don Francisco have just returned to Quito. What do you think the future holds for them? Will Álex and Maite continue dating? Will they get married? Will Javier and Inés start dating? Will the students and Don Francisco achieve their career goals?

_____

_____

_____

_____

_____

Panorama: Los Estados Unidos   Lección 1

Antes de ver el video

1 **Más vocabulario** Look over these useful words and expressions before you watch the video.

Vocabulario útil		
algunos *some, a few*	espectáculos *shows*	millón *million*
beisbolistas *baseball players*	estaciones *stations*	mucha *large*
comparsa *parade*	este *this*	muchos *many*
concursos *contests*	ligas mayores *major leagues*	por ciento *percent*
diseñador *designer*	más *more*	su *their*
disfraces *costumes*	mayoría *majority*	tiene *has*
escritora *writer*		

2 **Deportes** In this video, you are going to learn about some famous Dominican baseball players. In preparation, answer these questions about sports.

1. What sports are popular in the United States? _____

2. What is your favorite sport? _____

3. Do you play any sports? Which ones? _____

Mientras ves el video

3 **Cognados** Check off all the cognates you hear during the video.

___ 1. agosto ___ 3. celebrar ___ 5. democracia ___ 7. festival ___ 9. intuición

___ 2. carnaval ___ 4. discotecas ___ 6. famosos ___ 8. independencia ___ 10. populares

Después de ver el video

4 **Responder** Answer the questions in Spanish. Use complete sentences.

1. ¿Cuántos hispanos hay en Estados Unidos?

    _____

2. ¿De dónde son la mayoría de los hispanos en Estados Unidos?

    _____

3. ¿Quiénes son Pedro Martínez y Manny Ramírez?

    _____

4. ¿Dónde hay muchas discotecas y estaciones de radio hispanas?

    _____

5. ¿Qué son WADO y Latino Mix?

    _____

6. ¿Es Julia Álvarez una escritora dominicana?

    _____

Video Manual: *Panorama cultural*

recurs

I CD-ROM
Lección 1

Panorama: Canadá

Lección 1

Antes de ver el video

1 **Más vocabulario** Look over these useful words and expressions before you watch the video.

Vocabulario útil		
bancos *banks*	hijas *daughters*	periódico *newspaper*
campo *field*	investigadora científica *research scientist*	que *that*
canal de televisión *TV station*	mantienen *maintain*	revista *magazine*
ciudad *city*	mayoría *majority*	seguridad *safety*
comunidad *community*	ofrecen *offer*	sus *her*
escuelas *schools*	otras *others*	trabajadores *workers*
estudia *studies*	pasa *spends*	vive *live*

2 **Responder** This video talks about the Hispanic community in Montreal. In preparation for watching the video, answer the following questions about your family's background.

1. Where were your parents born? And your grandparents? _____

2. If any of them came to the United States from another country, when and why did they come here? _____

3. Are you familiar with the culture of the country of your ancestors? What do you know about their culture? Do you follow any of their traditions? Which ones? _____

_____

Mientras ves el video

3 **Marcar** Check off the nouns you hear while watching the video.

___ 1. apartamento   ___ 3. diario   ___ 5. horas   ___ 7. instituciones   ___ 9. lápiz

___ 2. comunidad   ___ 4. escuela   ___ 6. hoteles   ___ 8. laboratorio   ___ 10. el programa

Después de ver el video

4 **¿Cierto o falso?** Indicate whether these statements are **cierto** or **falso**. Correct the false statements.

1. Los hispanos en Montreal son de Argentina. _____

2. En Montreal no hay canales de televisión en español. _____

3. En Montreal hay hispanos importantes. _____

4. Una hispana importante en el campo de la biología es Ana María Seifert. _____

5. Ella vive con sus dos hijas en una mansión en Montreal. _____

6. Ella pasa muchas horas en el museo. _____

7. En su casa se mantienen muchas tradiciones argentinas. _____

8. Ella participa en convenciones nacionales e internacionales. _____

Video Manual: *Panorama cultural*

Panorama: España

Lección 2

Antes de ver el video

1 **Más vocabulario** Look over these useful words before you watch the video.

Vocabulario útil		
antiguo *ancient*	empezar *to start*	niños *children*
blanco *white*	encierro *running of bulls*	pañuelo *neckerchief, bandana*
cabeza *head*	esta *this*	peligroso *dangerous*
calle *street*	feria *fair, festival*	periódico *newspaper*
cohete *rocket (firework)*	fiesta *party, festival*	rojo *red*
comparsa *parade*	gente *people*	ropa *clothing*
correr *to run*	gigante *giant*	toro *bull*
defenderse *to defend oneself*	mitad *half*	ver *to see*

2 **Festivales** In this video, you are going to learn about a Spanish festival. List the things you would probably do and see at a festival.

_____

_____

_____

_____

Mientras ves el video

3 **Ordenar** Number the items in the order in which they appear in the video.

_____ a. cohete

_____ b. cuatro mujeres en un balcón

_____ c. gigante

_____ d. mitad hombre, mitad caballo (*horse*)

_____ e. muchas personas

_____ f. toro

Después de ver el video

4 **Fotos** Describe the video stills.

_____

_____

_____

_____

_____

_____

_____

Video Manual: *Panorama cultural*

_____
_____
_____
_____
_____

5 **Crucigrama** Complete these sentences and use the words to complete the crossword.

1. El Festival de San Fermín es la combinación de tres fiestas, una de ellas es las

   _____ comerciales.

2. Las _____ son los eventos favoritos de los niños.

3. La fiesta religiosa en honor a San Fermín, las ferias comerciales y los eventos taurinos son

   celebraciones _____.

4. Los Sanfermines es una de las _____ tradicionales españolas.

5. Las personas usan ropa blanca y _____ rojos.

6. En los encierros las personas corren delante de diecisiete _____.

7. En las comparsas hay figuras _____ hombre mitad animal.

8. En los días del festival, hay ocho _____ por día.

9. En las comparsas hay ocho _____.

10. Las comparsas pasan por las _____ de Pamplona.

11. Otras de las figuras tienen (*have*) enormes _____.

<table>
<tr><td>1</td><td></td><td></td><td></td><td>S</td></tr>
<tr><td>2</td><td></td><td></td><td>A</td></tr>
<tr><td>3</td><td>N</td></tr>
<tr><td>4</td><td>F</td></tr>
<tr><td>5</td><td>E</td></tr>
<tr><td>6</td><td>R</td></tr>
<tr><td>7</td><td>M</td></tr>
<tr><td>8</td><td>I</td></tr>
<tr><td>9</td><td>N</td></tr>
<tr><td>10</td><td>E</td></tr>
<tr><td>11</td><td>S</td></tr>
</table>

recurso
I CD-ROM
Lección 3

Panorama: Ecuador

Lección 3

Antes de ver el video

1 **Más vocabulario** Look over these useful words and expressions before you watch the video.

Vocabulario útil		
algunas *some*	**otro** *other*	**todo** *every*
científico *scientist*	**pingüino** *penguin*	**tomar fotografías** *to take pictures*
guía *guide*	**recurso** *resource*	**tortuga** *turtle*

2 **Foto** Describe the video still. Write at least three sentences in Spanish.

_____

_____

_____

_____

_____

_____

_____

3 **Predecir** Look at the video still from the previous activity and write at least two sentences in Spanish about what you think you will see in this video.

_____

_____

_____

4 **Emparejar** Find the items in the second column that correspond to the ones in the first.

_____ 1. grande   a. near

_____ 2. pequeña   b. about

_____ 3. vieja   c. here

_____ 4. también   d. big

_____ 5. aquí   e. very

_____ 6. sobre   f. old

_____ 7. muy   g. also

_____ 8. cerca de   h. small

_____ 9. para   i. for

Video Manual: *Panorama cultural*

Mientras ves el video

5   **Marcar**   Check off the verbs you hear while watching the video.

_____ 1. aprender   _____ 5. escribir   _____ 9. tener

_____ 2. bailar   _____ 6. estudiar   _____ 10. tomar

_____ 3. beber   _____ 7. leer   _____ 11. vivir

_____ 4. comprar   _____ 8. recibir

Después de ver el video

6   **Responder**   Answer the questions in Spanish. Use complete sentences.

1. ¿En qué océano están las Islas Galápagos?

_____

_____

2. ¿Qué hacen los científicos que viven en las islas?

_____

_____

3. ¿Qué hacen los turistas que visitan las islas?

_____

_____

4. ¿Qué proyectos tiene la Fundación Charles Darwin?

_____

_____

5. ¿Cuáles son los animales más grandes que viven en las islas?

_____

_____

6. ¿Por qué son importantes estas islas?

_____

_____

7   **Preferencias**   Of all the animals you saw in this video, which was your favorite? Write three sentences in Spanish describing your favorite animal.

_____

_____

_____

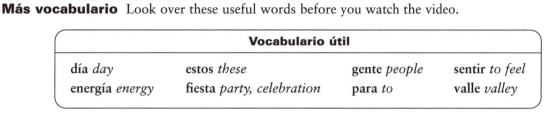

Panorama: México   Lección 4

Antes de ver el video

1 **Más vocabulario** Look over these useful words before you watch the video.

Vocabulario útil			
día *day*	**estos** *these*	**gente** *people*	**sentir** *to feel*
energía *energy*	**fiesta** *party, celebration*	**para** *to*	**valle** *valley*

2 **Describir** In this video, you will learn about the archaeological ruins of Teotihuacán where the celebration of the equinox takes place every year. Do you know what the equinox is? In English, try to write a description.

equinoccio: _____

_____

3 **Categorías** Categorize the words listed in the word bank.

arqueológicos	gente	increíble	mexicanos	Teotihuacán
capital mexicana	hacen	interesante	moderno	tienen
celebrar	hombres	jóvenes	mujeres	Valle de México
ciudad	importante	Latinoamérica	niños	van
escalar				

Lugares	Personas	Verbos	Adjetivos

Mientras ves el video

4 **Marcar** Check off the pastimes you see while watching the video.

_____ 1. pasear   _____ 4. escalar (pirámides)   _____ 7. visitar monumentos

_____ 2. nadar   _____ 5. tomar el sol   _____ 8. bucear

_____ 3. patinar   _____ 6. ver películas

Video Manual: *Panorama cultural*

Después de ver el video

5 **Completar** Fill in the blanks with the appropriate word(s).

celebrar	manos
comienzan	muy interesante
el Valle de México	pasean
la capital mexicana	sentir
la celebración del equinoccio	sol

1. Teotihuacán está a cincuenta kilómetros de _____.

2. A _____ van muchos grupos de música tradicional.

3. Todos quieren _____ la energía del sol en sus _____.

4. Ir a las pirámides de Teotihuacán es una experiencia _____.

5. Las personas _____ por las ruinas.

6 **¿Cierto o falso?** Indicate whether each statement is **cierto** or **falso**. Correct the false statements.

1. Las pirámides de Teotihuacán están lejos del Valle de México.

_____

2. Muchas personas van a Teotihuacán todos los años para celebrar el equinoccio.

_____

3. Turistas de muchas nacionalidades van a la celebración.

_____

4. La gente prefiere ir a Teotihuacán en sus ratos libres.

_____

5. La celebración del equinoccio termina a las cinco de la mañana.

_____

6. Las personas celebran la energía que reciben de Teotihuacán todos los años.

_____

7 **Foto** Describe the video still. Write at least three sentences in Spanish.

_____

_____

_____

_____

Nombre ___   Fecha ___

I CD-ROM
Lección 5

Panorama: Puerto Rico

Lección 5

Antes de ver el video

1 **Más vocabulario** Look over these useful words before you watch the video.

Vocabulario útil

angosto *narrow*	calle *street*	plaza *square*
antiguo *old*	escultura *sculpture*	promocionar *to promote*
artesanías *handicrafts*	exposición *exhibition*	sitio *site*
bahía *bay*	fuente *fountain*	vender *to sell*
barrio *neighborhood*		

2 **Preferencias** This video describes the attractions that San Juan, the capital of Puerto Rico, has to offer. In Spanish, list at least three things that you like to do when you visit a new city.

___
___
___
___
___
___

Mientras ves el video

3 **Cognados** Check off all the cognates you hear during the video.

_____ 1. aeropuerto

_____ 2. área

_____ 3. arte

_____ 4. artístico

_____ 5. cafés

_____ 6. calma

_____ 7. capital

_____ 8. construcciones

_____ 9. estrés

_____ 10. histórico

_____ 11. información

_____ 12. nacional

_____ 13. permanente

_____ 14. presidente

_____ 15. restaurantes

Video Manual: *Panorama cultural*

Después de ver el video

4 **Corregir** All of these statements are false. Rewrite them to correct the false information.

1. El Viejo San Juan es el barrio más moderno de la capital.

_____

2. El Morro es el centro artístico y cultural de Puerto Rico.

_____

3. Muchos artistas locales compran sus creaciones en las calles.

_____

4. En diciembre se celebra la Fiesta de la Calle San Sebastián con conciertos, exposiciones especiales de arte y un carnaval.

_____

5. En el Museo de las Américas presentan exposiciones relacionadas con la Historia de Norteamérica.

_____

6. Todos los días, más de un millón de visitantes llegan al Centro de Información de Turismo del Viejo San Juan.

_____

5 **Completar** Complete the sentences with words from the word bank.

> camina coloniales galerías exposición promociona
> capital esculturas excelente hermoso

1. En la bahía de la _____ de Puerto Rico está el Castillo de San Felipe del Morro.
2. Muchas de las construcciones del Viejo San Juan son _____.
3. En la mayoría de los parques hay _____ inspiradas en la historia del país.
4. El Instituto de Cultura Puertorriqueña _____ eventos culturales en la isla.
5. Hay muchas _____ de arte y museos.
6. En el Museo de San Juan hay una _____ permanente de la historia de Puerto Rico.

6 **Preferencias** Of all the places in San Juan that were described, which one did you find most interesting? In Spanish, describe this place and indicate why you found it so interesting.

_____

_____

_____

_____

recurso

I CD-ROM
Lección 6

Panorama: Cuba

Antes de ver el video

1 **Más vocabulario** Look over these useful words before you watch the video.

Vocabulario útil	
conversar *to talk*	relaciones *relationships*
imágenes *images* (*in this case, of a religious nature*)	relacionadas *related to*
miembro *member*	

2 **Responder** In this video you are going to see people visiting **santeros** to talk about their problems and their futures. In preparation for watching the video, answer the following questions about your behavior and beliefs.

1. ¿Hablas con alguien (*someone*) cuando tienes problemas? ¿Con quién?

_____

_____

_____

2. ¿Crees que hay personas que pueden "ver" el futuro?

_____

_____

_____

Mientras ves el video

3 **Marcar** Check off the activities you see while watching the video.

_____ 1. hombre escribiendo

_____ 2. hombre leyendo

_____ 3. mujer corriendo

_____ 4. mujer llorando (*crying*)

_____ 5. niño jugando

_____ 6. personas bailando

_____ 7. personas caminando

_____ 8. personas cantando

_____ 9. personas conversando

Video Manual: *Panorama cultural*

Después de ver el video

4 **Responder** Answer the questions in Spanish using complete sentences.

1. ¿Qué es la santería?

   _____

2. ¿Quiénes son los santeros?

   _____

3. ¿Qué venden en las tiendas de santería?

   _____

4. ¿Para qué visitan las personas a los santeros?

   _____

5. ¿Quiénes son los Eggún?

   _____

6. ¿Qué hacen los Eggún cuando van a las casas de las personas?

   _____

5 **¿Cierto o falso?** Indicate whether each statement is **cierto** or **falso**. Correct the false statements.

1. Cada tres horas sale un barco de La Habana con destino a Regla.

   _____

2. Regla es una ciudad donde se practica la santería.

   _____

3. La santería es una práctica religiosa muy común en algunos países latinoamericanos.

   _____

4. Los santeros no son personas importantes en su comunidad.

   _____

5. La santería es una de las tradiciones cubanas más viejas.

   _____

6 **Escribir** In this video, you see a **santero** talking with a woman. In Spanish, write a short conversation. Include what the woman would ask the **santero** and how he would respond to her problems.

   _____

   _____

   _____

   _____

   _____

Video Manual: *Panorama cultural*

Panorama: Perú

Lección 7

Antes de ver el video

1 **Más vocabulario** Look over these useful words and expressions before you watch the video.

Vocabulario útil		
canoa *canoe*	**exuberante naturaleza**	**ruta** *route, path*
dunas *sand dunes*	*lush countryside*	**tabla** *board*

2 **Preferencias** In this video you are going to learn about unusual sports. In preparation for watching the video, answer these questions about your interest in sports.

1. ¿Qué deportes practicas?

   _____

2. ¿Dónde los practicas?

   _____

3. ¿Qué deportes te gusta ver en televisión?

   _____

Mientras ves el video

3 **Fotos** Describe the video stills. Write at least three sentences in Spanish for each still.

_____
_____
_____
_____
_____

_____
_____
_____
_____
_____

Video Manual: *Panorama cultural*

Después de ver el video

4   **¿Cierto o falso?** Indicate whether each statement is **cierto** or **falso**. Correct the false statements.

1. Pachamac es el destino favorito para los que pasean en bicicletas de montaña.

_____

2. El *sandboard* es un deporte antiguo de Perú.

_____

3. El *sandboard* se practica en Ocucaje porque en este lugar hay muchos parques.

_____

4. El Camino Inca termina en Machu Picchu.

_____

5. El Camino Inca se puede completar en dos horas.

_____

6. La pesca en pequeñas canoas es un deporte tradicional.

_____

5   **Completar** Complete the sentences with words from the word bank.

aventura	kilómetros	pesca
excursión	llamas	restaurante
exuberante	parque	tradicional

1. En el Perú se practican muchos deportes de _____.

2. Pachamac está a 31 _____ de Lima.

3. La naturaleza en Santa Cruz es muy _____.

4. En el Perú, uno de los deportes más antiguos es la _____ en pequeñas canoas.

5. Caminar con _____ es uno de los deportes tradicionales en el Perú.

6. Santa Cruz es un sitio ideal para ir de _____.

6   **Escribir** Imagine that you just completed the **Camino Inca** in the company of a nice llama. Write a short letter to a friend in Spanish telling him or her about the things you did and saw.

_____

_____

_____

_____

_____

_____

Video Manual: Panorama cultural

recurso

CD-ROM
Lección 8

Panorama: Guatemala   Lección 8

Antes de ver el video

1 **Más vocabulario** Look over these useful words and expressions before you watch the video.

Vocabulario útil		
alfombra *rug*	destruir *to destroy*	indígenas *indigenous people*
artículo *items*	época colonial *colonial times*	ruinas *ruins*
calle *street*	terremoto *earthquake*	sobrevivir *to survive*

2 **Describir** In this video you are going to learn about an open-air market that take place in Guatemala. In Spanish, describe one open-air market that you know.

mercado: _____

_____

_____

_____

3 **Categorías** Categorize the words listed in the word bank.

bonitas	espectaculares	indígenas	quieres
calles	grandes	mercado	región
colonial	habitantes	monasterios	sentir
conocer	iglesias	mujeres	vieja

Lugares	Personas	Verbos	Adjetivos

Video Manual: *Panorama cultural*

Mientras ves el video

4 **Marcar** Check off what you see while watching the video.

_____ 1. fuente (*fountain*)   _____ 6. niñas sonriendo

_____ 2. hombres con vestidos morados   _____ 7. niño dibujando

_____ 3. mujer bailando   _____ 8. personas hablando

_____ 4. mujer llevando bebé en el mercado _____ 9. ruinas

_____ 5. mujeres haciendo alfombras de flores _____ 10. turista mirando el paisaje

Después de ver el video

5 **Completar** Complete the sentences with words from the word bank.

aire libre	alfombras	atmósfera	fijo	indígenas	regatear

1. En Semana Santa las mujeres hacen _____ con miles de flores.

2. En Chichicastenango hay un mercado al _____ los jueves y domingos.

3. En el mercado los artículos no tienen un precio _____.

4. Los clientes tienen que _____ cuando hacen sus compras.

5. En las calles de Antigua, los turistas pueden sentir la _____ del pasado.

6. Muchos _____ de toda la región vienen al mercado a vender sus productos.

6 **¿Cierto o falso?** Indicate whether each statement is **cierto** or **falso**. Correct the false statements.

1. Antigua fue la capital de Guatemala hasta 1773.

_____

2. Una de las celebraciones más importantes de Antigua es la de la Semana Santa.

_____

3. En esta celebración, muchas personas se visten con ropa de color verde.

_____

4. Antigua es una ciudad completamente moderna.

_____

5. Chichicastenango es una ciudad mucho más grande que Antigua.

_____

6. El terremoto de 1773 destruyó todas las iglesias y monasterios en Antigua.

_____

7 **Escribir** Write four sentences comparing the cities Antigua and Chichicastenango.

_____

_____

_____

_____

_____

Panorama: Chile

Lección 9

Antes de ver el video

1 **Más vocabulario** Look over these useful words and expressions before you watch the video.

Vocabulario útil	
disfrutar (de) *to take advantage (of)*	isla *island*
grados *degrees*	recursos naturals *natural resources*
hace miles de años *thousands of years ago*	repartidas *spread throughout, distributed*
indígena *indigenous*	vista *view*

2 **Escribir** This video talks about Chile's Easter Island. In preparation for watching the video, answer the following questions.

1. ¿Has estado o conoces una isla? ¿Cómo se llama?

_____

2. ¿Dónde está? ¿Cómo es?

_____

Mientras ves el video

3 **Fotos** Describe the video stills. Write at least three sentences in Spanish for each still.

_____
_____
_____
_____
_____

_____
_____
_____
_____
_____

Video Manual: *Panorama cultural*

Después de ver el video

4 | **Completar** Complete the sentences with words from the word bank.

atracción	indígena
característico	llega
diferente	recursos
difícil	remoto
escalan	repartidas

1. Rapa Nui es el nombre de la Isla de Pascua en la lengua _____ de la región.

2. Esta isla está en un lugar _____.

3. Los habitantes de esta isla no tenían muchos _____ naturales.

4. En un día de verano la temperatura _____ a los noventa grados.

5. Las esculturas Moai son el elemento más _____ de esta isla.

6. Hay más de novecientas esculturas _____ por toda la isla.

7. Otra gran _____ de la isla es el gran cráter Rano Kau.

8. Los visitantes _____ el cráter para disfrutar de la espectacular vista.

5 | **Preferencias** In Spanish, list at least two things you like about this video and explain your choices.

_____
_____
_____
_____
_____
_____
_____
_____
_____
_____
_____
_____

Panorama: Costa Rica

Lección 10

Antes de ver el video

1 **Más vocabulario** Look over these useful words and expressions before you watch the video.

Vocabulario útil		
bosque *forest*	guía certificado *certified guide*	riqueza *wealth*
conservar *to preserve*	nuboso *cloudy*	tiendas de campaña *camping tents*
cubierto *covered*	permitir *to allow*	tocar *to touch*
entrar *to enter*	regla *rule*	tortugas marinas *sea turtles*

2 **Foto** Describe the video still. Write at least three sentences in Spanish.

_____

_____

_____

_____

_____

_____

_____

3 **Categorías** Categorize the words listed in the word bank.

bosque	guía	pedir	sacar
diferentes	hermosos	permite	Tortuguero
entrar	Monteverde	playa	turistas
exóticas	nuboso	pueblos	visitantes
frágil			

Lugares	Personas	Verbos	Adjetivos

Video Manual: *Panorama cultural*

Mientras ves el video

4   **Marcar** While watching the video, check off the rules that have been put in place to protect nature.

_____ 1. En el parque Monteverde no pueden entrar más de 150 personas al mismo tiempo.

_____ 2. Los turistas tienen que dormir en tiendas de campaña.

_____ 3. Los turistas no pueden visitar Tortuguero en febrero.

_____ 4. Después de la seis no se permite ir a la playa sin un guía certificado.

_____ 5. Los turistas no pueden tocar las tortugas.

_____ 6. En Tortuguero es prohibido tomar fotografías.

Después de ver el video

5   **Completar** Complete the sentences with words from the word bank.

acampan	entrar	pasan	prohíbe
conservan	estudiar	prefieren	transportan

1. En Monteverde se _____ más de dos mil especies diferentes de animales.

2. En este parque no pueden _____ más de 150 personas al mismo tiempo.

3. Algunos turistas _____ en Monteverde.

4. Otros _____ ir a los hoteles de los pueblos que están cerca de Monteverde.

5. Se _____ sacar fotografías.

6   **Preferencias** Write a brief paragraph in Spanish where you describe which place(s) would you like to visit in Costa Rica and why.

_____

_____

_____

_____

_____

_____

_____

_____

_____

_____

recurso

CD-ROM
Lección 11

| **Panorama: Argentina** | **Lección 11** |

Antes de ver el video

1 **Más vocabulario** Look over these useful words and expressions before you watch the video.

Vocabulario útil

actualmente *nowadays*	**gaucho** *cowboy*	**paso** *step*
cantante *singer*	**género** *genre*	**salón de baile** *ballrooms*
barrio *neighborhood*	**homenaje** *tribute*	**suelo** *floor*
exponer *to exhibit*	**pareja** *partner*	**tocar** *to play*
extrañar *to miss*	**pintura** *paint*	**surgir** *to emerge*

2 **Completar** The previous vocabulary will be used in this video. In preparation for watching the video, complete the sentences using words from the vocabulary list. Conjugate the verbs as necessary. Some words will not be used.

1. Los artistas _____ sus pinturas en las calles.

2. Britney Spears es una _____ famosa.

3. El tango tiene _____ muy complicados.

4. El jazz es un _____ musical que se originó en los
   Estados Unidos.

5. El tango _____ en Buenos Aires, Argentina.

6. La gente va a los _____ a divertirse.

7. Las personas _____ mucho a su país cuando tienen que
   vivir en el extranjero.

Mientras ves el video

3 **Marcar** Check off the cognates you hear while watching the video.

_____ 1. adultos   _____ 7. dramático

_____ 2. aniversario   _____ 8. exclusivamente

_____ 3. arquitectura   _____ 9. famosos

_____ 4. artistas   _____ 10. gráfica

_____ 5. demostración   _____ 11. impacto

_____ 6. conferencia   _____ 12. musical

Video Manual: *Panorama cultural*

Después de ver el video

4 **¿Cierto o falso?** Indicate whether each statement is **cierto** or **falso**. Correct the false statements.

1. Guillermo Alio dibuja en el suelo una gráfica para enseñar a cantar.

_____

2. El tango es música, danza, poesía y pintura.

_____

3. Alio es un artista que baila y canta al mismo tiempo.

_____

4. Alio y su pareja se ponen pintura verde en los zapatos.

_____

5. Ahora los tangos son historias de hombres que sufren por amor.

_____

6. El tango tiene un tono dramático y nostálgico.

_____

5 **Completar** Complete the sentences with words from the word bank.

actualmente	compositor	fiesta	género	homenaje	pintor	surgió	toca

1. El tango es un _____ musical que se originó en Argentina en 1880.
2. El tango _____ en el barrio La Boca.
3. _____ este barrio se considera un museo al aire libre.
4. En la calle Caminito se _____ y se baila el tango.
5. Carlos Gardel fue el _____ de varios de los tangos más famosos.
6. En el aniversario de su muerte, sus aficionados le hacen un _____.

6 **Responder** Answer the questions in Spanish. Use complete sentences.

1. ¿Por qué crees que el tango es tan famoso en todo el mundo?

_____

2. ¿Te gustaría (*Would you like*) aprender a bailar tango? ¿Por qué?

_____

3. ¿Qué tipo de música te gusta? Explica tu respuesta.

_____

Panorama: Panamá

Lección 12

Antes de ver el video

1 | **Más vocabulario** Look over these useful words before you watch the video.

Vocabulario útil		
anualmente *annually*	impresionante *incredible*	precioso *beautiful*
arrecife *reef*	lado *side*	según *according to*
disfrutar *to enjoy*	peces *fish*	torneo *tournament*
especies *species*	sitio *site*	

2 | **Responder** This video talks about the best places to dive and surf in Panama. In preparation for watching this video, answer these questions about surfing.

1. ¿Practicas el surf? ¿Conoces a alguien que lo practique? ¿Dónde lo practica/s?

    _____

2. ¿Te gusta este deporte? ¿Por qué?

    _____

Mientras ves el video

3 | **Ordenar** Number the items in the order in which they appear in the video.

_____

_____

_____

Video Manual: *Panorama cultural*

Después de ver el video

4 | **Emparejar** Find the items in the second column that correspond to the ones in the first.

1. La Isla Contadora es la más grande _____
2. Allí siempre hace calor _____
3. En Panamá, los visitantes pueden bucear en el océano Pacífico por la mañana, _____
4. Las Islas de San Blas son 365, _____
5. En Santa Catarina los deportistas disfrutan de _____

a. por la noche.
b. del archipiélago.
c. la playa blanca y el agua color turquesa.
d. por eso se puede bucear en todas las estaciones.
e. una para cada día del año.
f. y en el mar Caribe por la tarde.

5 | **Responder** Answer the questions in Spanish. Use complete sentences.

1. ¿Qué país centroamericano tiene costas en el océano Pacífico y en el mar Caribe?

_____

_____

2. ¿Por qué Las Perlas es un buen lugar para bucear?

_____

_____

3. ¿Cómo llegan los turistas a la Isla Contadora?

_____

_____

4. ¿Cómo se llaman los indígenas que viven en las Islas San Blas?

_____

_____

5. ¿Adónde van los mejores deportistas de surfing del mundo?

_____

_____

6 | **Pasatiempos** Complete this chart in Spanish.

Mis deportes/ pasatiempos favoritos	Por qué me gustan	Dónde/cuándo los practico

Panorama: Colombia   Lección 13

Antes de ver el video

1 **Más vocabulario** Look over these useful words and expressions before you watch the video.

Vocabulario útil	
alrededores *surrounding area*	delfín *dolphin*
belleza natural *natural beauty*	desfile *parade*
campesinos *country/rural people*	disfrutar (de) *enjoy*
carroza *float*	feria *fair*
cordillera *mountain range*	fiesta *festival*
costas *coasts*	orquídea *orchid*

Mientras ves el video

2 **Preguntas** Answer the questions about these video stills. Use complete sentences.

¿Cómo se llama esta celebración?

1. _____

_____

_____

¿Dónde vive este animal?

2. _____

_____

_____

Video Manual: *Panorama cultural*

Después de ver el video

3 **Emparejar** Find the items in the second column that correspond to the ones in the first.

_____ 1. El grano colombiano que se exporta mucho   a. el café
_____ 2. El Carnaval de Baranquilla   b. Río Amazonas
_____ 3. En Colombia crecen muchas   c. Un desfile de carrozas decordas
_____ 4. Aquí vive el delfín rosado   d. orquídeas
_____ 5. Desfile de los silleteros   e. Feria de las Flores
_____ 6. Aquí vive el cóndor   f. Nevado del Huila

4 **Completar** Complete the sentences with words from the list.

| amazonas | carrozas | el cóndor | flor |
| campesinos | celebra | encuentra | reserva |

1. En el Parque de Orquídeas hay más de tres mil especies de esta

   _____ .

2. En los alrededores del Parque Nevado del Huila vive

   _____ .

3. El río _____ está al Sur de Colombia.

4. El Parque Amaracayu es una _____ natural.

5. Los _____ de la región participan en el desfile de los silleteros.

6. El domingo de carnaval se hace un desfile con _____ decoradas.

5 **Responder** Answer these questions in Spanish. Use complete sentences.

1. ¿Qué es lo primero que piensas cuando oyes la palabra carnaval?

   _____

   _____

2. ¿Cuál crees que es el carnaval más famoso del mundo? ¿Por qué?

   _____

   _____

3. ¿Cuál es el carnaval más famoso de los Estados Unidos? ¿Cómo se celebra?

   _____

   _____

Video Manual: Panorama cultural

Panorama: Venezuela   Lección 14

Antes de ver el video

1   **Más vocabulario**   Look over these useful words before you watch the video.

Vocabulario útil		
castillo *castle*	fuerte *fort*	plana *flat*
catarata *waterfall*	maravilla *wonder*	según *according to*
cima *top*	medir *measure*	teleférico *cable railway*

2   **Preferencias**   In this video you are going to learn about two of the most famous tourist attractions in Venezuela: its mountains and beaches. In preparation for watching the video, complete these sentences.

1. Me gusta/No me gusta ir a la playa porque _____

   _____

   _____

2. Me gusta/No me gusta ir de excursión a las montañas porque _____

   _____

   _____

Mientras ves el video

3   **Marcar**   Check off the cognates you hear while watching the video.

_____ 1. animales

_____ 2. arquitectura

_____ 3. construcción

_____ 4. diversa

_____ 5. famoso

_____ 6. geológicas

_____ 7. horizontales

_____ 8. marina

_____ 9. mitología

_____ 10. naturales

_____ 11. plantas

_____ 12. verticales

Video Manual: *Panorama cultural*

Después de ver el video

4 **¿Cierto o falso?** Indicate whether each statement is **cierto** or **falso**. Correct the false statements.

1. El Fortín Solano es la capital comercial de Isla Margarita.

_____

2. Tepuyes es el nombre que los indígenas piaroa le dan a las montañas.

_____

3. Se cree que en el Parque Nacional Canaima hay muchas especies de plantas y animales que nunca han sido clasificadas.

_____

4. El Salto Ángel es la catarata más alta del mundo.

_____

5. Según la mitología de los piaroa el Tepuy Autana representa la muerte.

_____

6. La Isla Margarita es conocida como la Perla del Amazonas.

_____

5 **Completar** Complete the sentences with words from the word bank. Some words will not be used.

clase	islas	metros	río	verticales
fuertes	marina	planas	telférico	

1. En Venezuela hay castillos y _____ que sirvieron para proteger al país hace muchos años.

2. En Venezuela hay más de 311 _____.

3. La Isla Margarita tiene una fauna _____ muy diversa.

4. Los hoteles de Isla Margarita son de primera _____.

5. El Parque Nacional Canaima tiene 38 grandes montañas de paredes _____ y cimas _____ .

6. Venezuela también tiene el _____ más largo del mundo.

6 **Escribir** In Spanish, list the three things you found most interesting in this video and explain your choices. Use complete sentences.

_____

_____

_____

_____

_____

Panorama: Bolivia

Lección 15

Antes de ver el video

1   **Más vocabulario**   Look over these useful words before you watch the video.

Vocabulario útil	
alimento *food*	**salar** *salt flat*
enorme *enormous*	**tratamiento** *treatment*
particular *unique*	

2   **Foto**   Describe the video still. Write at least three sentences in Spanish.

_____

_____

_____

_____

_____

_____

_____

3   **Predecir**   Based on the still in the previous activity, what do you think this video episode is going to be about?

_____

_____

_____

Mientras ves el video

4   **Marcar**   Check off the cognates you hear while watching the video.

_____ 1. abundante   _____ 4. contacto   _____ 7. estrés   _____ 10. extraordinario

_____ 2. arte   _____ 5. cultura   _____ 8. exceso   _____ 11. presente

_____ 3. color   _____ 6. diversa   _____ 9. exótico   _____ 12. región

Video Manual: *Panorama cultural*

Después de ver el video

5 **Palabra correcta** The underlined elements in these statements are incorrect. Write the correct word on the space provided.

1. El salar de Uyuni está al <u>norte</u> de Bolivia.

   La palabra correcta es: _____

2. La sal, sin exceso es <u>mala</u> para las personas que sufren de enfermedades de los huesos.

   La palabra correcta es: _____

3. Los hoteles de esta región se hicieron con cuidado porque el contacto en exceso con la sal es <u>excelente</u> para la salud.

   La palabra correcta es: _____

4. Estos hoteles ofrecen a los huéspedes masajes y otros tratamientos para aliviar el <u>acné</u>.

   La palabra correcta es: _____

5. La sal se usa en Uyuni para <u>dañar</u> los alimentos.

   La palabra correcta es: _____

6. El salar de Uyuni parece un gran <u>parque</u> de color blanco.

   La palabra correcta es: _____

6 **Preferencias** Would you like to stay in a hotel where everything is made out of salt? In Spanish, give two reasons why you think you would like to stay in such a place and two more why you would not. Explain your reasons.

Razones por las que me gustaría:

_____
_____
_____
_____
_____
_____

Razones por las que no me gustaría:

_____
_____
_____
_____
_____
_____

Panorama: Nicaragua   Lección 16

Antes de ver el video

1 **Más vocabulario** Look over these useful words and expressions before you watch the video.

Vocabulario útil		
artesanías *handicrafts, craft work*	dioses *gods*	ofrendas *offerings*
atractivos *attractions*	laguna *lagoon*	venado *deer*
burlarse *make fun (of)*	obras artesanales *handicrafts*	venerar *to worship*

2 **Categorías** Categorize the words listed in the word bank.

artesanales	creían	famosa	pueblo	significan
autoridades	deriva	habitantes	reciente	tradicionales
bailan	enojados	laguna	región	venden
capital	extensas	políticos		

Lugares	Personas	Verbos	Adjetivos

Mientras ves el video

3 **Marcar** Check off the verbs you hear while watching the video.

_____ 1. bailan   _____ 5. correr   _____ 9. jugar

_____ 2. burlan   _____ 6. creían   _____ 10. venden

_____ 3. calmar   _____ 7. deriva   _____ 11. veneraban

_____ 4. comer   _____ 8. estudiar   _____ 12. ver

Después de ver el video

4   **Emparejar** Find the items in the second column that correspond to the ones in the first.

_____ 1. La más reciente erupción del Volcán Masaya   a. una celebración
_____ 2. Los indígenas le daban esto a los dioses para calmar   b. ofrendas
        al volcán.   c. el volcán hacía erupción
_____ 3. *Mazalt* y *yan*   d. nombre *Masaya* en lengua indígena
_____ 4. Pasaba cuando los dioses estaban enojados   e. 1993
_____ 5. el Torovenado

5   **Respuestas** Answer the questions in Spanish. Use complete sentences.

1. ¿Cómo se llama el pueblo donde está situada la laguna de Masaya?

   _____

2. ¿De dónde se deriva el nombre *Masaya*?

   _____

3. ¿Cuál es la fiesta más importante que se celebra en Masaya?

   _____

4. ¿De quiénes se burlan los habitantes en estas fiestas?

   _____

5. ¿Por qué se le conoce a Masaya como la capital del folklore nicaragüense?

   _____

6. ¿Qué venden en el mercado, además de frutas y verduras?

   _____

6   **Escribir** Write a short summary of this video in Spanish.

   _____
   _____
   _____
   _____
   _____
   _____
   _____
   _____
   _____
   _____

Video Manual: *Panorama cultural*

Panorama: República Dominicana Lección 16

Antes de ver el video

1 **Más vocabulario** Look over these useful words and expressions before you watch the video.

Vocabulario útil	
crear *to create, form*	papel *role*
emigrantes *emigrants*	ritmos *rhythms*
fiestas nacionales *national festivals*	tocar (música) *to play (music)*

2 **Preguntas** This video talks about two musical genres famous in the Dominican Republic. In preparation for watching the video, answer these questions.

1. ¿Cuál es el género (*genre*) musical estadounidense con más fama internacional?

   _____

2. ¿Te gusta esta música? ¿Por qué?

   _____

Mientras ves el video

3 **Marcar** Check off the activities and places you see in the video.

_____ 1. niños sonriendo   _____ 6. espectáculo de baile en teatro

_____ 2. mujer vendiendo ropa   _____ 7. bandera (*flag*) de la República Dominicana

_____ 3. parejas bailando   _____ 8. mujer peinándose

_____ 4. hombre tocando acordeón   _____ 9. boulevard

_____ 5. niño jugando al fútbol   _____ 10. playa

Después de ver el video

4 **Corregir** The underlined elements in the sentences are incorrect. Write the correct words in the spaces provided.

1. Uno de los mejores ejemplos de la mezcla (*mix*) de culturas en la República Dominicana es la <u>arquitectura</u>.

   La palabra correcta es: _____

2. El Festival del merengue se celebra en las <u>plazas</u> de Santo Domingo todos los veranos.

   La palabra correcta es: _____

3. La música de República Dominicana está influenciada por la música tradicional de <u>Asia</u>.

   La palabra correcta es: _____

Video Manual: *Panorama cultural*

4. En todo el país hay discotecas donde se toca y se baila la bachata y el <u>jazz</u>.

La palabra correcta es: _____

5. El veintisiete de febrero de cada año los dominicanos celebran el día de la <u>madre</u>.

La palabra correcta es: _____

6. La bachata y el merengue son ritmos <u>poco</u> populares en la República Dominicana.

La palabra correcta es: _____

---

5 **Emparejar** Find the items in the second column that correspond to the ones in the first.

_____ 1. Aquí la gente baila la bachata y el merengue.

_____ 2. Este músico recibió en 1966 la Medalla presidencial.

_____ 3. *El Bachatón*

_____ 4. Juan Luis Guerra, Johnny Ventura y Wilfredo Vargas

_____ 5. La música dominicana recibió la influencia de estas personas.

a. Johnny Pacheco

b. Varios de los muchos músicos de bachata y merengue con fama internacional

c. Los indígenas que vivían en la región

d. Las discotecas de la ciudad

e. En este programa de televisión sólo se toca la bachata.

---

6 **Seleccionar** Select the sentence that best summarizes what you saw in this video.

_____ 1. Por muchos años, muchos emigrantes llegaron a la República Dominicana y crearon la actual cultura dominicana.

_____ 2. Todas las estaciones de radio tocan bachata y hay un programa de televisión muy popular dedicado exclusivamente a esta música, llamado *El Bachatón*.

_____ 3. Los ritmos más populares de la República Dominicana, la bachata y el merengue, son producto de varias culturas y forman parte integral de la vida de los dominicanos.

_____ 4. Una fiesta tradicional dominicana es el Festival del Merengue, que se celebra todos los veranos desde 1966 por las calles de Santo Domingo.

---

7 **Responder** Answer the questions in Spanish. Use complete sentences.

1. ¿Cuál es tu música favorita? ¿Por qué?

_____

2. ¿Dónde escuchas esta música? ¿Cuándo?

_____

3. ¿Quiénes son los intérpretes más famosos de esta música? ¿Cuál de ellos te gusta más?

_____

4. ¿Te gusta bailar? ¿Qué tipo de música bailas?

_____

5. ¿Es la música algo importante en tu vida? ¿Por qué?

_____

recurso

I CD-ROM
Lección 17

Panorama: El Salvador

Lección 17

Antes de ver el video

1 **Más vocabulario** Look over these useful words before you watch the video.

Vocabulario útil	
alimento *food*	**grano** *grain*
fuente *source*	**salsa** *sauce*

2 **Categorías** Categorize the words listed in the word bank.

arepas	comerciales	restaurantes
buena	importante	sal
catedrales	maíz	tamales
cebolla	queso	tradicionales
centrales	plazas	usa
ciudades	postre	Valle de México
comenzaron	mercados	vivían

Lugares	Comida	Verbos	Adjetivos

Mientras ves el video

3 **Marcar** Check off the verbs you hear while watching the video.

_____ 1. bailar   _____ 5. describir   _____ 8. saber   _____ 11. vender

_____ 2. cocinar   _____ 6. hacer   _____ 9. servir   _____ 12. usar

_____ 3. comer   _____ 7. limpiar   _____ 10. tocar   _____ 13. vivir

_____ 4. decir

Video Manual: *Panorama cultural*

Después de ver el video

4 **Completar** Complete the sentences with words from the word bank.

aceite	maíz	pupusas
arroz	postre	sal
fuente	camarón	símbolo

1. En El Salvador el _____ es el alimento principal de la dieta diaria.

2. Las pupusas se comen a veces como _____ acompañadas de frutas y chocolate.

3. En todos los lugares importantes de las ciudades y pueblos de El Salvador se venden _____.

4. Para hacer las pupusas se usa maíz, agua, _____ y sal.

5. El maíz es una buena _____ de carbohidratos.

6. El maíz se ha usado como _____ religioso.

5 **Foto** Describe the video still. Write at least three sentences in Spanish.

_____
_____
_____
_____
_____

6 **Escribir** Write about your favorite food and explain how to prepare it. Don't forget to include all the necessary ingredients.

_____
_____
_____
_____
_____
_____
_____

Panorama: Honduras

Lección 17

Antes de ver el video

1

Más vocabulario Look over these useful words and expressions before you watch the video.

Vocabulario útil	
astrónomo *astronomer*	**piezas de arte** *works of art*
clara *clear*	**quetzal** *quetzal (a type of bird)*
dentro de *inside*	**ruinas** *ruins*
escala *scale*	**serpiente** *snake*
impresionante *amazing*	

2

Predecir Do you remember the video from **Lección 4**? It was about the pyramids of Teotihuacán. In this lesson you are going to hear about other pyramids, those in the city of Copán, Honduras. Write a paragraph about the things you think you will see in this video.

_____

_____

_____

_____

_____

_____

_____

Mientras ves el video

3

Marcar Check off the words you hear while watching the video.

_____ 1. azteca

_____ 2. bailes

_____ 3. cultura precolombina

_____ 4. grupos

_____ 5. maya

_____ 6. ochocientos

_____ 7. quetzal

_____ 8. Rosalila

_____ 9. Sol

_____ 10. Tegucigalpa

Video Manual: *Panorama cultural*

Después de ver el video

4 **Seleccionar** Choose the option that best completes each sentence.

1. Una ciudad muy importante de la cultura _____ es Copán.
   a. olmeca   b. salvadoreña   c. azteca   d. maya

2. Desde mil novecientos _____ y cinco científicos han trabajado en estas ruinas.
   a. cincuenta   b. setenta   c. sesenta   d. noventa

3. Los mayas fueron grandes artistas, _____, matemáticos, astrónomos y médicos.
   a. maestros   b. estudiantes   c. arquitectos   d. cantantes

4. Ricardo Agurcia descubrió un templo _____ una pirámide.
   a. afuera de   b. cerca de   c. dentro de   d. a un lado de

5. En Copán encontraron el texto más _____ que dejó la gran civilización maya.
   a. extenso   b. corto   c. interesante   d. divertido

6. En Copán está el Museo de _____ Maya.
   a. Arte   b. Pintura   c. Escultura   d. Texto

7. La puerta del museo tiene la forma de la boca de _____.
   a. una serpiente   b. un gato   c. un puma   d. un quetzal

8. En la sala principal se encuentra la réplica _____ Rosalila.
   a. de la pirámide b. de la ciudad   c. del Templo   d. de la ruina

5 **Fotos** Describe the video stills. Write at least three sentences in Spanish for each still.

_____
_____
_____
_____
_____
_____
_____
_____
_____
_____
_____

6 **Escribir** Imagine that you went to Copán; write a postcard to a friend about everything you saw there.

_____
_____
_____
_____
_____

Panorama: Paraguay   Lección 18

Antes de ver el video

1 Más vocabulario Look over these useful words and expressions before you watch the video.

Vocabulario útil		
alimento *food*	cultivar *to cultivate*	hojas *leaves*
amargo *bitter*	empresas *companies*	quemar *to burn*
asegurar *to maintain*	fuente *source*	sagrada *sacred*
calabaza *pumpkin*	hervir *to boil*	suplemento
cortar *to cut*		alimenticio
		dietary
		supplement

2 Preferencias In this video you are going to learn about the importance of a coffee-like beverage in the Paraguayan diet. Do you like coffee? Is it popular in your country? Why? Is it good for your health? Write a paragraph in Spanish to answer these questions.

_____
_____
_____
_____

Mientras ves el video

3 Ordenar Number the sentences in the order in which they appear in the video.

_____ a. El mate es un alimento.

_____ b. Hay muchas técnicas para preparar el mate.

_____ c. Tomar mate era ilegal.

_____ d. El mate se toma a toda hora.

_____ e. La yerba mate crece en América del Sur.

_____ f. El mate tiene vitaminas, minerales y antioxidantes.

_____ g. El mate tiene un sabor amargo.

_____ h. Los indígenas guaraní creían que esta planta era un regalo de sus antepasados.

_____ i. El mate es típico de Paraguay, Argentina y Uruguay.

_____ j. El mate es usado por personas que quieren adelgazar.

Después de ver el video

4 **Fotos** Describe the video stills. Write at least three sentences in Spanish for each one.

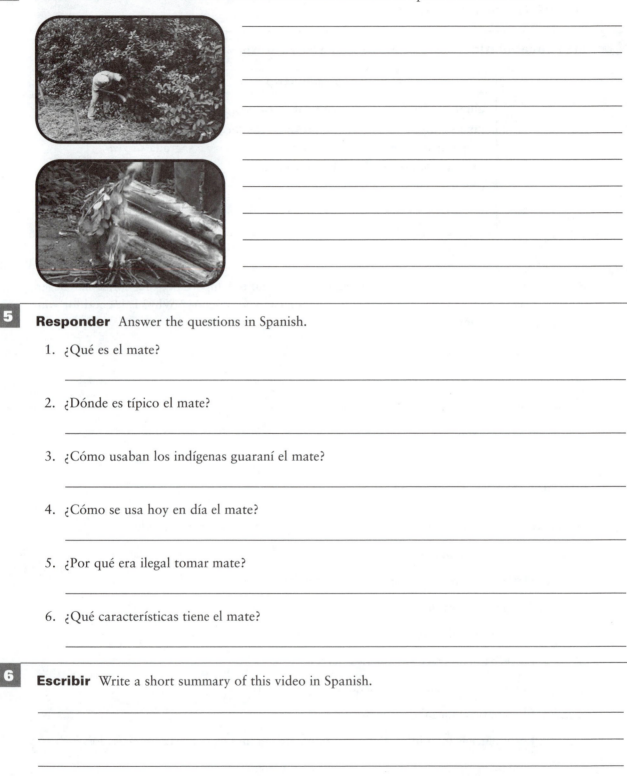

_____

_____

_____

_____

_____

_____

_____

_____

_____

5 **Responder** Answer the questions in Spanish.

1. ¿Qué es el mate?

_____

2. ¿Dónde es típico el mate?

_____

3. ¿Cómo usaban los indígenas guaraní el mate?

_____

4. ¿Cómo se usa hoy en día el mate?

_____

5. ¿Por qué era ilegal tomar mate?

_____

6. ¿Qué características tiene el mate?

_____

6 **Escribir** Write a short summary of this video in Spanish.

_____

_____

_____

_____

_____

recurso

I CD-ROM
Lección 18

Panorama: Uruguay

Lección 18

Antes de ver el video

1 **Más vocabulario** Look over these useful words and expressions before you watch the video.

Vocabulario útil		
asado *barbecue*	campos *rural areas*	jineteadas *rodeo*
cabalgatas colectivas *caravans*	ganadería *ranching*	ranchos ganaderos *cattle ranches*
caballos *horses*	gauchos *cowboys*	siglos *centuries*

2 **Predecir** Based on the video stills, write what you think the video will be about.

_____

_____

_____

_____

_____

Mientras ves el video

3 **Describir** Write a short description of the items.

1. Las estancias son _____

_____

2. Los gauchos son _____

_____

3. Las cabalgatas colectivas son _____

_____

4. Las jineteadas son _____

_____

Video Manual: *Panorama cultural*

Después de ver el video

4 **Responder** Answer the questions in Spanish.

1. ¿Te gustaría quedarte por unos días en una estancia? ¿Por qué?

_____

2. ¿Por qué crees que a los turistas les gustan estos lugares? ¿Por qué son tan especiales?

_____

3. ¿Hay en tu país hoteles parecidos a las estancias? ¿Cómo son?

_____

5 **Imaginar** Imagine that you are a travel agent and that you need to create an itinerary for a clients going to an **estancia**. Write the itinerary in the space below.

lunes	
martes	
miércoles	
jueves	
viernes	
sábado	
domingo	

6 **Escribir** Now imagine that you are a **gaucho**. What is your daily routine? Describe the activities you do every day.

En la mañana yo _____

_____

_____.

En la tarde yo _____

_____

_____.

En la noche yo _____

_____

_____.